良性羞恥

接住你家庭、職場、愛情與人際關係中的無地自容

SHAME

FREE YOURSELF, FIND JOY,
AND BUILD TRUE SELF-ESTEEM

JOSEPH BURGO
約瑟夫・布爾戈 著
曾琳之 譯

獻給我美麗的兒子們

CONTENTS

否認羞恥感

控制羞恥感

第三部 從羞恥感到自尊

前言

走出羞恥，從認識四種成見開始

想像一下，你和最近認識的朋友參加某個聚會，你很享受和他們在一起的時間。氣氛很熱絡，每個人都很盡興。你從其中一人所說的評論聯想到某個笑話時，你自然而然說起。你還記得自己第一次聽到時笑得有多開心，相信它也能讓新朋友感受到同樣的愉悅。

你一邊眼光掃過每個人臉，一邊等待著笑聲時，故事終於講完了。

一陣沉默。

過了一會兒後，有個人說：「哦！我懂了……這很好笑。」還是沒有人笑。

你發覺自己臉部發燙。你低下頭，避免目光接觸。你突然困惑、腦袋亂哄哄的。你真希望自己沒有說過這個故事，或者就此消失。當有人說起別的話題、大家的注意力轉移，你如釋重負，然後你很快就恢復精神。這時距離你剛講完故事還不到七、八秒的時間。

在大家對笑話的反應不如預期時，你該如何表達這股感受？

我說，你感覺到的是羞恥感，你可能會反對說，「不對，是尷尬。」這樣的反應很常見。大多數人會堅持，沒道理人會為如此微不足道的事情感到羞愧。我們都曾講了笑話沒人笑，當然這很尷尬，但沒有什麼好羞愧的。

然而，以達爾文為始的情緒領域生物學家普遍指出，你在尷尬的那幾秒之中所經歷的精神和生理症狀，無疑是羞愧情緒。不同文化的人們，都以確切相同的方式體驗到羞恥感：眼神迴避、短暫的精神混亂以及渴望消失，通常會伴隨著臉部、頸部或胸口的泛紅。

不同於科學家對羞恥感的了解和看法，我們一般將羞恥感視為一件嚴重的事情，而且是壞事，是最好別經歷的有毒情緒。「SHAME－羞恥感」，是會以可怕的大寫英文字母來強調的情緒。

「羞恥感」會摧毀一個人的幸福感。

施虐的家長會讓孩子承受「羞恥感」。

因異於他人而遭受社會排斥的人時，也會受到「羞恥感」衝擊。

相較之下，研究情緒的研究人員如我，則認為羞恥感在本質上是更多變的，而且也不一定都那麼強烈外顯——正如精神分析學家沃姆沙爾（Léon Wurmser）在《羞愧的面具》（*The Mask of Shame*）所點出，羞恥感是一整個情緒的家族。感到羞愧在程度、持續時間上有差異，可能會令人非常痛苦，或者只是有點不快；這可能是一時的，也可能是持續性的。

本書中的「**羞恥感**」一詞將依據這個廣泛的定義：**它是種包含了各種特定情緒的總體類別**。這個情緒類別用親切的小寫字母呈現，會遠比用大寫字母表示來貼切。

大多數大眾書籍在討論到「羞恥感」時，都把它描述為某種破壞力強大的力量。本書不同，將從整個羞恥感情緒的家族（包括尷尬、內疚和局促不安）開頭，帶你重新認識它們。無論是哪個子情緒，都是我們日常生活中無法避免的面向，而且它不一定有害。大多數人在談論羞恥感幾乎不用到「羞恥感」這個詞，而你將學會如何區辨這些表達方式。如有人說他的身體、行為或失敗經驗讓他「感覺自己很糟」時，這個感覺通常是羞恥感情緒家族的其中一種。

羞恥感的因應也因人而異，這取決於童年時社會化的方式、掌控痛苦的學習經驗，一個人在不同時間的因應還攸關於自我價值感的高低。在不大理想的環境長大，且一直自我感覺不良好的人，會因一次講笑話冷場而產生「羞恥感」，其他人可能只會輕微的尷尬。

反應有個別差異，但每一個人，每一天，都在面對來自羞恥感家族的各種情緒。**儘管不一定會意識到這一點，但是我們經常在人際互動中預期羞恥感，並盡可能去規避**。其他的賓客會多認真打扮，我又該穿什麼？老闆在績效考核時會說什麼？邀請珊卓拉下班後喝一杯會被拒絕嗎？如情感心理學家內桑森（Donald Nathanson）對羞恥感的詮釋：「在每一天的生活中，許多占據了我們時間的事情，背後隱藏的力量」。

要更完整理解這個觀點，得從探討我們大多數人對於羞恥感的成見開始。即使你對我的觀點有所保留，但是因為它是如此平常、必然發生，請試著體會、接納這個新概念。

成見1：羞恥感是不好的

大多數人都很難承認自己感到羞愧，甚至對自己也是。這個詞給人不適的程度正如心理輔導專家布雷蕭（John Bradshaw）指出：「羞恥感會讓人感到羞愧。我們在承認羞愧之前，會先承認內疚、受傷或恐懼。」尤其是這個自戀的時代，很多人甚至都覺得在社群媒體上自己必須是人生勝利組，承認羞愧意味自己是可笑的失敗者。根據我的經驗，大多數人對於承認極度不自在，不是否認羞恥感的存在，就是代換較輕微的詞彙來描述，來與羞恥感保持距離。如精神病學教授麥可・路易士（Michael Lewis）指出，「我們經常使用『很尷尬』這個詞，來避免承認羞恥感。」

出於這個原因，你可能會發現自己的抗拒，反對羞恥感是如此普遍、經常發生的經驗。在公共場合犯錯，你可能會輕易承認尷尬，但是你會反對我將這描述為某一種羞恥感：「每個人都會犯錯，那有什麼大不了的？沒道理為此羞愧。」請提醒自己，「羞恥感」作為一種有害且大多具有破壞性，和作為整體的「羞恥感」情緒家族這兩者之間的區別，按照後者，有許多情緒都是溫和且短暫的，也是日常生活中無法避免的一部分。

成見2：羞恥感是敵人

自布雷蕭的開創性著作問世以來，社會也開始將「羞恥感」與他所提出的「有害的羞恥感」（toxic shame）畫上等號，因此孩子生活中的影響者，如家長、教育工作者等，對他們灌輸的破壞性訊息，使其產生「自己有缺陷」和「不值得被愛」的感受。布朗（Brené Brown）的著作則是探討了社會透過廣告和自相矛盾的性別期待，把無法實現的（最終導致羞辱的）理想加諸在女性身上，而這個論點也鞏固了「羞恥感是有害的」（toxic shame）觀點。

接受這種觀點的人會與羞恥感為敵，視其為一種由外部強加的負面經驗——這包括源自社會、有害的父母，或者是想讓你質疑自己而去購買產品的廣告商。如果你傾向抵抗羞恥感並擺脫，那你會很難接受我的觀點：羞恥感也是日常生活中的常見情緒。儘管某些形式的羞恥感無疑是有害的（我也會在後面的篇幅探討這些羞恥感），但請嘗試敞開你的心胸接受這個可能性，其他形式的羞恥感可能不構成這種威脅，甚至可能是有益或有啟發性的。

我認為羞恥感經驗有時給我們上重要的一課，告訴我們是誰、我們想成為什麼樣的人。

如果不問情由的忽視或抵抗它，就會錯失成長的機會。

成見3：羞恥感與自尊是對立的

若羞恥感都是「有害的」，它當然會對自我價值帶來威脅。覺得自己有缺陷和不值得愛的人，怎麼可能也對自己感覺良好呢？在自尊主題的書都以這一觀點為前提，並提供透過肯定、全然接納自我，以及抵抗來自社會上普遍存在的羞愧訊息，進而發展自愛的技巧。

如果你換個角度：羞恥感是日常生活中無法避免的一部分，而不一定是外部所強加的有害經驗，羞恥感和自尊似乎就不那麼對立了。事實上，在孩童一到兩歲的階段，「羞恥感」對於真正的自尊發展有關鍵的重要作用。在我看來，自尊和羞恥感並不是對立的兩件事，而是互相依賴與影響，而彼此相互關聯。

這本書的最大作用在於，我們如何維持良好的自我感覺，亦即我們如何在人生的每個階段，培養真實且持久的自尊。

成見4：自尊全都和自我有關

「自尊」這個詞本身隱含的意思就是某種獨立的經驗，不受到外部的影響。你對自己的感覺，似乎是與其他人無關。自尊代表著你與「你認為自己是什麼樣的人」之間的內在關係。高自尊就代表著一種正向關係：我愛且尊重身為我的這個人。在自戀盛行、自我中心當道的時代，這套自尊的觀念變得更為盛行。

然而問題是，人類是社會性動物，自己的身分認同在很大程度上取決於自己與其他人、與部族成員之間的關係。我們是兒子和女兒，也是母親和父親，我們與一群重要的他人連結在一起，並且彼此綁在一起，他們對我們的感受和看法總是會影響我們對自己的感受，即使在我們擁有強烈的自我時也是如此。一個孤立的自我存在著，且可以在不牽涉到他人的情況下被理解，這種觀點是站不住腳的。如同精神病學家布魯塞克（Francis Broucek）所說的，發展自我的意識「會發生在人際關係的領域。原子式分裂且孤立的自我只是一種幻想。」一發展真實且長遠的自尊，最終還是會取決於這些人際關係，特別是那些充滿互惠性喜悅的關係。

這四種成見在社會中根深蒂固。我沒有期待能瞬間改變你的原有看法。如果你敞開心胸，理解我的觀點、看見該情緒在你的生活中所發揮的意想不到作用，我保證你最終會發現，（尤其對低自尊者來說）羞恥感對你有幫助。

我從三十五年的心理治療實務學到：理解羞恥感，並承認自己無法完全離開它，才能重拾自尊，面對真正的自己。在這一路上的成就所帶來的喜悅和自豪感，尤其是當和最重要的人分享這些感受時，往往有助自己將挫敗引發的羞恥感，轉化為成長和自我實現的契機。

羞恥感意識測驗

以下測驗的目的在於了解，我們日常羞恥感受的覺察程度。進入後文前，請先完成這項簡短的測驗，然後閱讀附錄A，我在附錄A探討了本測驗研究樣本的測驗結果。

在你這一生中，你有多常遇到以下的經驗？	從不	很少	偶爾	經常	總是
1. 得知自己成為惡意的流言蜚語的主角					
2. 在學校課堂上／職場上大聲回答，發現答錯了					
3. 申請加入某個團體或組織，但未通過審核					
4. 朋友或你愛的人表示，你讓他們失望了。					
5. 得知另一半出軌					
6. 覺得老闆偏愛其他同事，對你視而不見。					
7. 送節日賀禮給某個人，對方沒有回禮。					

在你這一生中，你有多常遇到以下的經驗？	從不	很少	偶爾	經常	總是
8. 某個你認為是朋友的人失聯、已讀不回					
9. 身處在意見與你截然不同的人之中，感到孤獨					
10. 在公共場合有一些笨手笨腳的舉止					
11. 在公開比賽中失利					
12. 失去了你期望的升遷機會					
13. 未能做到你的新年新計畫。					
14. 在派對上喝太多酒，第二天酒醒感覺自己很糟糕					
15. 你的親密好友聚會沒有約你					
16. 發現你心儀的對象對你沒興趣					

現在，請加總各選項的數量，並與我在附錄的樣本研究結果進行比較。這項測驗也有線上版本（www.shamesurvey.com），線上版本包含免費的自動計分功能以及更詳盡的結果分析。

第一部

羞恥感譜系

THE SHAME SPECTRUM

自豪和自重是持久自尊的基礎，也是羞恥感的解藥。光父母誇讚、鼓勵你是不足以建立的。當然，感覺被周圍的人所愛，確實會播下自尊的種子。但是為了自尊的成長，你也必須設定並去實現能夠讓你充滿自豪感的目標。你必須為自己發展出一套價值觀和期望，然後去實踐它們。在這方面來說，我的觀點與許多探討自尊議題的文獻有所不同。

自尊是一種成就，需要你去努力實踐，而不是在人的心中的某個透過外部讚揚來加滿油的油箱。自尊不是某種永遠不變的條件，而是需要持續的投入才能培養和維持。

第1章
情感的羞恥家族

我們總是以多變的方式去拆解羞恥感，並使用「羞恥感」之外的各種詞彙來敘述這種經驗，而忽略了羞恥感在日常生活的核心角色。大多數人在一天之中經常感受到的情緒，我們可從以下女士的例子發現。

略糟的一天

雖然奧莉維亞和凱文的感情是和平結束的，但是與朋友談到離婚這件事仍叫她難堪……這就好像她的人生失敗了一樣，儘管她清楚不是。聽到凱文找到新對象時，奧莉維亞的感覺更差了。奧莉維亞試過網路交友但幾乎都失敗了，凱文卻能夠這麼快就找到新對象？奧莉維亞的約會對象都不適合，很容易就被她拋到腦後了，唯有喬許讓她難過好幾週。喬許是一位有魅力的律師，在公設辯護人辦公室工作，但是在第二次約會後就憑空消失，讓奧莉維亞難以忘懷。

奧莉維亞知道「失敗」的想法不合理，因為結束婚姻是彼此的共識，但她覺得前夫是勝利者，這也讓她覺得自己很失敗。

於是在公司詢問自己是否有意調職時，奧莉維亞在三十六歲這一年接受了這項調動，這包括新的職稱、更大的責任與加薪。奧莉維亞想著，遠在這個國家的另一邊，在一個被新朋友包圍的不同城市，自己可能會過得更好，不會經常想起令人失望的愛情和失敗的婚姻，而且這項調職也對她的事業有幫助。

在新工作的第一天早上，奧莉維亞在被鬧鐘聲叫醒時心中隱約擔心，自己可能做錯決定了。奧莉維亞想像著接下來會發生哪些事情，想著、想著，就開始焦慮了。當奧莉維亞試穿新襯衫時，頓時對自己選的眼光有疑慮，不知其低領口的設計是否會讓人更注意她突出的鎖骨。奧莉維亞一直以來都對自己鎖骨突起的形狀感到不自在，她因此改穿白色排釦棉質襯衫。

用新的咖啡機煮完咖啡後，奧莉維亞檢查了電子郵件，並為她還未回覆莫莉的最後一封來信感到內疚，這封信仍然留在收件夾中。奧莉維亞剛搬家（橫跨東西岸），疏於回覆也合情合理，但她仍對自己感到失望。多年來，奧莉維亞好多次告訴自己要主動聯絡朋友，但每每粗心大意就疏漏了。而且莫莉一直是很好的朋友，是奧莉維亞可以完全信賴的人，每當奧莉維亞需要莫莉時，莫莉永遠都在。奧莉維亞匆忙回信：彼此下班後有空可以 Skype。她們可以聊聊奧莉維亞的新工作的第一天。

離開公寓後，奧莉維亞聽到砰的一聲，電梯來了，她趕緊沿著走廊往電梯方向走。電梯的不銹鋼門一打開，奧莉維亞一腳的後腳跟就卡在地毯裡，讓她絆到腳，差點雙膝著地摔倒，同時電梯內的其他兩名房客目睹這個過程。他們是一位中年男士與一位女士，奧莉維亞前天在大廳裡時，曾經看過這位與自己年紀相仿的女士。

奧莉維亞的臉發燙，覺得自己很蠢。這太尷尬了！但當那位女士碰了奧莉維亞的手臂並對她笑時，她就感覺好多了。「這我也發生過一次，」那位女士說，「我在載滿人的電梯前，臉朝下摔個正著！」

到達辦公室時，奧莉維亞才感覺自己靜下來了，提起自信，新職位所需的技能與經驗她都具備。櫃台職員微笑相迎，讓奧莉維亞覺得受到歡迎，職員打電話通知人資部門。部門副總裁為她安排了一連串的會議，讓團隊認識她。早上過得很快，當最後一場會議快到時間，奧莉維亞的老闆尷尬地笑了。

「這有點尷尬，」她說。「我本來打算今天找妳出去吃午餐，但我疏漏了，我們要幫會計部的西莉亞辦新生兒派對，這是她休假前最後一天上班。丹也有不能改期的客戶午餐，而大衛則是人在外面。時間對不上，我很抱歉。」

「沒問題，」奧莉維亞說。「我可以自己去吃午餐。」

「我保證，明天一起吃午餐，」這位女士說，「感謝妳的體諒。」

儘管理解，但是奧莉維亞還是有點受傷。奧莉維亞知道，不該想成大家是在針對她，沒有理由會邀請第一天到任的同事參加派對。但即便如此，奧莉維亞還是感到排外。奧莉維亞不喜歡獨自外食，即使快餐店裡很多人一個人吃，但感覺很孤單。不知那些客人是否跟自己一樣，擔心會被認為是邊緣人？奧莉維亞手伸進公事包翻找會議上收到的備忘錄。在剩下的午餐時間裡她的目光都在這些文件上，免得與客人對上眼。

那天晚上，奧莉維亞告訴莫莉整個故事——關於艱辛且橫跨東西岸的長途駕駛，在堪薩斯州的爆胎，還有搬運工從貨車卸下貨物時弄丟的兩個箱子，以及在新工作第一天發生的事。談到自己面臨的挑戰，頓時一股自豪感升起。她大可以留在原地，沉浸在她離婚的失敗感之中，但是她做出改變。

「我認為妳非常勇敢，」莫莉說。「如果是我的話，我不知道能否做得到。」

看到朋友臉上滿是關懷和欽佩的笑容時，奧莉維亞的自豪感也更強烈了。

羞恥感不是一種，而是「一些感受」

根據研究，羞恥感實際上代表了一整個情緒家族，這包括從輕微的尷尬到強烈的羞辱感，也包括了奧莉維亞的感受（或預期會有的感受）。在白天時，無論奧莉維亞的經歷有多麼短暫，她都感到：

- 隱約被羞辱
- 感覺自己很糟
- 感覺自己很失敗
- 對自己的外表缺乏安全感
- 出醜且尷尬
- 不自在
- 有罪惡感
- 受傷與被遺棄
- 脆弱和缺乏保護
- 不值得

這些情緒有的溫和、有的強烈。所有的這些情緒都描述了奧莉維亞的痛苦經驗——她的外表、與其他人的關係、應該如何表現，或想要完成哪些事情的種種期望。有一些情緒與特定的特徵或行為有關（她的鎖骨、在電梯前面絆倒），其他則是整體面的（感覺自己很失敗，或不配擁有友誼）。

羞恥感的情緒家族以兩道光譜為譜系範圍：從溫和到強烈、從特定到整體。

正如麥可．路易士指出，「事實上，尷尬和羞恥感是相關的，而且……差別只在強度不同。」其他人類通常會經歷的情緒也有著不同的強度，有些也是與特定領域有關，有些則與整體性有關。舉個例子，下面的列表我就不需要解釋了：

□惱怒　□生氣　□暴怒

我們在與伴侶起衝突時，也經歷過這個光譜上的變化。一開始只是對某些小疏忽的輕微惱怒，但是隨著分歧不斷升級，這股惱怒卻可能強化並轉變為生氣，最終變成爆炸性的暴怒。即使只是短暫性的，但你可能會覺得這段關係走到了終點。

我們所說的「生氣」，就如同羞恥感一樣，實際上指的是在一定譜系範圍內的同一個情緒家族。在這個光譜上的各個情緒點都有特定的英文名稱，然後我們根據每個情緒點是輕度、中度還是強烈，再進一步區分。同樣的情況也適用於悲傷的情緒家族，或是那些反映出恐懼程度與強度的感受。

所有情緒都發生在某個代表強度的光譜範圍內。

在本書中，我會將羞恥感視為同一個家族的情緒，來分析與討論——**這個家族的情緒所造成的痛苦，總是會讓人注意到自己**。悲傷和恐懼也都是痛苦的經驗，但羞恥感的痛苦特別會讓人聚焦於，這個人是誰與該有什麼樣的行為表現，不論這股情緒是針對自己或是他人。因此，在這個情緒家族中的羞恥感、罪惡感、尷尬和其他的情緒，通常被稱為是「自我意識情緒」（self-conscious emotions）。

在羞恥感情緒家族中的情緒，共同點是一種痛苦的自我意識（awareness of self）。

羞恥感（包含）罪惡感

許多撰寫羞恥感的作者，都會特別將羞恥感與罪惡感做區分，彷彿這兩者是完全不同的情緒。這個區分以精神分析學家海倫·路易士（Helen B. Lewis）在一九七〇年代的見解為開端：「羞恥感的體驗是直接關乎**自我**，這也是評價的重點。在罪惡感中，自我並不是負面評價的主要對象，重點是在於那些做了或沒做的**事情**。」更簡單來說（改寫自布雷蕭的觀點）：罪惡感是關於你所做的事情，而羞恥感則是關於你是誰。

支持相近論點的理論家常舉例說明，比如：

guilt－罪惡感：

我感覺很糟，因為我忘了你的生日。

在這裡，罪惡感指的是「已／未完成」的某項行為，但並未提到某人作為一個人的整體價值，且罪惡感往往會導致有罪惡感的一方去彌補。

shame－羞恥感：

我覺得自己毫無價值，而且沒有人喜歡我。

在這裡，羞恥感被放大用來定義某個人的自我意識（sense of self）。有這種感受的人會認定自己無能為力。

罪惡感和羞恥感是完全不同的情緒，這一觀點早已被各種學說強化，但普通人大都仍然沒有意識到這種區別，且一般人或多或少都會交換使用「罪惡感」和「羞恥感」這兩個詞。「羞恥感」在《韋氏大學詞典》（*Merriam-Webster's Collegiate Dictionary*）的定義，反映了大多數人使用這個詞彙所指的意思：「由於罪惡感、缺陷或行為不當而引起的痛苦情緒。」將羞恥感定義為意識到了罪惡感，是融合了這兩種情緒，但理論上來說，這兩種情緒應該是完全獨立且截然不同的存在。

兩者一直混為一談，是因為我們稱之為罪惡感的痛苦自我意識，和稱之為羞恥感的痛苦自我意識，在身體上會造成相似的感受。我們可以有意識地區分罪惡感和羞恥感，但這兩者都涉及相同的生理反應。要將這些反應貼上罪惡感或是羞恥感的標籤，則是取決於這些情緒的強度、引發它們的事件，以及減輕痛苦可以採取的具體行動。舉例來說，羞恥感會讓你只想躲起來，而罪惡感可能會促使你去彌補，但是這兩者在生理上都會導致類似的負面感受。

許多嚴謹的研究人員進行了多項有說服力的研究，將羞恥感與罪惡感、尷尬、羞辱以及羞恥感家族的其他情緒做區分。但在聚焦於這些情緒之間無可否認的差異時，我們可能會忽略它們共有的痛苦自我意識。因此本書將所有的這些情緒，視為在共同的生理基礎上都隸屬於同一個情緒家族。正如我在前面提到的，這些情緒會沿著兩個光譜變化。從這個角度來看，罪惡感也隸屬於羞恥感情緒家族，且與特定的事物、行動或未能採取行動有關。罪惡感也可能是溫和的或是強烈的。

在本書中，我將使用**羞恥感**這個詞做為一個統稱，用來涵括整個讓人以**痛苦的方式覺察自我**的情緒家族。當你在閱讀時，請牢記「良性羞恥感」與「有害羞恥感」之間的差異。並請記住，所有的情緒都會發生在一個強度範圍內，而所有羞恥感情緒家族的情緒，都會讓出現這些情緒的人痛苦地自我覺察（self-aware）。

羞恥感是由外在強加？

布雷蕭的經典著作《療癒你的羞恥感束縛》（*Healing the Shame That Binds You*）讓許多人都很熟悉這類特殊的羞恥感，亦即有害羞恥感（toxic shame），或者是父母和其他重要成年人對孩童進行情感和身體虐待所造成的影響。這種羞恥感會造成某種不完整和不值得被愛的感受。

近期，社會工作研究院教授布朗的著作也讓讀者意識到另一種羞恥感，我稱之為社會羞恥感（social shame），她探討的羞恥感，是源自在社會中瀰漫的完美主義和遠在天邊的理想，尤其是透過廣告和普遍的刻板印象來傳遞。布朗表示，社會羞恥感會讓人產生一種「永遠不夠好」的感覺，對女性來說尤為如此。

在本書中，我將採用較廣的觀點來探討羞恥感。雖然布雷蕭和布朗皆對理解羞恥感的本質有很大的貢獻，但兩人都傾向將羞恥感視為外在（父母，或社會的完美主義）施加的破壞性力量（SHAME）。我的看法不同：當羞恥感出現時，不一定有外在的情緒源頭存在，亦即即使在獨自一人的狀態下，我們仍我們感到羞愧。羞恥情緒家族不限於人際互動的痛苦經驗，是日常生活必經的一部分。

回到奧莉維亞的一天。雖然奧莉維亞的一些身體意象[1]問題，可能是廣告傳達訊息的影響，但是她的感受大半來自於內在。

讓奧莉維亞隱約感到羞辱的原因，是離婚後她始終單身，但前夫卻在談戀愛，與前夫相比讓她「像個失敗者」。失聯的喬許又加深敗者感受。收到莫莉的郵件沒有回覆，而自我感覺不佳，並在電梯前絆倒而感到尷尬。知道同事無意將她排除在外，但她還是感覺受到冷落。午餐時，她也懷疑其他用餐的人是否認為，她看起來沒有朋友。

總之，沒有人意圖讓奧莉維亞感受到這些情緒。她因為單一或複數理由而產生羞恥感：⑴沒有符合自己的期望，⑵感覺自己以不希望的方式暴露在外，⑶意識到她對其他人的好感只是單向的感受，或者⑷覺得與她的社交環境脫節。

我將這些情境稱為「羞恥感典範」（Shame Paradigm），我將在第3及第4章檢視這每一種情境，以助你了解所有人類如何與為何會經常出現羞恥感。

羞恥感的偽裝：三種有害反應

羞恥感遠比我們意識到的更常發生，而且在導致人們尋求治療的痛苦中，羞恥感也在很大程度上有著未被意識到的影響力。我執業的幾十年下來，幾乎沒有個案在治療初期就能意識到自己的問題和羞恥感有關。他們有的常說起低自尊問題，更多人說，在社交場合感到嚴重焦慮、飲食失調或反覆出現憂鬱症。而在進行療程的過程中，我常發現個案深陷羞恥感的泥沼，而他們很少察覺到這一點。

當羞恥感走進我的諮商室，它總是戴上不同面具。個案將他們的羞恥感受遮掩起來，藉此免於自身的痛苦。人用來保護自己免於羞恥感痛苦的主要策略有三種，可從以下代表性個案了解。

逃避羞恥感，不抱期待

傑瑞米，年近三十、有魅力的成功男士，他發現自己很難說清楚，開始接受治療的原

---

1 body image，個人對自己身體特徵的主觀判斷。

因。他從事一份高薪且有聲望的工作，許多朋友都很羨慕他，但是他形容這份工作「只是還過得去」而已。他正在和一位美麗且有成就的女子交往，也覺得對方非常有魅力，但這段關係卻缺乏激情，他說：「這段關係只是還過得去」。事實上，傑瑞米生活的大部分面向，似乎都只是「還過得去」而已。他從未看起來對任何事情感到興奮，也從未對任何人有熱情。他也很少笑。

傑瑞米曾告訴我，樂觀是愚蠢的，因為樂觀只會讓人陷入失望。他解釋說，如果做好最壞的打算，那麼當事情有更好的結果時，你就會感到驚喜。然而，他卻從未感到驚喜。他找不到樂趣，也很少為自己遇到的任何好事感到高興。療程中，我們了解到傑瑞米剝奪了自己可能的快樂，因為排除希望落空的風險。他渴望與他人連結，但最害怕的是自己因為別人而感到喜悅，卻發現是自作多情。對他而言沒有比這更羞愧的了。

之後在本書中，你還會認識到像傑瑞米這樣的其他個案，透過**逃避可能激起羞恥感的情境，來避免承受羞恥感**。冷漠、社交焦慮、完美主義、拖延症和濫交的狀況也都彼此相關聯，因為它們背後的目的都是相同的。

否認羞恥感，藉由自我孤立

瑟琳娜留下詢問治療的語音留言，我回撥時，她說的第一句話是：「我很高興你這麼快就回電了。我無法忍受有些人認為自己的時間更重要，隔好幾天才回電。」這句話為我們的療程定下基調，而這樣的態度也影響了她工作上與私下的社交。

瑟琳娜形容自己是激進的女權主義者，並拒絕容忍任何代表男性權利的象徵。她說「我太自重（self-respect）了，」這句話在療程中多次出現。我常感覺，瑟琳娜就像是莎士比亞筆下的《哈姆雷特》一樣，「太熱衷於抗爭了」。我也懷疑她劍拔弩張的態度暗藏羞恥感，之後的療程說明這不限於猜測。

雖然我看不到瑟琳娜平常的言行，但印象中她很容易被冒犯，且會想像別人輕視自己的目光。在工作時，她對待同事盛氣凌人、高高在上。直到一個契機讓她尋求治療，就是績效考核。有一位主管告訴瑟琳娜，她需要多多培養同理心，這樣她才能了解自己如何以及為何她和許多同事都很疏遠。

瑟琳娜因應羞恥感的方式，是否認感受的存在並讓旁人都感覺不佳，從後面其他個案中不乏此模式。卸載（投射）無意識的羞恥感，並迫使其他人感受到羞恥感的方式，包括自命不凡、傲慢、責備和自以為是。

控制羞恥感，排除意料之外

治療前幾個月，我始終不明白為什麼詹姆士還和女朋友在一起。女友比他小二十幾歲，但情緒起伏大，且會辱罵詹姆士，讓他的生活變得一團糟。從他的描述中，我發現他女友有邊緣型人格障礙的特徵，最明顯的是，她會前一天把詹姆士當作白馬王子，隔天又將他當成「一團糟的失敗」。

詹姆士非常有成就，在業界廣受尊重，但是他沒有什麼真正的朋友。他看起來是個脾氣好且愛開玩笑的人，實則藉由幽默來與人保持距離。雖然他不否認羞恥感，但我們用好幾個月才察覺，他透過與一個會持續攻擊他的人一起生活，來避開最意外、最痛苦的羞恥感。甚至女友的攻擊模式在詹姆士的預測內，可將其歸咎於精神疾病，這是詹姆士自我保護的方式。詹姆士清楚知道刺激女朋友攻擊自己的方法，並且時常這麼做。

像詹姆士的個案，他們**盡可能控制自身的羞恥感，不管是經歷的時間、或方式**。自憐、自我憎恨、受虐狂和各種類型的自我貶低，都是屈服於羞恥感的方法。這些方法讓羞恥感成為一種已知且可預測的經驗，而不再令人感到出乎意料。

避免、否認與控制，是人們用來隱藏羞恥感和減輕痛苦的主要方法。從第二部中的九位心理治療個案，你會看到他們是如何在日常中用來避免、否認或控制羞恥感。

第2章
你想活出怎樣的人生，問問羞恥感

所有人類的ＤＮＡ，都繼承了編碼相同的情緒資料庫。從達爾文開始，許多針對這項主題撰文的科學家都證明了，「某些情緒……幾乎在全球各大洲的不同文化，都有著相同的表達方式和經驗特性。這也包括幾乎未與西方文明接觸、完全孤立的史前史（preliterate）。」這些遺傳性情緒被編碼在「先天神經程序」（innate neural program）中，這包括臉部的肌肉，以及循環系統和呼吸系統。

這個領域的理論學家將這些遺傳程序稱為「先天性情感」（innate affect），是情緒的純粹生理和自動反應，類似於反射動作。雖然研究人員對於我們所繼承的確切情感資料庫，仍有些意見分歧，但大多數理論都認為憤怒、快樂、興奮、恐懼和痛苦是人類共有的經驗，而羞恥感也包括其中。

達爾文很久以前就觀察到，世界各地不同文化背景的人，都會透過同樣的生理症狀來表達羞恥感：眼睛向下看、目光迴避、頹然的姿勢，以及通常在面部或其他身體部位會泛紅。

在一個世紀後，神經心理學家湯姆金斯（Silvan Tomkins）費盡心思觀察，確認了羞恥感的生物學基礎，並確定羞恥感是編碼在人類DNA的九種主要情感之一。其他情感包括愉快－喜悅、興趣－興奮、恐懼－恐怖，和憤怒－暴怒。

情感理論（Affect theory）認為，**情緒的演化是為了促進嬰兒和照顧者之間的配對關係（pair bonding），以及促進部落所有成員之間的溝通，從而增加生存機會**。但如果情感有助於配對關係和溝通，羞恥感怎會是人類基因遺傳的一部分？為什麼人類一代代繁衍下來，會把如此痛苦且明顯具破壞性的情感，編碼到我們的基因中？從演化的角度來看，羞恥感若是人類組成的一部分，就應該具有某些用途。

根據最近研究，在以小型社會單位、部落為群體的幾千年時間裡，人類演化出體驗羞恥感的能力。生存仰賴部落成員的合作。一旦違反規範，有損群體利益，就會受到其他人的迴避或被排擠。此後不受部落保護、也無法共享食物，被排除在外，生存的可能性從而降低。

根據這個觀點，羞恥感是群體凝聚力的強化要素，讓個體和部落存活更久。換言之，你**愈是懂得體驗羞恥感，就愈有競爭力**。在這些研究之中，某項研究的首席研究員表示，「感覺不到身體疼痛的人往往會早逝，因為他們缺乏某個機制來讓他們知道，身體的組織何時受到傷害。羞恥感就如同身體上的疼痛，可以保護我們免於社會貶值（social devaluation）。」這最終可能導致孤立和死亡。

羞恥感也曾是一種推動文明化的力量，定義出公共與私人之間的界限。雖然我們的祖先在很久以前，可能會在眾目睽睽下排尿、排便，甚至交配，但隨著時間過去，在文明社會中逐漸看不到這些身體的機能。羞恥感作為一股文明化的力量，會使人將這些身體機能隱藏起來，直到今天仍是如此。如果蹲馬桶到一半突然有人打開門，誰都會感到羞辱。在某種程度上，這種對我們的基本動物本性感到羞愧的能力，讓我們變得更文明。

所有的文化，都會以不同的方式利用人們內建的羞恥感能力，作為強化特定規範和價值觀的手段，據推測，這是為了建立社會凝聚力、遏止違背社會集體利益的行為，從而促進生存。就這個層面來看，人類都內建體驗羞恥感的能力，但不同的社會，會以不同的方式，去激發和利用這種能力。

如果用電腦來比喻就是：羞恥感是人體的硬體的一部分，類似電腦的固定組件和軟體，而不同的社會價值觀代表著可以啟動羞恥感的軟體，就像同樣的電腦會根據安裝的軟體不同而表現不同。在生理上，羞恥感造成的特定影響並沒有不同，但在不同的文化中，能夠激發羞恥感的軟體，卻有很大的差異。

因地制宜的羞恥

每一個文化的軟體也就是一組文化價值觀，會隨著時間而發生變化，也就是說，軟體會不斷更新。這可用波特（Cole Porter）的不朽名曲一段歌詞概括：雖然「在過去，瞥見長筒襪就是令人震驚的事情」，但現在幾乎是「凡事皆可！[2]」例如附加在同性戀行為的羞恥感，近年已在重新評估。儘管不是所有人認同，但是以前會導致恥辱和社會污名的行為，現在也可以神聖地互許結婚誓言。在過去，未婚情侶同居與婦女未婚生育都曾是羞恥的行為，但在現今已非如此。

事實上，在上一個世紀，西方文明的**羞恥感軟體有了重大的更新，大幅降低了大量人口的羞恥感經驗**。我將這個時代的特點描述為「反羞恥時代精神」（anti-shame zeitgeist）：關於對異於普通人的群體施加社會羞恥感的束縛，有多元的團體與政治運動強烈在抗爭，而興起了一波領域廣泛的倡議運動。

所羅門（Andrew Solomon）在其影響重大的暢銷書《背離親緣》（*Far from the Tree*, *2012*）中，詳細介紹了父母為幫助孩子擺脫侏儒症、耳聾、以跨性別身分成長，或是承受泛自閉症的社會污名，而做的英勇行為。大多數人都會同意，這種污名對於那些無法不與眾不同的人來說，是有害的，而且在一個自由的社會中，我們都應該支持他們，去抗拒強加在他們身上的羞恥感。

但我們絕不該將羞恥感視為敵人。即使在現今明顯推崇「去羞恥感」的世界，也絕不能忽視羞恥感在阻止反社會行為方面的潛在價值。讀者常問我，羞恥感是否有任何價值，也就是說，在某些情況下，是否感到羞愧是合適的？問這個問題的人，似乎認定答案肯定是「不」。我通常會反問一個問題作為回答：我們真的希望，性騷擾者都不再感到羞愧嗎？雖然羞恥感的範圍可能已縮小，但它在強化價值觀和遏止破壞社會結構的行為方面，仍然有其作用。

當然，羞恥感在公共場合也可能以有害的形式出現。記者朗森（Jon Ronson）在其二〇一五年的暢銷書《所以你被公開羞辱了》（*So You've Been Publicly Shamed*）中，就生動描述了社交媒體提供的匿名性，使人可以利用羞恥感來進行人身攻擊。朗森詳細介紹了幾個案例，在這些案例中，對他人的推文或公開評論的誤解，導致大眾的憤怒，從而讓社群媒體上的羞辱運動惡化，並摧毀了這些人的聲譽和職業生涯。朗森認為，公開羞辱在我們的社會是一種強大的破壞性力量。

---

2 歌詞原文："in olden days a glimpse of stocking/was looked on as something shocking"。"Anything goes!"

相較於此，紐約大學的賈奎特（Jennifer Jacquet）提出，「適度的羞恥感有助於『我們人類』和諧共處，讓我們可以擁有社會生活，並且可以協調，使社會生活比較不痛苦並多了一些尊嚴。」換句話說，「適度的羞恥感」讓我們能夠強化社會關係的理想文明行為。

《華盛頓郵報》專欄作家西利查（Chris Cillizza）針對政治人物的行為也提出類似的觀點：

> 長期以來，**羞恥感在政治中一直是選擇的工具**。例如，一位總統說事實查核員所裁定的事情完全是錯的。這位總統擔心——即使他並不承認這一點——政治階級的人會如何看待他，他要嘛為他的言論道歉，不然就乾脆不要再提了。「無論」喜歡或討厭政治階級的人，這類羞辱都是規範政治言論的一種方法。

因為大多數政客都會在意聲譽，羞恥感（或羞恥感造成的威脅）就會推動政客去遵從大眾的期望，而在政治的情境，這就是誠實和真實。但如果像川普（Donald Trump）這樣無法或拒絕感到羞愧的政客，西利查寫道，「幾乎沒有辦法用任何事情來改變他的行為。」簡而言之，沒有羞恥感的政治家就無法從經驗中學習，並相應地改變行為，且表示不贊同意見的大眾也無法影響這些政治家。

每當形容某個人無恥，我們就是在含蓄表達自己的觀點，以及我們認為的可接受行為與

價值觀。我 Google 搜尋「無恥的自我推銷」，出現了超過一百萬筆結果。顯然很多人認為，那些經常成為鎂光燈焦點並吹捧自己的人，都應該更有羞恥心。即使在今日，在我們自戀的文化中，我們仍期望人人都應表現出一定程度的謙遜。

在個人層面上，對於羞恥感的理解可能會促使我們承擔責任，鼓勵我們的言行要符合自己和社會的理想。羞恥感有時會告訴**我們自己是誰，以及我們期望自己成為什麼樣的人**。社會學家兼社會哲學家林德（Helen Merrell Lynd）表示，「如果直接面對羞恥感的經歷，可能會意想不到地揭露一個人是誰，並指出此人可能成為什麼樣的人。換句話說，當你能全然正視這一情緒，羞恥感就可能**不再是會需要掩蓋的事情，而是一種正面的揭示體驗**。」

面對羞恥感不論是拒絕或敵視，都會忽視羞恥感有時帶給我們的學習課題，這是和自己與所處的社會有關的課題。再說一次，我並不將羞恥感視為一種嚴峻且破壞性的力量（SHAME），而是使用羞恥感的廣泛定義，即共享痛苦的自我意識的整個情緒家族。奧莉維亞因在友情被動、沒有依照自己的想法行事而感到懊惱，這時候的羞恥感就有助於她去意識到自己的標準（第1章）。

如果不急著擺脫，而能先留意到這些課題，就可能會推動她馬上回信。她並不需要從這種羞恥感中療癒（布雷蕭所提出），也不需要在面對羞恥感的破壞性訊息時，變得更加有韌性（布朗教的）。更準確來說，真正能達成目標、並改善自我感覺不良好的不二方法，便是

聆聽羞恥感，並從中學習。

再次強調，我認為情感的羞恥家族有其價值，包含對於自我意識發展，還有在兒童早期的自尊紮根，以及，是否能持續成長。

喜悅和羞恥感會以令人驚訝的方式，幫助自尊的誕生，我將在接下來的章節中說明這點。即使對成年人來說，健康的自重，也不代表著沒有羞恥感，反之，它代表著能夠容忍和承受這種經驗，也就是具有布朗所提出的「克服自卑」的能力，而且在必要時能夠從羞恥感中學習。

自豪感、自尊，有何不同

在我的專業領域，自尊（self-esteem）是一個令人尷尬但又避不掉的詞彙。我們在提及它時常會說「低自尊」、或是「高自尊」，彷彿某種可以量化的數值，只要透過足夠的外部讚揚或自我肯定，就可以「加滿」自尊。自一九八〇年末，提倡這種讚美和肯定的理論，已經影響了家長在育兒時的教養方式。心理學家、兒童發展專家和育兒書鼓勵家長給予孩子讚美和鼓勵，讓孩子不會出現羞恥感而培養出健康的自尊。他們說，這個做法可以保證孩子的幸福與成功。

坎貝爾（Keith Campbell）觀察自戀現象在現今大眾文化中嚴重的擴散趨勢，在《自戀時代》（*The Narcissism Epidemic*）犀利地將我們的時代描述為，「權利時代」（age of entitlement）。父母稱自己的孩子是「小王子、小公主」，老師也不斷告訴學生他們是特別的，加上自助書籍宣揚「愛自己、做自己」（self-love）解決一切問題，這都未能讓這個世代的年輕人擁有健康的自尊。相反地，這些年輕男女往往有一種膨脹的自我意識，且與自己在現實中真正的優勢及成就脫節。他們常常覺得有權擁有自己想要的東西，卻沒有付出必要的心力，而且過度強調形象和外表，勝過自己真正的本質。

促成這種新的教養風格興起的各種文化很複雜，但一個重要的因素，是針對前幾代父母嚴厲且羞辱人的教養方式的一波反彈。在一百年前，因為孩子的不當行為而羞辱孩子，是標準的育兒方式，然後自一九六〇、七〇年代後，變得越來越不被接受。現在，你幾乎不會聽到父母說「別丟臉了！」這樣的話，或是告訴孩子他們有多糟。反之，父母已經學會給予孩子過剩的表揚，在孩子需要糾正時也會盡可能溫和地糾正。

沒有任何有心理學基礎的人，會主張要回到嚴厲羞辱的時代，但是，我會說明，即使現在父母保護孩子免於羞恥感，羞恥感仍是成長過程中無法避免的一部分。就像奧莉維亞，即使沒有人對她施加，但一天下來她仍經歷到輕微的羞恥感。孩童在努力實現自己的目標並與重要的人互動時，也會不斷遇到情感的羞恥家族。

像奧莉維亞一樣，孩童也會在以下情境出現羞恥感：

一、發現自己對別人的好感或感情是單方面的；

二、被排除在重要的同儕群體之外而孤立；

三、覺得自己以不希望的方式暴露在外；

四、未能在生活中達到自己或其他重要人士的期望。是的，這些也就是羞恥感典範，而我將在接下來的兩章更仔細探討它們。

保護孩子免於羞恥感的經驗時，他們就無法發展健康的自尊；事實上，孩子必須在某些時候，學會為自己的羞恥感承擔責任並從中學習。在這個過程中，孩子會學到，令人高興的成就有助於他們培養自尊，以及意識到與自己周圍的其他重要人士分享喜悅的重要性。

回到奧莉維亞的情境。在一天結束後，當奧利維亞與摯友通話時，一股自豪感升起，來自她勇於面對未知與相應的挑戰。當她與莫莉一起開心地笑時，她的自豪感也更強烈了。

雖然**自豪感**（pride）這個詞有時會用來影射傲慢而有負面意義，但我喜歡用自豪感這個詞勝過自尊（self-esteem）。我在本書中使用自豪感來表示「**在自己的成就或實現目標之中，獲得深刻的喜悅或滿足感**」。情感理論的研究人員，通常將自豪感歸類為自我意識情緒

（self-conscious emotion）的一種。尷尬、罪惡感和羞恥感是和某種痛苦的自我意識有關，但自豪感則是和某種令人愉悅的自我意識有關，且通常是源自個人的能力和成就。

我還發現**自重**（self-respect）的概念對於理解羞恥感也很有幫助。只要**如實活出自己的價值觀和期望**時，你就會培養出自重。我經常對個案說，就像所有形式的尊重一樣，自重也是需要付出才能贏得的東西。

我指的並不是不切實際，或是在嚴格要求之下達成目標與期望。渴望富有、事事追求完美，反而是有害的目標。人類與生俱來的目標導向，讓我們產生意圖並擬定計畫，然後在日常生活的每天去達成一些事情，小則馬上回覆電子郵件，大則是職場的傑出表現。儘管目標很小，實現也會讓我們自我感覺良好。奧莉維亞對於自己忘記回覆好友的電子郵件，感到失望，但她也為自己面對重大改變的勇氣，而感到自豪。奧莉維亞藉由自己的勇敢，獲得了自重。

自豪和自重是持久自尊的基礎，也是羞恥感的解藥。光父母告訴你是不足以建立的。當然，感覺被周圍的人所愛，確實會播下自尊的種子。但是為了自尊的成長，你也必須設定並去實現能夠讓你充滿自豪感的目標。你必須為自己發展出一套價值觀和期望，然後去實踐它們。在這方面來說，我的觀點與許多探討自尊議題的文獻有所不同。

自尊是一種成就，需要你去努力實踐，而不是在人的心中的某個透過外部讚揚來加滿油的油箱。自尊不是某種可以永遠不變的條件，而是需要持續的投入才能培養和維持。

良性自尊的最後一個要素，是以下這一點，而且這點很重要：人類是社會性動物，且如布朗所說「天生就需要連結」，所以你會需要與身邊最重要的人分享喜悅和自豪感，這些人包括你的朋友、家人以及在職場的夥伴。正如感受羞愧的能力是在悠久的部落歷史背景之下，發展而來的，感受自豪的能力也是如此。當我們與他人分享成就的喜悅時，自尊的感受會最強烈。

這聽起來也許有些矛盾，但自尊的發展就是一種人際關係的經驗。

針對想要個人成長的讀者，我在附錄2提供了十個可依序練習的活動。最好在讀到書中指定的章節後，再進行練習。我會在書中為你標示做每一項練習的時機，就像下面的提示：

請見練習1，第333頁。

你也可以結合我的互動式影片課程：www.shamesurvey.com/learning-from-shame。

第3章 羞恥感的來源——不被愛與被忽略

羞恥感很矛盾，一方面來說，羞恥感會讓我們中斷與他人的連結，例如公開蒙羞後，我們會渴望消失或孤立自己，另一方面，當感覺自己與世隔絕、微不足道或被忽視時，羞恥感也會油然而生。羞恥感會激起躲藏的渴望，但是當自己被忽視或覺得自己不重要時，羞恥感又會占據主導地位。

羞恥感逐漸演變為遏止反社會行為和促進部落生存的手段，而和團體對立所需的情感成本，是一種受羞恥感所苦的被排斥（exclusion）。同樣也矛盾的是，每當感到被排斥時，即使沒有違反任何標準或價值觀，我們也會感到羞愧。羞恥感在本質上是切斷關係造成的影響，既是主因，也是其結果。

此外，失望也會導致羞恥感。在上一章中，我將自豪感描述為，因自己的成就或達成目標而帶來了強烈的快樂或滿足感。羞恥感與自豪感相反，是未能達到期望而出現的某種痛苦感受，無論這些期望是我們的，還是重要他人的。即使這些期望既不苛刻，也不要求完美，但是在感到失望時，我們不可避免地都會出現一定程度的羞恥感。

簡而言之，羞恥感是由失望和疏離所造成的。

我在後章討論羞恥感的四個面向，並探討各種產生羞恥感的一般狀況。這些羞恥感典範概括了，會激起不自在、尷尬、羞辱、罪惡感……羞恥感家族情緒的常見狀況，且這些模式也都各自體現出，羞恥感是一種失望和／或疏離的經驗。

各段提及的羞恥感子情緒，以及常見別稱，會整理在結尾，幫助讀者的「羞恥感詞彙」更加完整，並說明在日常生活中，羞恥感情緒家族如何握有比我們沒有意識到的強大影響力。

羞恥感典範1：無回應的愛

我們最早的連結需求，是與父母建立連結。英國精神分析學家溫尼考特（Donald Winnicott）認為，嬰兒在出生時帶著「常態的藍圖」（blueprint for normality）誕生到這個世界，這是一種遺傳性的內在期望，是關於照顧者將提供嬰兒什麼，以及當這些照顧者「做得夠好」時，嬰兒會如何發展。當孩童的實際經驗，符合並驗證了他們在本能上期望的慈愛且細心的父母時，孩童就能成長茁壯。

史翠普（Peg Streep）在《女兒們，排毒吧》（*Daughter Detox*）和《壞母親》（*Mean Mothers*）這兩本感人又令人痛心的書中，描述了母親因自己的自戀或其他心理問題而無法愛女兒，所造成的傷害。史翠普筆下的女兒們，在成長過程中不斷努力贏得在遺傳上所期待的愛。她們繼續愛自己的母親、為母親找藉口，而當這種愛沒有得到回報時，通常又會責怪自己。使這些女性痛苦的羞恥感，將會持續一輩子。

無回應的愛（unrequited love）是羞恥感最基本也最令人痛苦的一種模式，它可能會出現在人生的任何階段。許多年前，當我讀到托爾斯泰的《安娜．卡列尼娜》的以下段落時，我第一次明白了這個真理。吉蒂（Kitty）和渥倫斯基（Vronsky）在舞會上跳舞，吉蒂愛上了渥倫斯基，且一直到此刻都相信這股愛意是互相的：

> 吉蒂看著他的臉龐，那張臉與她自己的臉如此貼近，在看著他很長一段時間後——感覺像是過了多年以後——雖然她的眼神充滿了愛意，但是他並沒有任何回應，羞恥感的痛苦刺痛了她的心。

所有人都會對吉蒂的經歷有共鳴。你是否曾經在高中時暗戀過某個人，但是後來發現自己的感情只是單向的，而感到羞辱？也許是愛慕的人告訴你，只想跟你當朋友，讓你經歷了這種特別的痛苦。即使我們可能客觀地認為這和真正的羞恥感無關，但事實上，愛人卻感覺不被愛，就是一種羞辱的經歷。「至少在我們的文化，羞恥感可說是對單戀或愛情受挫的普遍性反應，」海倫．路易士認為。像吉蒂一樣凝視所愛的人的雙眼，卻遭到冷漠對待，是最典型的羞恥感經驗，也是最容易理解的羞恥感典範。

每一個付出愛的人，都希望得到愛的回報。所有人都希望對最重要的人來說，尤其是愛情伴侶而言，自己能夠成為對方的喜悅來源。有無數的詩歌、流行歌曲、小說和劇本都致力於尋找這種相互性的愛。當愛情是雙向時，我們會感到圓滿，我們會感到自我感覺良好。讓人失望的愛情則會把我們壓垮。即使是面對善意的拒絕、對方態度和緩，也仍然不減痛苦。

有時，是想成為某個人的親密好友，但是對方卻不回應這段友情，這也是一種無回應的愛。每當電話、簡訊或電子郵件沒有被回覆時；每當朋友因為更好玩的事情取消約會，或在最後一刻提出蹩腳的藉口時；每當**有人拒絕我們的邀請**，**或者總是由我們主動聯繫對方時**；**我們都可能會出現羞恥感家族的某種情緒**。

婚外情時通常會讓人感到羞愧或羞辱，即使被背叛的一方很快就躲到怒氣之中，他們仍會感到羞愧與羞辱。叛逆青少年的父母可能也會出現某種羞恥感，因為孩子顯然已經不像過去那樣愛父母，而將這份愛給了其他的孩子。孩子在意識到手足是父母的最愛，也常會出現某種羞恥感。

單方面的感情或好感，總是會激起情感的羞恥家族。我們的基因遺傳會讓我們希望與某個愛我們的人建立連結。無論如何稱呼這種感覺，當渴望落空、當無法建立連結時，我們就一定會出現羞恥感。

羞恥感詞彙

雖然我將無回應的愛定調為是一種羞恥感經驗，但我們通常會用其他方式來闡述這種經驗。以下是我們在向自己描述這類經歷時，通常會用的一些詞彙。取代稱之為羞恥感，你可以對自己說，我感到⋯⋯

- 受傷、被拒絕或被拋棄
- 不被愛或不值得被愛
- 醜陋（不夠有吸引力或身材不夠好）
- 不夠男性化（或不夠女性化）
- 被羞辱
- 不被需要（不受重視或不被關心）
- 不被理睬或輕視
- 不重要、被忽略或被遺忘

這些之中的每一項敘述，都代表著痛苦地意識到所愛的人不愛自己，或是不被朋友接納。當愛另一個人並為此感到喜悅時，我們自然希望這份情感可以得到回報，發現事實並非如此，我們就會感受到羞恥感家族的某種情緒。

羞恥感典範2：被排斥

人類的部落形式生活，幾乎貫穿了我們的整個演化史。最深層且內建在人類基因中的其中一項需求，就是期望能隸屬於某個比自己更大的群體。心理學家有時將這種與生俱來的驅動力稱為「親和需求」（need for affiliation）。如布朗和許多其他作者所描述的，我們「天性渴望建立連結」（wired for connection），且不僅是與愛情伴侶建立連結，還包括朋友、親戚和同事，亦即我們的延伸性部落的所有成員。我們需要與同類的人有共同的情感投入，來讓我們的自我意識趨於完整。

因為羞恥感會讓人想要藏匿起來，正如內桑森指出的，這會讓人陷入「感到孤立、非常孤獨、被群體排除」。矛盾的是，每當發現自己被排除在某個想加入的群體之外時，比如沒有受邀去同事的新生兒派對，我們也會出現羞恥感。我們都曾經有過這樣的感受，即使未必意識到那是羞恥感。你可能大略知道那是被排除在外的感受。在心情比較差的時候，你可能會想知道，自己有什麼問題、為什麼沒有人喜歡你，或者你可能會擔心自己很失敗。

近年來，「錯失恐懼症」（FoMO）已成為一種網路文化，並啟發多項旨在找出其根源的科學研究。但是研究都傾向聚焦於現今的社群媒體平台和不斷擴大的網路世界，如何為我們提供更多的**社交選擇**，且這些選擇**多過於我們能夠承受的選擇數量，而導致無法喘息，以至於擔心做出錯誤的選擇**。然而，如果稍微深入一點探究，就會發現有 FoMO 的人都害怕被朋友排除在外或被排斥。FoMO 與其說是被選擇壓垮，不如說是想要融入的渴望。

艾克希特大學（University of Exeter）的研究團隊做一項研究，設計了一種自評工具來衡量 FoMO。受試者被要求以五分的量表，對十項陳述中的每一項各別給分，量表的範圍從「完全不符合我的狀況」到「非常符合我的狀況」。以下是這項測量的前五項陳述：

1. 我擔心其他人和我相比，有更多有意義的經驗。
2. 我擔心我的朋友們和我相比，有更多有意義的經驗。
3. 朋友們在我不在的情況下玩得很開心時，這會讓我感到擔心。
4. 不知道我的朋友們都在忙什麼時，我會感到焦慮。
5. 了解我朋友圈的笑話，對我來說很重要。

這些論述都清楚表達了人們對被排除在外，以及自己不是圈內人或不屬於團體成員的恐懼。社群媒體讓我們在表面上，和上個世紀以前的人相比有更廣大的朋友圈，但同時，社群媒體也提供越來越多的證據，讓我們因為即使少了自己朋友群也相處融洽，而大受打擊。Facebook、Twitter、IG等平台讓我們必須面對這樣的困境：我們現在有更多的機會融入，但同時也更有可能發現自己被排除在外。

小學時，最後被挑中加入比賽隊伍，高中時覺得自己不屬於任何小團體，有類似經驗的人就會能夠理解被排斥造成的痛苦。國中生和高中生常常會因為覺得自己不受歡迎、覺得自己不夠酷或像個失敗者而感到痛苦。不在你希望歸屬的群體，總是會激起羞恥感情緒家族的某種情緒。

不止如此，再長大一些：大學申請沒有通過、夢想加入海軍卻被判定不適合、在兄弟會或姐妹會的宣誓週被拒絕加入、被拒絕加入某個社交俱樂部、未能在教堂的唱詩班擔任職位，或無法在某部戲劇毆角，這些都是被排斥而激發羞恥感的情境。

出了社會被排除的場景比比皆是。在鄰里間經常會形成友好的團體，就像高中時的小團體一樣，受歡迎的情侶與家庭會聚在一起，同時則排斥其他人。當父母積極投入孩子參與的體育活動時，較受歡迎的家長們常會若有似無地讓其他人顯得矮人一截。一群男士可能會在運動團體內另外組成隊伍或參加某場賽事，卻沒有意識到有人被排除在外。工作中的同事也會在聚會排除其他人。老闆也可能在公司的員工中，特別偏好某個特定團隊。幾乎只要是只要牽涉到與人互動的活動，都會讓某個局外人感到被排斥，或覺得自己不如那些圈內人重要。

到中年階段，人會意識到自己突然隱形，在以年輕人為主的性愛市場中失去價值，這時也常常會出現某種羞恥感：可有可無、被曾經隸屬的世界捨棄。當獨居老人與社區的其他人都沒有往來時，所感受到的羞恥感會對身心健康造成影響。幾乎任何離群索居的人都會承受著羞恥感。

即使你實際上並未被排斥，也可能因為內在因素而產生被排斥的羞恥感。常感覺自己跟別人不同，或是看待事物的方式不被理解，你就可能覺得自己被群體排除在外，如果人際圈在找不到興趣相通的人也會。如果觀點或品味獨特有時讓你自豪，有時讓你覺得與其他人脫節，進而導致你孤獨。

我們天生就需要與他人連結，這股強烈的歸屬感需求會持續一輩子，而當這股需求未被滿足時，我們就會感受到某種情感的羞恥家族。

羞恥感詞彙

我覺得……

- 像一個局外人或不合群的人
- 孤獨和被誤解

- 彷彿我不屬於這裡
- 不得人心、很土或不受歡迎
- 被排除在外、被迴避或被排斥
- 怪異或奇怪
- 矮人一截、較不重要
- 大家都在迴避我
- 被忽視、被遺忘或隱形的

就像在我們的愛意是單向時會產生羞恥感一樣，當我們因為任何原因而被想加入的群體排除在外時，我們也會感到羞愧。我們可能會擔心被排斥的原因是自己不如他人，或自己有缺陷。

第4章

羞恥感的來源——驟然暴露與失望

羞恥感典範3：非本意的暴露

- 在公共場合時，你嘗試以不引起注意的方式緩解脹氣，但是在放屁時卻發出了聲音。
- 出去玩了一晚後回到家，你照了鏡子，卻發現牙齒卡著晚餐吃的一塊菠菜。
- 在工作的時候月經提早來了，你完全沒準備，甚至沾到衣服。
- 你在朋友的公寓裡上大號，而且有臭味，但是卻找不到空氣清新劑和火柴，[3]當你走出廁所時，外面已經有人在等了。
- 你在餐桌上說話時，無意中從嘴巴噴了一點食物到某人的手臂上。

3 （編注）許多帶有臭味氣體都是可燃性氣體，火柴可去除廁所臭味。

大多數人都碰過各種通常被我們稱之為尷尬的經歷。每個人都想在公眾眼中留下好印象，當未能如意、突然以有損形象的方式暴露在外時，或者隱私無意間被公開時，羞恥感就會油然而生。正如精神病學家布魯塞克（Franuis Broucek）寫的，「羞恥感通常和暴露有關，且會出現在當一個人沒有為這樣的暴露做好準備時」。

哪怕只有幾秒鐘，羞恥感在生理上都是顯而易見的：我們的臉會變熱、變紅，我們會移開目光或閉上眼睛，並且渴望消失。

前面關於非本意的暴露（Unwanted Exposure）的例子都和身體機能有關。西方文明已經發展出一套被稱為禮儀或禮節的規則，這套規則鼓勵人們在某種程度上將自己的動物本性隱藏起來。排除身體的廢物、性事都應該要在私下進行。打嗝在土耳其、印度或沙烏地阿拉伯，被認為是對主人的恭維，在西方是無禮。幼童被自己放的屁逗笑，但成年人聽到放屁聲很讓人尷尬。

社會體制會利用羞恥感、或其威脅，來維護其行為準則，只是行為準則不同而已。在任何特定的社會中，強化特定行為的羞恥感軟體，也可能隨著時間而改變。某個世代謙虛和沉默寡言的價值觀，可能會被下個世代認為是過於拘謹。性事中途有外人走進房間，大多數人也都會覺得很羞辱。在公共場合放屁，現今仍會尷尬，但不再像以前那樣令人極其難堪。

二〇〇五年時，我參加精神分析研究所舉辦的佛洛伊德《夢的解析》百年紀念派對。這場派對邀請賓客，穿著代表自己最喜歡或最重要的一場夢境的服裝。我的一位同事看到有名陌生的女士從廁所走出來時，裙子上卡著一長串衛生紙並拖在身後。同事為這位女士感到困窘，趕緊過去提醒她。這位女士微笑感謝我同事的熱心，並說：「這就是我的夢。」

我諮商室裡最多個案講述令人羞愧的夢境，很多都是關於在公共場合赤身裸體。在大眾的視線全裸，通常都會讓我們感到羞愧。中年男子仍能生動想起，幾十年前從高中坐公車回家時，透過褲子就可以看到他們在勃起，感覺是多麼羞辱。

我也是在職涯的後期才了解到，心理治療常常會涉及到非本意的暴露所造成的羞恥感。向個案解釋潛意識的內容，也就是告訴個案，你從她說的話中聽到了她沒有意圖要說的話，雖然這可能不會被注意到，但是也往往會引起羞恥感。林德寫道，在心理治療中「羞恥感不僅是把自己暴露在另一個人眼中導致的結果，也是將自己尚未意識到、不願承認存在的部分暴露在自己眼中的結果。」

有時候在犯錯時、在公共場合有一些不小心的言行時，或者當與周圍的人做令人不快的比較時，我們會覺得自己以一種非必要或意想不到的方式被暴露在外。

- 在小組討論時，你用了一個你看過，但從未聽別人說過的單字，卻在另一個人後來說到這個單字時，意識到你發音錯誤了。
- 你盛裝出席一場派對，卻發現其他人都穿得很休閒。

- 你走在擁擠的人行道上，意外踩到混凝土地面的裂縫而絆倒，在眾目睽睽下差點跪坐在地上。
- 當被問到對最新的某件事的看法時，你只能承認，你不知道朋友在說什麼。
- 在某次員工會議上老闆直指著你批評。
- 你叫錯某人的名字，然後被對方糾正。

我們在希望保密的個人資訊被公開時，也會因為非本意的暴露而感到羞愧。例如，如果周遭謠傳自己的孩子正在對抗毒癮，且被送進戒毒中心，或是你的配偶不忠，亦或是公司正在縮編而你出現在裁員名單，你就可能會出現羞恥感家族的某種情緒。人類是社會性動物，你我都屬於某個社群，所以當然會很在意自己的聲譽，以及在我們在周遭的他人面前如何展現自己。

突然地非本意的暴露，總是會激起羞恥感家族的某種情緒，無論我們是如何稱呼這種情緒。或溫和或強烈，可能是源自於犯的小錯，或者這股情緒也可能在我們反覆回想痛苦的場景時，困擾了我們好幾個小時。

羞恥感詞彙

我覺得……

- 不自在
- 尷尬、害羞或羞怯
- 脆弱和暴露在外
- 像個笨蛋、傻瓜或混蛋
- 非常困窘
- 好像我是個笑柄
- 愚蠢或無知
- 難相處、無能或笨手笨腳

羞恥感典範4：期望落空

努力念書，應考狀態很好，結果成績只有中等，你可能會失望、尷尬或懊惱，尤其是先前跟同學說你覺得成績很好時。「暴露出錯誤的信心會令人羞愧，」林德評論道。「期望越高，羞恥感就越強烈。」獲得了高分的成績時，你會自豪，並希望大家對你的分數表達認可，但是你也很有可能不希望朋友知道你實際的分數。高分的成績也可能會讓你覺得羞愧，而寧願將分數保密。

每次設定目標，我們就會為羞恥感打開大門。戒菸、減肥或去健身房等新年新計畫，大多未能維持。每當又去買冰淇淋，或是再買一包香煙時，我們都有罪惡感，或自我感覺不良好，更甚者自我憎恨。

如果申請晉升結果卻是其他人升上去，你可能會出現期望落空（Disappointed Expectation）的羞恥感。競選並落選也可能激起羞愧的感受；在體育競賽中落敗也是如此。雖然這個社會非常看重個人最佳成績與個人的努力，但每當我們決定目標卻無法達成時，大多數人都會為此羞恥，你也許用失望或遺憾描述它。

達不到自己的、或敬重的人的標準和價值觀，也會引起羞恥感。對自己的期望，與我們的實際行為之間的差異，也會帶來失望。「處於羞恥感的狀態，代表我一定是將我的行為與某些標準做比較，無論這標準是我的還是他人的，」麥可・路易士解釋：「相較於標準，我的失敗才讓我感到羞愧」。

在與比較時、感覺自己不夠好，我們就會找一個達不到的期望，這是一種痛心的失望，且可能會導致羞恥感和嫉妒的感受。在選擇榜樣並努力效仿他們的過程中，我們會針對自己想成為的人設立期望，並在生活吻合它，也可以是一種自豪感的來源。然而這個過程總是理想化，我們就走向無法避免的失望和某種惡性的「羞恥感」。

對自己抱持合理的期望，並不等同於心懷嚴苛、完美主義和自我挫敗的期望。如布朗指出的，「**羞恥感就是完美主義的聲音**。」採用符合自己核心價值的合理標準，並對自己負責，可以讓人建立自豪感而過著誠實的生活。許多自助書籍都會介紹認知行為（cognitive-behavioral）技巧，用來改變懲罰性的自我對話。這有時奏效但重要的是，我們更需要的是去傾聽並從期望落空的羞恥感中學習，這樣我們最終才能獲得自重。

關於未能實現目標、或是做出連自己也不敬重的行為時，大多數人避而不談。羞恥感通常會讓人陷入孤立。反之，當我們提前計畫、努力付出並最終成功時，我們會希望與他人分享。實現目標有助於強化我們的自我價值，對自己或對身處群體重要的人，若是能夠認可並慶祝我們的成就時，這種自豪感就會更加深刻。良性的自豪感和認同，不同於打腫臉充胖子，也不同於盲從意見。

各種競爭都無法避免會牽涉到羞恥感。當某人成為贏家、實現勝利的夢想，其他人就一定是無法達到他們的目標。研究自戀的特溫格（Jean Twenge）和坎貝爾在《自戀時代》一書中指出，自尊的運動試圖透過讓每個人都成為贏家，來消除競爭的羞恥感。父母不斷稱讚孩子的特別，在學校時孩子則透過「關於我的一切」和「我很特別」這類的活動，從老師那裡接收到類似的訊息。在每一年，我的小孩念的小學都會舉辦萬聖節服裝比賽，然後每一個孩子都會拿到第一名。

我並不是建議，孩童都應感到羞愧；我想表達的是，他們無可避免會出現羞恥感家族情緒，亦即痛苦的自我意識，這裡指的不是通常用來表達有害的「羞恥感」。輕則很快拋諸腦後的輕微失望，重則讓人沮喪好幾週。這可能會激勵我們扳回一城，也可能導致嚴重的自我懷疑與怯志。

現實是，我們仍生活在一個競爭激烈的世界中。競爭就是要以最快的速度、最低的價格、提供最好的產品，這也是自由企業的核心。有些公司若少了前面的失敗的，將不會達到今日的成功。在穩健的公司，工作成果優秀的員工勢必更早獲得加薪和晉升。雖然並不是很明顯，但競爭也在社交關係中發揮著影響力。「向鄰居看齊」（Keeping up with the Joneses）這個諺語就代表人人都在攀比，希望在社會或經濟上至少與對方相當。

競爭以其最有害和最自戀的形式將世界變成了戰場，區分勝者與失敗者。在自戀的世界觀中，自尊就是一場零和遊戲：透過貶低你，我對自己的感覺變得更好。彷彿蹺蹺板：每當我讓你陷入羞愧，我就勝利了，你漸入佳境，我就擔心起來。這樣的自戀型防衛（narcissistic defense）我將在第二部解說，這是一種對抗羞恥感的特殊偽裝，往往會驅使人們羞辱他人，以維護自己的自尊並逃避難以忍受的羞恥感。

即使是良性的競爭，也會給未能獲勝的人帶來一定程度的羞恥感，因此我們制定了規則和行為準則來幫助減輕這種羞恥感。例如運動家精神。即使勝利可能代表了社會的最佳利益，我們也會讚揚在失敗中仍維持尊嚴的人。我們不喜歡悲痛的失敗者，並且重新將輸掉比賽或失敗定義為從期望落空中學習的機會。

這個情況中為什麼沒有獲勝？如何從失敗中學習並應用到下回？

這種對失敗或敗績的羞愧態度，是美國經濟引擎的核心，也是矽谷的新創文化的中心。我們在成功的**道路上很可能會碰到失敗，但唯一真正值得羞愧的，是沒有從失敗中學習和成長**。

前面期望落空的羞恥感的例子清楚好懂。而我想接著這個觀點討論另一個羞恥感的例子，乍看之下可能令人費解，它來自狄珍妮（Ellen DeGeneres）的單口喜劇。

狄珍妮就像許多喜劇演員一樣，以一種好笑的方式重現了大家熟悉的羞恥感經驗。觀眾得到的樂趣，來自於在她的角色上看到自己的影子，以及認同她的角色的羞恥感，然後當這種羞恥感變成既是共享的經驗。喜劇讓我們如釋重負，而不再以孤立的方式感到深切的痛苦。

狄珍妮的單口喜劇表演有一個著名的固定片段。她會假裝正在街上行走，這時她發現遠處走來的，是自己的朋友。「喔，南西在那裡」，她會對自己說。她微笑著，然後大力揮手，清楚展現她有多高興見到南西。她大聲喊南西的名字，積極吸引南西的注意。然後狄珍妮突然愣住了，因為她意識到來者只是某個和她很像南西的陌生人。

作為出色的肢體喜劇演員，狄珍妮在接下來的幾秒鐘裡，她會生動表現出極度痛苦的感受。她會低下頭，然後移開目光，看起來很難受。她在滿是痛苦之中，以緊張、高亢的聲音自言自語，最後快步走開。狄珍妮從未使用「羞恥感」這個詞，但她用身體表達出羞恥感的生理症狀。

雖然大多數人都對這種經驗有共鳴，但也無法馬上就搞清楚，為什麼認錯人這種常見的小錯誤，會感受這麼糟。

狄珍妮的這段表演表達出，每當明顯表達喜悅並期待得到回應，結果卻只有失望時，我們就會感到不適。而無論我們如何稱呼這種特定的不適感，它都屬於羞恥感的情緒家族。這是一種期望落空，是期望著喜悅的連結，但卻無法獲得滿足。

羞恥感詞彙

當期望落空引發羞恥感時，你可能會對自己說：

我覺得……

- 失望、悲傷、不如預期
- 被打敗或氣餒

- 對自己感到沮喪
- 像是我不夠格
- 像是一個懦夫或廢物
- 無能、軟弱，或無效的
- 能力不足或不稱職
- 像是一個失敗或輸家
- 軟弱、散漫，或是缺乏決心
- 垂頭喪氣、沮喪的

我將在下一章探討，從生命早期開始就有的喜悅連結需求，以及喜悅的連結對於自尊發展的影響。然後我將探討，在生命的第二年，所有的羞恥感典範都必然會出現，以及令人驚訝地，羞恥感也會帶來自豪感、自尊感和自我價值感。

請見練習2，第334頁。

第5章

喜悅與自尊的誕生

父母在幫助孩子發展良性的自尊上，會持續面臨兩項挑戰。第一出現在孩子出生的第一年內，要讓嬰兒覺得自己所做的幾乎所有事情，都會令父母喜悅並關注他。這時照顧者必須支持一種「此階段典型的誇大與全能的自戀狀態」，嬰兒需要感受到自己是父母情感世界的中心，且比任何事情或任何人都更重要。在這個階段，嬰兒還無法理解到父母是不同的個體，而是認為他們和自己相關，彷彿父母的存在就是照顧嬰兒的需求和情感。父母同時身兼安慰者、餵食者，與喜悅和刺激的提供者。

這種狀況佛洛伊德提出的「原始自戀」（primary narcissism）。在嬰兒大略一歲時，嬰兒都需要感覺到一切是以他們為中心運作。這樣的經驗會為良性的自尊奠定基礎。

在兩歲時，幼兒則會逐漸獲得這樣的觀念：父母是獨立且獨特的存在、有自己的內在生活（interior life），而不僅是幼兒的滿足感來源。基於此，同時為了讓孩子融入父母之外的更廣大的社會，父母必須漸進且小心地挑戰孩子過去的「誇大與全能」。幼兒在成長階段，得確實接收到訊息：「雖然我確實很特別，但我並不比其他人（包括父母）更特別」。

在兩歲時，幼兒所做的每件事不再都能給父母無條件的喜悅，這樣一來，如果幼兒想要獲得雙向的喜悅和興趣，就必須符合父母的期望。這種體驗會以在第一個階段所奠定的自尊為基礎，然後去逐漸降低幼兒的誇大感。事實上，當孩子知道自己不再是宇宙的中心，以及知道只要調整行為以符合父母的期望時，就可以持續獲得相互性喜悅的獎勵，這會讓孩子對自己有好的感受。

在這兩個階段中，父母和孩子之間的情感大多是透過面對面來交流。雖然前語言（preverbal）的聲音也發揮了作用，但在第一個階段的時候，父母和嬰兒主要是透過眼神交流和改變面部表情來溝通。照顧者會仰賴這些面對面的交流，來傳達自己的喜悅和興趣，他們也會接收並鏡像（mirror）自己在嬰兒臉上讀到的喜悅和興趣。

在嬰兒兩歲時，面對面的交流同樣有重要的作用，但在嬰兒要求共同的喜悅與關注時，父母會大幅改變反應的方式。當幼兒的興奮行為是不被接受的，照顧者會移開視線、皺著眉頭或說「不」。當幼兒期望與照顧者進行愉快的互動，但卻不能如願時，我們可以將這種經歷描述為沮喪、失望或被拒絕。神經生物學家將父母和孩子之間的這種錯失同頻（misattunement）或不相稱的狀態稱為「互動性錯誤」（interactive error）。

無論我們怎麼稱呼它，這都是令人痛苦的經歷。

自尊的基石：面無表情實驗

在馬薩諸塞大學（University of Massachusetts）的觀察室內，一名研究員的攝影機記錄了這一幕：一位年輕的母親坐在女兒面前，嬰兒就坐在桌子上的汽車安全座椅中。當兩人目光接觸時，嬰兒的臉上立刻洋溢著喜悅。母親用喜悅的愛慕表情，對嬰兒發出咕咕聲，她握住嬰兒的兩隻手，然後她們互相打招呼，一個人用語言，另一人則是發出快樂的聲音。

然後嬰兒指向遠處的某個物體引起母親的注意。母親帶著喜悅的微笑看那個方向，然後視線回到嬰兒的臉上，低聲表示認可。「我懂了！這很有趣，對吧？」母親的聲音柔和而高亢，是父母對小孩常見的音調。母親在嬰兒面前喜悅地笑了。嬰兒的臉上也滿是快樂。

這兩人在情感上是同頻的。此時此刻，她們就是彼此宇宙的喜悅中心。

接下來，母親按照研究人員在鏡頭外的指示，停止目光接觸，並短暫別過身去。然後當她回過頭時，她的臉就像一張冷漠的面具，身體靜止，然後臉也沒有任何表情。母親不再向嬰兒伸出手，或以任何方式回應。

嬰兒立即注意到事情發生了變化，她的臉上閃過一絲困惑。她對母親微笑，希望引起母親的喜悅，但是母親的臉仍維持著冷冰冰的臉。然後嬰兒指著遠處的另一個物體，試圖引起母親的注意。母親繼續凝視著嬰兒，臉上的表情難以捉摸，顯得疏遠且完全不帶感情。

嬰兒身體前傾，雙手舉向媽媽的臉，然後沮喪地跌坐回安全座椅中，發出失望的聲音，臉因痛苦而開始緊繃。她拍著手，向母親發出高亢的尖叫聲表示抗議。母親的毫無反應維持越久，嬰兒的痛苦就越大。嬰兒開始在安全座椅上亂動，最後放聲大哭。

母親終於重新介入，她低語並對嬰兒微笑。幾秒鐘之內，兩人再次同頻、進行眼神交流並共享彼此因為對方在場而感受到的喜悅。

楚尼克（Edward Tronick）博士在一九八〇年代的這項研究，通常被稱為「**面無表情實驗**」（Still Face Experiment），這項研究拍攝了許多父母與嬰兒之間的這種接觸，是**首次為「嬰兒深受父母的行為和情緒狀態影響」的觀點**，提出了科學**佐證**。楚尼克展示出，兩個月大的嬰兒就已會積極尋求與父母面對面互動。

在 YouTube 上可以找到這項實驗的影片。在影片的第一個部分中，母親和嬰兒所共享的喜悅，讓觀眾跟著微笑。當父母用迷戀與散發出喜悅的目光，注視著嬰兒的雙眼時，這種注視感覺是完全健康和正確的。嬰兒都應該在父母愛慕的光芒、在感覺自己完美和美麗之中，開始生命的發展。這樣的經驗會真實地重複好幾個月，且這種經驗必然會讓成長中的孩子自我感覺良好。

充滿相互性喜悅的嬰兒與照顧者關係，會奠定孩子的自尊基石。

早期腦部發展：你快樂所以我快樂

在孩子一歲時，父母與孩子之間有多到驚人的互動，都和共享的愉悅和興趣有關。在生命的前十個月，嬰兒有九〇％的時間都在和照顧者正向且歡樂地互動。最近的神經科學研究顯示，這些歡樂的互動會釋放激素，有助於嬰兒腦部正常發育。可以說人腦是否能正常發展就取決於此。

對新興的新生兒神經科學領域稍有研究的人，知名的專業文獻之一是：大腦的「經驗－依賴型成熟發展」（experience-dependent maturation of the brain）。它指出人類的腦部在出生時並未完全成型，而是會在生命的最初幾個月和幾年之中持續發育。腦部能否有最佳的發育會取決於是否滿足一定的條件。在孩子一歲時的條件，是嬰兒和照顧者之間需有大量互相調和的共享喜悅與興趣。慣例性與頻繁的互動性錯誤，會造成沮喪、痛苦、悲傷等；這些不相稱必須及時修正，使母親和嬰兒回到共享喜悅和興趣的狀態。神經生物學家將後面的這段過程稱為「互動性修復」（interactive repair）。

在照顧者和嬰兒的喜悅同頻和互動性修復中，會釋放出稱為「內生性類鴉片[4]」或「類鴉片胜肽」（opioid peptides）的特定激素。內生性類鴉片會使家長和嬰兒兩方，都對自己和彼此感覺良好，從而讓兩方都建立自尊，並在他們之間建立健康的依附關係。

內生性類鴉片也會促進嬰兒腦部的神經生長。在一歲時，內生性類鴉片會特別促進眶額皮質（orbitofrontal cortex）發育成熟。眶額皮質是大腦的一部分，「與社交互動的愉快程度密切相關」。換句話說，孩子在一歲時從交流中體驗的愉悅和興趣的共同調和程度，不僅會影響自尊的發展，還會影響孩子在此生能否與他人建立能夠帶來滿足的關係。

父母對孩子的愛與熱情關注，就類似於浪漫的熱戀，那種感覺就像是我們成年後墜入愛河並相信對方很完美。對於一歲前的嬰兒來說，感覺到自己是父母的宇宙的中心、被不加批判地喜愛，且既是父母興趣的來源，同時也是接受者時，自尊就會萌芽。我們也可以將這種經驗描述為一種無條件的愛。

雖然自尊運動並不是源自神經科學，但自尊運動的基本原則是以喜悅對於建立自尊的影響為基礎。研究人員建議父母和教育工作者無論孩子做什麼，都要大力給予孩子表揚。父母和教育工作者也被告知，表達無條件的愛與認可，將讓成長中的孩子建立良性的自尊。

然而，我在下一章將會探討，喜悅是孩童在兩歲和之後仍能持續發展良性自尊的必要條件，但並非是充分條件。

---

4 endogenous opioids，是由人體所產生的，不是來自外部並被人體攝入的非法藥物鴉片，或像是美國食品藥物管理局所批准的芬太尼藥物，也稱為腦內啡（endorphins）。

失望與沮喪有上限，但不能沒有

當然，父母不可能隨時滿足嬰兒對於喜悅互動的需求，他們還得維持生活、和其他人來往。簡而言之，即使是良好同頻的親子，也會歷經痛苦、沮喪以及父母分心或抽離的時刻。這些經驗被神經科學家歸類為壓力，而我們會需要壓力才能成長。挫折是生活中無法避免的一部分，因此如果要成長茁壯，我們就必須學會承受挫折。問題就落到比例上，我們從這世界感受的壓力是否在可承受的範圍內，且壓力是否會過段時間後就獲得緩解？

以溫尼考特的用語來說，當父母「做得夠好」時，也就是在嬰兒面臨可應付的早期挫折和失望時，在互動性錯誤發生後能很快修復，嬰兒就會知道，自己可以在這些經歷中生存下來而不會被壓垮。楚尼克等人的研究都指出，父母和孩子之間的完美同頻不可能，也不理想，因為當二人能成功從痛苦的錯失同頻狀態，轉轉化為喜悅的連結狀態時，就會帶來最佳的成長效果。在一歲時，嬰兒在很大程度上需仰賴照顧者幫助，以從壓力中恢復並回復到喜悅的狀態。用我自己的專業術語來說，嬰兒還無法自動調節自己的情緒狀態。

如果疼痛、失望和沮喪是可應付的，或能反覆透過互動性修復從壓力中恢復，寶寶就會對照顧者的可靠度有信心，還會發展出信心。正如楚尼克寫道，「隨著成功和修復的累積與反覆發生，嬰兒會建立正向情感的核心」，也就是自尊的基礎。

艾瑞克森（Erik Erikson）在他經典的《自我認同》（*Identity*）一書中，闡述了人類終其一生面臨的成熟化挑戰，他將一歲時的挑戰定義為基本的信任與不信任。成功度過生命最初幾個月的壓力經驗，不僅可以為嬰兒注入對照顧者的信心，還可以讓嬰兒有信心，自己在未來也能夠面對逆境，而這種自信有助於自尊的成長。

父母與嬰兒互相注視且充滿喜悅的目光，就是自尊的誕生地，這讓嬰兒感覺到自己的美好以及值得被愛。在信賴的照顧者幫助下成功應對挫折和失望的經歷，會有助於建立自信。

核心羞恥感

有時父母會出於某種緣故失職，許是產後憂鬱症、或其中一方缺席帶來絕望，而導致小孩自尊無法生根。年輕的鰥夫可能手足無措、在情緒上無法承擔單親家長的職責，並且無法走出妻子早逝的悲傷中。常見的苦衷還有：家庭暴力，或是藥物成癮、極度貧困的壓力、嚴重精神疾病、離婚衝突，這些都可能讓父母無法履行職責，或與孩子進行愉悅互動。

在面無表情實驗，母親轉為無動於衷，這讓觀者痛心。我們的身體會與嬰兒加劇的痛苦產生共鳴，而會想移開目光。這位母親的抽離感覺是嚴重錯誤，這根本不是嬰兒向父母示好時，身為父母該有的反應。這樣的經歷持續重複發生數月甚至數年後，嬰兒不得不對自己感覺不佳，他們的感受會與美好和有價值完全相反。

當嬰兒所經歷的痛苦、沮喪或失望嚴重多過於喜悅連結的經驗；當不和諧的狀態缺少可靠的互動性修復時；壞事遠遠多過於好事，會讓嬰兒的腦部缺乏正常發育所需的條件。多數父母都聽說過「關鍵期」（critical periods），這是神經系統仰賴特定環境刺激來習得技能或特質的成熟過程的階段。如果孩童在一個期間沒有獲得適當的刺激，此後就很難、甚至沒機會發展出這些能力。

人類腦部的關鍵期，是大腦尚未完全形成而持續在生長的幾個成熟化階段。嬰兒在一歲時與照顧者的喜悅互動不足時，大腦會無法正常發育，因為大腦的最佳化發育會需要在這種互動過程中所釋放的激素。加州大學洛杉磯分校（UCLA）神經精神病學研究所（Neuropsychiatric Institute）教授蕭爾（Allan Schore）針對在嚴重匱乏的環境中長大的嬰兒進行磁振共振（MRI）研究。他的研究指出，與在健康的家庭環境中長大的嬰兒相比，來自匱乏環境的嬰兒，其大腦的體積較小、神經元數量較少且神經元之間的相互連結也更少。

雖然研究人員在近年來大肆宣揚神經的可塑性，但出生後最初幾個月內發生的大腦發育缺損，仍無法完全依靠神經可塑性來改善。就這方面而言，在生命的早期缺乏喜悅和同頻，就類似於佝僂病的維生素不足。兒童若是在骨骼尚未發展成熟的這些關鍵期，在飲食中缺乏維生素D，他們的骨骼便無法正常發育，即使在成年後怎麼注重飲食也無法改善。當孩子在遠遠稱不上最佳環境下歷經腦部的發育階段時，這些孩子將永遠不同於在健康環境中長大的孩子。他們並非不可能成長，只是會有侷限。

當大腦的發展被打亂時，嬰兒會從內心最深處感覺到，無論是自己的世界與他自己都有某種嚴重的問題。如精神分析師格羅斯坦（James Grotstein）所描述的，「這些有缺損的孩子似乎可以感覺到自己的神經發展出了問題，因此對自己出現了強烈的羞恥感。」在工作上，我會將這種經驗稱為「核心羞恥感」（core shame），這類型羞恥感不但強烈還影響廣泛。在與正常發展環境大相徑庭的情況下，羞恥感會成為這些仍在發育的孩子，本身的一部分結構，會成為這些孩子的自我意識的重要組成。這些孩子不會覺得自己是美好且值得被愛的，而是感到自己有缺陷、醜陋、破損和不被喜愛。

就羞恥感典範來說，核心羞恥感以意義深遠的方式同時體現出無回應的愛與期望落空。假定人如出生時，就對彼此的喜悅同頻抱持特定期望，亦即，愛和被愛是最根本的需求，但照顧者卻不符期待時，就會核心羞恥感並盤旋。只要想像前面的面無表情實驗中，當母親沒有反應時嬰兒的感受，並且這樣的痛會在生命最初的幾個月內反覆，就能了解核心羞恥感所帶來的痛苦。「隨著疏忽和未被彌補的狀況反覆出現並累積，嬰兒就會形成一種『自己是無效的』的表述，」楚尼克寫道。他繼續寫道，隨著時間過去，「在持續且長期互動失敗的情況下，很可能會出現精神病理學的症狀。」

過去治療經驗，讓身陷核心羞恥感的個案意識到這件事並不容易，我通常從對方重述的夢境都會透露出端倪，可能是飽受戰爭摧殘的景象、貧困而荒蕪的貧民窟與嚴重腐朽的建築物，以及被燒毀並遺棄的汽車。我從不只一位個案那裡聽過，他們夢見某個因疾病所苦或毀容的嬰兒，並在夢中拚命試圖拯救這個嬰兒。這些夢都傳達了主人公受到某種嚴重的損害，而且是嚴重到他們認為有可能修復不了的。

當代美國社會學大師高夫曼（Erving Goffmann）在《污名──管理受損身分的筆記》（*Stigma*）一書中，將承受重大個人或身體缺陷的人描述為自我認同受損（spoiled identity）。堅信自己的身體破損或完全毀壞，就是核心羞恥感的中心。對於已經腐爛並失去了所有營養價值的蔬菜，我們會判斷它變質後丟棄。苦於對抗核心羞恥感，就代表心底害怕受傷、沒有價值，也沒有存在的必要，當核心羞恥感超出負擔則有可能會導致自殺。

核心羞恥感是如此痛苦且令人難以忍受人們往往會試圖避開它或逃開它。他們大多以無意識的方式學會隱藏或掩飾自己的羞恥感，從而將痛苦排除在意識之外。我將在第二部探討這些不同的掩飾面具，以及所有人用來逃避、否認和控制羞恥感經驗的方法。雖然核心羞恥感會引起根深蒂固的防衛機制，但大多數人在日常生活中也會時不時依賴同樣的防衛機制，來保護自己免於羞恥感情緒家族的影響。

自尊來自羞恥感的修復能力

嬰兒通常在一歲的某個時刻（主要在一歲半到兩歲之間），會發展出足夠的肌肉力量和協調性，進而開始爬行。獨立的移動能力很偉大，能夠在不仰賴成人的情況下從一處移動到別處，力量感和自主感於焉而生，有助於孩子的自尊發展。不只對孩子是里程碑，對父母來說也是，從 YouTube 上無數寶寶爬行的影片便可知。

這些影片可看出共通點，嬰兒趴在地板上，其中有些想要觸碰顏色鮮豔的玩具或布偶卻沒能如願。嬰兒朝向這個物品移動匍匐前行時，隱藏在鏡頭後面的父母會興奮地大喊，給予孩子鼓勵。「加油！你可以的！」這些嬰兒可能會跌倒或因為沮喪而嗚咽，也可能會短暫作罷，把注意力轉移到碰得到的東西，但是他們最終會以下定決心的專注神情，重新開始嘗試並笨拙地努力爬向玩具。

當嬰兒開始能夠協調雙腿和雙臂的動作時，有些嬰兒會自發地出現喜悅的笑容。這時父母會興奮大喊：「太棒了！她還是第一次爬呢！女兒長大了！妳真的長大了！」這些家長之中，有許多人都會鼓掌或高興地大笑。

在生命的第一年裡，要面對的挑戰不在少數。他們學會坐起來、抓握並抓住物品、爬行，以及最後，在這段時期快結束之前學會走路。在觀察嬰兒努力掌握一項新技能的過程中，你會發現寶寶的決心很堅定，且在成功時好似體驗到愉悅的感受。

主攻發展學科的心理學家會反對把這種情緒稱為自豪感，因為自豪感取決於嬰兒有某種存在於父母之外的自我。照這麼說，兒童要直到兩歲末才會發展出這種自我意識，但在外行的觀察者看來，自豪感其實是某種愉悅的功能，或是某位研究人員所稱的「能力樂趣」（competence pleasure）。無論是否符合嚴格意義的自豪感，抑或是自豪感的前身，成功達成想做的事情都會讓嬰兒感覺良好，並最終對自我感覺良好。當父母用微笑、喜悅的呼喊和雙眼閃耀著特殊的光芒，表達出對這項成就的自豪和喜悅時，嬰兒所感受到的自豪感就會更強烈。正如臨床心理學家葛辛・考夫曼（Gershen Kaufman）提及：「當一個孩子被欣賞時，他就會感到被肯定。被欣賞就是被人以一種益發享受的目光注視著，以及被公開投以微笑。這也就是父母眼中的光芒加上他們臉上的笑容。父母的欣賞也會將自身的喜悅鏡像給父母。肯定自我是一種不斷出現的需求，而在成年期的需求並不比童年期少。」

而這些經驗就代表了自尊發展的模型，會從嬰兒期開始出現，然後持續一輩子。這個模型和三項要素有關：

- 有目的的行為
- 為成就感到自豪
- 共享的喜悅

第三部將說明，在人生的任何階段發展自尊都會仰賴這三項要素。光是有人告訴我們（或肯定的自我對話）自己是獨一無二與特殊的，是不夠的。我們還必須設定並實現目標，才能培養起真正的自尊。喜悅和自豪感會在你與重要的人分享成就時更加明顯。

每當未能獲得成就，或照顧者沒能體會自己的感受，我們就會感到羞愧而不是自豪（期望落空）。這時我們通常會說自己「感到挫敗」或「失望」，這都屬於羞恥感家族。如果重要的人對我們的快樂漠不關心，或者更糟的是，如果他們貶低我們的快樂，我們就可能會感到受傷或被拒絕。

我童年時就有兩次經歷到後者的狀況，帶來的在幾十年後仍歷歷在目。在五、六歲的時候，我在自己的臥室裡，打開了一捲褐色的牛皮紙，用蠟筆畫了一幅長長的風景畫，上面有好幾輛汽車沿著一條高速公路行駛。我為自己的成就感到自豪，然後把這幅長長的畫作拿給母親看，她皺著眉頭只有一句評論：「它們看起來都一樣」。當她把畫還給我並轉身走開，她的語氣聽起來不屑一顧。我仍然記得那種感受，我在某些重要的地方讓她失望了，而且她不喜歡我。那時我還找不到一個詞彙，可以表達出她輕蔑的表情。

第二次是在我青少年時期的早期，有一年的聖誕節，我為她唱了我最喜歡的聖誕頌歌〈啊！聖善夜〉（*O Holy Night*）。我喜歡音樂但又擔心自己唱歌不成調，所以唱歌給我母親聽需要很大的勇氣。我記得當我開始唱時我人站在廚房裡，然後信心迅速降低，聲音變得越來越顫抖，因為她的表情變得不耐煩、不贊同，甚至厭惡。聽我唱完她假笑說著「很好」然後轉身走開。

當然，父母的諷刺和蔑視會傷害孩子發展中的自尊，但所有孩子會經歷暫時性的挫折，而需要面對失敗。這是無法避免的，而隨之而來期望落空的羞恥感（不是有害的）也是如此。能夠度過這股羞恥感並繼續實現目標的能力，就是真正自尊的核心，這也反映在一句古老的格言上：「如果一開始你未能成功，那就再試一次又一次。」

良性的自尊並不代表著沒有羞恥感，而是有能力從生活中無法避免的羞恥感中恢復、在必要時能夠從中學習，並繼續朝著目標努力。

第6章
最早體驗的羞恥感

嬰兒與照顧者的互動會在嬰兒兩歲時發生決定性的轉變。成長中的孩子已經習慣與照顧者在互相同頻中進行喜悅和興趣的交流，但是現在卻發現父母經常會讓他們感到挫折，或是會糾正、忽視與斥責他們。以下情境你可能不陌生：

- 小珍妮的母親一直在與另一位母親說話，好像她們永遠都聊不完一樣。珍妮拉著母親的褲管，笑著舉起雙臂尋求母親的關注。母親以堅定的表情低下頭說：「媽媽現在正在和愛黛爾的媽媽說話，不要打擾我們。」
- 迪倫穿著幼兒的如廁訓練褲在後院玩耍，他的母親坐在草坪的椅看著他。迪倫找到了一個完好無缺、閃閃發光的空蝸牛殼，想要與母親分享。迪倫走近母親，把空的蝸牛殼放在她手裡。但是母親的臉上不但沒有微笑，反而皺起了眉頭。「你又上在褲子上了嗎？」她問到。
- 在公園裡，小亞歷克莎盡職的父親，看著她在溜滑梯附近玩沙坑玩具。她父親低頭看了一眼手機、查看訊息。等到他再次抬起頭，亞歷克莎已經丟下了水桶和鏟子，正搖搖晃晃地走向溜滑梯。父親突然跳起來，害怕地大喊：「亞歷克莎，不行！停下來！」亞歷克莎僵住了。父親衝過來把她抱起，並說：「妳還太小，不能玩溜滑梯。」

● 邁爾斯在與其他孩童玩耍時，從史蒂芬那裡搶走一個閃亮的玩具，興奮地給母親看，但母親卻皺起了眉頭。「你這樣不乖。把玩具還給史蒂芬，」她告訴邁爾斯。在其他孩童之中，有一個孩子也指著邁爾斯說：「不乖」。史蒂芬抓起他的玩具，對著邁爾斯做了個生氣的表情。

當爸媽、或從事教職的人，都很熟悉這些場景。當孩子邁入兩歲時，你得抑制孩子的自命不凡，以保護他們免於危險，就像亞歷克莎的情況一樣。而就像迪倫的母親一樣，父母最終也必須訓練孩子如廁。雖然嬰兒在十個月時，與照顧者有大約九〇%的互動都充滿了正向的情緒，但決定性的轉變會發生在嬰兒兩歲時。十二個月大孩子的母親大約有五%的時間會表示禁止某種行為，但到孩子十八個月大時，母親每九分鐘就會表示一次禁止。

幼兒的父母也必須向孩子灌輸社會價值觀和期望，這影響到的人際關係並不僅限於照顧者與嬰兒之間，而這就是社會化：

- 排尿或是排便在衣服上不再可被接受，要在便盆上。
- 打斷父母跟別人的談話很不禮貌。
- 從朋友那裡搶走玩具是「不乖的」，尤其當玩具不屬於自己。

如果我說：這些例子，都是以羞恥感為基礎的溝通時，你可能會遲疑。有的人說：羞恥感是發生在告訴孩子他或她不乖時，而不該會在教養過程中產生。想想前言中敘述的成見：羞恥感是不好的；羞恥感是敵人；羞恥感和自尊是對立的。稍後我將回來討論情感理論和神經科學專家的論點，他們基本上同意羞恥感（不是指有害的）是父母在孩子兩歲時讓孩子社會化的主要工具。但首先我想提一下父母大多共有的育兒經歷，並應用我在前面幾章整理的羞恥感詞彙。這些都是成人使用的詞彙，對幼童不明其意，但這些詞彙也近似於幼童在父母開始讓他們社會化時，所感受到的痛苦。

珍妮想與媽媽建立連結，但遭到斷然拒絕。珍妮習慣了生活在母親的宇宙中心，可能會因為一次沒有被放在首位，而突然感到被拒絕或不被需要。她覺得沮喪、悲傷或失望，發現對母親而言、自己可能不如朋友。這兩個成年人在一起聊天的時間越長，珍妮就越可能感到被排斥、被忽視、被遺忘或被視而不見。

迪倫原本想與母親分享發現蝸牛殼的喜悅，但母親卻因為聞到了他排便的味道，而露出了輕微的厭惡表情。迪倫可能會因此感到失望、受傷、被忽視或被拒絕。之後當迪倫對父母的期望有更好的理解，下一次當他又弄髒訓練褲時，母親的不贊同可能會讓迪倫感到尷尬、不夠好、無能或自己很失敗。

亞歷克莎想學年紀大的孩子玩溜滑梯，但她的父親介入了。聽到父親的聲音像是在生氣，讓亞歷克莎瞬間停下腳步。她可能會感到失敗或氣餒。對於自己做了什麼讓父親不高興感到困惑的亞歷克莎，也可能會感到脆弱和暴露在外，就好像她做了什麼愚蠢的事情一樣。在父親告訴亞歷克莎「妳太小了」時，她可能感到尷尬、自卑或無能。

邁爾斯希望他的母親能夠分享他對於新玩具的興奮心情，但卻遭到了不贊同的反應。母親斥責可能讓他感到失望、受傷或自己不配。其他孩子的反應也可能讓邁爾斯感到孤單和被誤解。隨著年齡增加，邁爾斯在違反社會規範而被其他孩子排斥時，可能會讓他感到被排除在外、被迴避或被拒絕。

那麼那些羞恥感典範——無回應的愛、排斥、非本意的暴露和期望落空呢？

回想一下，當渥倫斯基未能回應吉蒂喜悅的表情時，吉蒂感受到的羞恥感（見第3章）。當珍妮高興地看向母親，然後母親珍妮她等一下時，她正在經歷某種無回應的愛。這也是一種排斥。在這些情況之中，每一種都和某種類型的期望落空有關，無論是與照顧者建立連結，或是對某種令人期待的新體驗期望落空。發生排便的意外並目睹母親微妙的厭惡表情，會漸漸讓迪倫感覺自己像是經歷某種非本意的暴露。

現代情感理論之父湯姆金斯（Silvan Tomkins）將羞恥感描述為會打斷諸如「享受－快樂」或「興趣－興奮」等正向情感的一種情感。同樣地，由於所有情緒都發生在一道強度的光譜上，湯姆金斯使用兩個詞來命名這種情感，也就是代表「羞恥感光譜」兩端的詞彙。他因此提到「羞愧－羞辱」，其中「羞愧」代表了較為溫和的情感形式，與我試著描述的日常經歷相符，而「羞辱」則類似於布雷蕭所說的「有害的羞恥感」。

表情的原始語言

讓我們再回顧一下四種代表性的情境。雖然聲調對於孩子的早期社會化也有所影響，但大多數的溝通都是透過面部表情的變化，以面對面的方式進行。在兩歲時，幼兒經常會親近父母、並期待對方回以喜悅表情、或眼中的光芒。這反應幼兒在一歲時已習慣，但是現在看到的陌生的神情，母親與之前彷彿兩個不同的人。

到這裡，狄珍妮錯把陌生人認成朋友時的痛苦（見第4章）更貼切了。喜悅地伸出橄欖枝、希望建立連結，結果卻得到疏離的回應，這會引發典型的羞恥感反應——目光迴避、希望自己消失，以及短暫的思緒混亂。這與當幼兒接受到照顧者奇怪、陌生回應時兒的感受相同。這種期望落空引出感情緒家族的感受，然後父母會利用這些感受來改善孩子的行為，以幫助孩子社會化。

如第5章所述，研究兒童早期發展的神經科學家，將這些互動形式稱為照顧者和孩子之間互動性錯誤，而這些錯誤會給幼兒帶來令人痛苦的壓力感。神經科學家也將這種令人感到壓力的錯失同頻描述為羞恥感的早期形式。照顧者在並未完全意識到自己行為的情況下，選擇性利用面部表情來引發羞恥感或令孩子有壓力的不相稱狀態，以促進孩子的行為改變。父母的面部表情就相當於在說：「不行，不要那樣做。」

麥可．路易士大量研究了父母在不贊同時，巧妙向孩子表達厭惡的方式。他寫道「大多數人，如果厭惡的表情在孩童的社會化過程多常發揮作用，都會很意外。畢竟，中產階級的人不該懲罰孩子。」這裡的厭惡神情指鼻孔和上唇抬起，也許露出牙齒，短暫而微妙，做出這個表情的父母很少察覺。有這表情常在口頭上的禁止露出，例如：「哦，不要碰那個東西。」

路易士觀察到，這種口頭禁止與厭惡／輕蔑表情的結合，占據了「父母行為中至少四〇%的可辨識面部表情」。

厭惡即使一閃而過，孩童也能夠察覺。「他們看到一張厭惡的臉時會猛地轉過頭去，且似乎會有一小段時間很顧忌，」路易士接著說：「這種行為很有可能是反映出羞恥感。厭惡的表情可以藉由羞辱來有效促進社會化，並讓孩子知道不該再次出現這個行為。」當父母的厭惡強化為輕蔑或憤怒時，就會對孩子造成創傷。但如果父母策略性控制厭惡的程度，以引起孩子輕微的羞恥感經驗時，就能夠幫助孩子成長。

在生物學層面上，這些羞恥感壓力的狀態會導致稱為皮質類固醇（corticosteroids）或皮質醇（cortisol）的激素釋放。過量的皮質醇會對於人類一生的整體健康，以及兒童早期的大腦發育，都會造成負面影響。例如，皮質醇會減少「神經生長因子」（nerve growth factor）的產生，這有助於神經在關鍵期擴張和互相連結。但少量的皮質醇，其實是有助於腦部的正常發育。

正如同在一歲時，腦內啡是大腦最佳發育的關鍵，少量的皮質類固醇對於兩歲時大腦的持續成長，也是必要的要素。

這些激素在關鍵期很重要，會影響額葉皮質（調節社交互動的高階適應性功能部位），也會影響額葉皮質與主掌情緒和衝動的腦部下方區域（邊緣系統）的連結。在最適量且非創傷性皮質醇的影響下，額葉皮質會趨於成熟，並以「階層式優勢」控制邊緣迴路，從而讓「一些適應性功能得以出現」，這些功能是人在更廣義的社會背景下能夠成功的關鍵，也就是衝動控制和情緒的自我調節。

為了避免在日常經歷羞恥感的壓力，幼兒最終會讓自己的行為符合父母的期望。他們會將照顧者臉上表達的「不行」內化，最終學會告訴自己「不行」。不管是學會控制排泄、在母親談話中延後要求、克制搶玩具的衝動。作為學習的獎勵，孩子會在相互性的喜悅和興趣之中，與照顧者重新同頻（互動性修復）。

總的來說，在一歲時相互性的喜悅是互動時的重點，也被視為是視理所當然的常態（無條件的愛）。在兩歲時，相互性的喜悅就變成取決於期望是否達成（有條件的認可）。一旦幼兒學會社會化的規則，並遵守這些規則時，就可以獲得喜悅的重新連結作為獎勵，比如：

- 好孩子！這次你用了便盆。
- 謝謝你讓媽媽完成正在做的事情。
- 你和史蒂芬分享，我很為你驕傲。

照顧者會策略性採取互動性錯誤，來傳達這些規則，包含微妙的厭惡表情。這些錯失同頻必須是在理想的程度內，必須是處於「羞愧－羞辱」光譜上溫和的那一端，且之後需要重新同頻，以喜悅的重新連結作為獎勵。

這樣「喜悅－羞恥感－喜悅」的循環，會使孩童變得社會化，同時也會讓一歲時播下的自尊種子，繼續成長茁壯。

幼兒在成功滿足期望時會為自己感到自豪。度過羞恥感壓力的經歷、了解期望是什麼、然後控制自己的感受和衝動並最終能夠滿足期望的過程，將建立幼兒的自信和成就的自豪感，且在幼兒分享這股自豪感時，感受也會更加強烈。當與照顧者有喜悅的重新連結，這股自豪感也會如同獲得照顧者的驗證一般。

在一歲時，成就感和共享喜悅會播下自尊的種子。在兩歲時，共享的喜悅則會牽涉到這個循環週期：(a) **羞恥感壓力**，接著是 (b) **滿足父母的期望**，然後是 (c) **與認可孩子成就並為此感到喜悅的照顧者，重新建立連結**。

在第三部中，我將說明在人生的任何階段建立真實的自尊，如何牽涉到同樣的這個循環週期。設定目標或標準，然後去滿足自己以及社群的期望，會讓人產生自豪的感受，當與最重要的人分享這股自豪感時，自豪的感受就會更加深刻。人在一生中每當表現不如預期時，都無法避免會出現情感的羞恥家族。度過這些壓力而不把它們當成敵人去防衛，雖然失望或痛苦仍堅持不懈，將會有助於提升我們的自我價值感。

隨著孩童年齡增加，其中一種讓他們學習面對羞恥感的方法，是參與團隊運動。與同儕一起進行團隊合作可以幫助孩子學習有效地競爭，並與他人合作，以實現共同的目標。這是日後的生活所需的重要技能，尤其對出社會更重要。當然，競爭就是生活的現實面，且正如我說過的，只要有競爭就可能會出現羞恥感。有人贏了，就一定有人會輸。

學會承受輸掉比賽的羞恥感（期望落空），可以幫助孩童，在克服挫折後，能繼續追求目標。團隊運動競賽可以培養運動員的韌性。如果把一次失敗當作污點，競爭就會變得有害，這些性格源自童年早期的有害羞恥感。

在這種情況下，對勝利的無情追求，也就是努力在戰勝羞恥感，會蓋過團隊運動所灌輸的社會價值觀。這些價值觀包括為共同目標奮鬥的樂趣、紀律和投入心力的重要性，以及認同自己的重要性，但也承認自己並不比團隊的其他人更重要。過度追求勝利的運動員通常都背負著自尊問題和無意識的羞恥感，而這是因為他們的父母往往有著類似的問題。如果你的孩子也有參加團隊運動，你應該很熟悉這種類型的父母，他們會質疑裁判或是在場邊對孩子大喊大叫。

小朋友有的不擅運動，這是因為在過去「一切以我為中心」的誇大觀點應該被挑戰的時期，父母選擇全然正向教養。由於自尊運動把重點放在無條件的愛，並在很大程度上忽視了有條件的認可對於建立自尊的重要性，因此融入自尊運動準則的教養方式，反而讓一整個世代的孩子都未能如預期發展。受到這個時代瀰漫的反羞恥感精神影響，自尊運動無意中也讓這些年輕人期待著不間斷的讚賞，並對任何羞恥感都做出防衛性的反應。有時候，這會讓這些人成為無法面對失敗的冷酷競爭者。

再次強調，自尊並不等同於擺脫羞恥感。真正的自尊是經得起羞恥感的不適，在必要時從中學習，並繼續追求目標。

我在第二部說明人通常用來逃避、否認或控制羞恥感經驗的防衛性方法，這讓他們無法經歷羞恥感事件並從中學習時。我將這些防衛性行為稱為「羞恥感的面具」（masks of shame）。這些面具讓我們錯失羞恥感帶給我們的課題，而會阻礙各個年齡層的人發展持久的自尊。

請見練習3，第338頁。

第二部

羞恥感的三種偽裝

THE MASKS OF SHAME

羞恥感是心理治療的難題，好的在療程初期就察覺到自己的羞恥感，不好的則是把注意力放在使用不合適的策略來逃避、否認或控制羞恥感，卻沒有意識到羞恥感出現的原因是什麼。對後者來說，他們所感受到的羞恥感幾乎無意識，因為羞恥感被隱藏在防衛策略之下。

心理防衛機制（psychological defense mechanisms）是為了逃避痛苦而對自己撒的謊。當情緒的真相造成高度痛苦、而且難以減輕它，人就會仰賴各種將意識轉移到潛意識的防衛機制，開始視而不見。對於那些承受核心羞恥感痛苦的個案來說，或者是對於感覺自己是破碎的、有缺陷的、醜陋的和不被愛的個案來說，更是尤為如此。這是早期童年完全背離常態的那些經歷，所造成的影響。後章的個案大都有核心羞恥感的問題。

我把九個案例，按因應策略分成三組：逃避、否認、控制，並將提供各案例的背景，描述他們在治療過程中，如何漸漸看到自身的羞恥感防衛機制。每一人都在培養自我覺察、承受的能力，進而建立真實的自尊以減輕羞恥感的方法。

第10、14、18章會介紹該策略常見的共通外顯行為。

在第一部，我們還原羞恥感的本質：它是基因遺傳的重要組成，也是伴隨人類醫生的面向之一。與人互動，不可免地都會遭遇無回應之愛、排斥、非本意的暴露和期望落空。會想逃避、否認和控制它們是正常，並不是什麼病態。然而逃避的做法阻礙自己建立親密關係、實現目標時，就成問題了。後果你將在九位個案的療程初期看到：變得孤立和未能實現目標，沒有歸屬感，以及無法與他人連結，並且在實現夢想的路上寸步難行。

將個案的療程放入書中，會引起道德問題，並可能威脅到我多年來與個案建立的信任。但這些過程對廣大讀者有助益，我也必須詳細說明個案的心理輪廓，並放入心理治療所發掘的事實真相。就跟所有在著作中談到個案的治療師作家一樣，任何可能讓個案曝光的細節，像是名字、年齡、職業、國家我會改寫，並巧妙地調整他們的家庭背景。我治療工作主要是透過視訊會議進行。

我也想過，過去或現在的個案在讀到這本書時，可能會感到自己被出賣。於是，我還結合了其他有類似狀況的個案，加上他們在治療中發生的事件以及與我的交流，這讓每個案例看起來都未針對任何一個人。

雖然每個人都是獨一無二的，但導致核心羞恥感的不同早期生活經驗中卻有很多的共同點。有羞恥感問題的人也都以類似方式去逃避、否認和控制羞恥感。我與許多個案經歷的無數領悟和情感交流，且不同個案的狀況也彼此呼應，這讓我能夠放入更多的細節來豐富這些個案的輪廓。在撰寫本書時，我將三十五年來臨床經驗中真實的情緒，精煉成你將讀到的九個案例研究。從我在洛杉磯生活時多年的一對一實務治療，到我在最近透過視訊會議治療的個案，這些案例研究貫穿了我的整個生涯。

逃避羞恥感

第7章

社交焦慮，沒有他人的世界

我多透過視訊會議進行，莉茲在她的第一封郵件中，問我是否可以改用電話諮詢。她告訴我，她讀我的部落格好幾個月了，想要開始接受治療，但覺得她無法承受直接目光接觸。

我是幾年前開始使用一套視訊會議的平台，並發現這種管道遠遠優於只靠聲音溝通。人會透過閱讀彼此的面部表情並調整自己的面部表情，來進行同理，從而在自己體內喚起對他人感受的情感迴響。我需要看到個案的臉，才能做我的工作。

我在回信中告訴莉茲，我不認為在缺少視覺互動的狀態下成功治療。並問她是否想安排一次視訊諮詢，但她沒有回覆。

幾個月後，我再次收到莉茲的訊息。她剛剛在《紐約時報》讀到我的一篇文章，內容是關於家庭寵物在遠距治療中發揮意想不到的作用，因為我的個案通常都在家中連線進行治療。一想到可以讓她的貓克里歐也參加療程，面對面就沒那麼難受了。我們約好周末，但她以生病為由，在會面前的二十四小時前取消了。在接下來的兩週又重新安排了幾次。

到會面當日，她沒有取消我反而有點焦慮不安。她顯然有露面恐懼，這讓我無法預料會發生什麼事情。她視訊平台的大頭貼，是一隻三色貓拱起背的樣子，我猜這就是克里歐。直到療程開始我都還不知道莉茲的長相。雖然她填完了我寄的新個案問卷，但她的回答都很簡短且含糊不清。莉茲今年二十八歲，住在紐約市，曾做過一次短期的認知行為治療。她因為「社交焦慮」而決定尋求治療。在寫家庭背景的空白欄位，她寫道：「有一個姊姊還活著，父母雙亡。」

我在約定的時間發起視訊通話，莉茲立即接聽了。克里歐占據大半畫面，然後畫面的中間是一位女士的身體，她就坐在克里歐後方的椅子上。藉由傾斜筆電，她讓畫面只有她脖子以下的部分。當莉茲撫摸她的貓時，我可以看到纖細的手臂和修長的雙手。在她們身後是一面空白的牆，沒有藝術品、沒有架子，也沒有任何的家具。個案為療程選擇的背景通常會提供一些重要的資訊。但是這種缺乏視覺細節似乎又以不同的方式說明了問題。

「我看不到妳的臉，」我說。

「對不起。」

莉茲的手伸向克里歐，將克里歐抱到銀幕之外，顯然是把她放到地上。這隻貓抱怨地喵了一聲，又跳回桌子上。莉茲將克萊歐挪到一邊，消失在畫面上，她重新設置筆記型電腦螢幕，然後她的臉出現在畫面上。沒有什麼異常或令人震驚的部分，扁塌的短髮、金色髮色、一張極其蒼白的臉，與平均的身形。莉茲穿著一件淡綠色的短袖圓領汗衫，棕色的雙眼睜得大大的，看起來很害怕。雖然莉茲住的地方距離我數千英里，而且我們身處在虛擬的連線中，但她還是無法忍受維持目光接觸，很快就移開了視線。

「很高興認識妳，」我說，在銀幕外繼續響起克里歐的抱怨聲。

莉茲點了一下頭。我可以看出她表情中的恐懼，感覺到我的臉也變緊繃了。我有一張問題清單，通常在初次接案訪談用上。這些問題是關於個案尋求治療的原因，以及希望從中得到哪些幫助，但我在那天認為，我們不能以如此直接的方式開始療程。

畫面外又傳來一聲「喵」的叫聲。

「她很多話，」我說。

莉茲的臉上浮現了淡淡的微笑。她伸手抓住克里歐，把克里歐放在她的腿上。「她只是想要被關注。她不喜歡我和你說話。」

「她幾歲了？」

「五歲。我從她還是小貓的時候就養她了。」莉茲撫摸著克里歐的毛，低頭對克里歐微笑。「漂亮的女孩，」莉茲低聲說。我在幾年前養貓時，也用同樣的語氣和貓說話。這是充滿愛意的語氣，也是父母親的語氣。透過筆記型電腦上的喇叭，我聽到克里歐發出中間有空缺的咕嚕聲，這並不是貓咪通常會發出的有節奏的咕嚕聲，而有著奇怪的不連貫性。我因此笑了。

「這可能是我聽過的最響亮的咕嚕聲。」

儘管目光一直是低垂著，但是莉茲也笑了。「她是一個壞掉的小馬達，很好笑，」她說。「她一直都是這樣。」

我們就這樣開始治療了。

貶低子女的教養風格

我花了很多時間了解莉茲，因為她在治療過程中很難集中思緒和說話。螢幕兩邊的我們常一起面對焦慮不安的沉默。有時我問的問題很簡單，但是她卻給我簡短、隱晦不清的答案。大多數時間，莉茲的貓都會喵喵叫、發出咕嚕聲，擋住畫面。我們常常透過討論克里歐來交流，這讓我們不必直接談論痛苦的話題。在療程期間，我偶爾會收到她表達清晰的電子郵件，內容是揭露她在面談結束後才想起的資訊，這是那些太痛苦而無法透過視訊會議向我描述的事情。

莉茲患有社交焦慮症，而且似乎一年比一年嚴重。她是專職寫作者，一天大半窩在她的小公寓裡工作，盡量減少人際互動。有人會送來雜貨、取走髒衣服，而且她經常點外送。時間就在遠離人類的日子流逝。

莉茲從前就不喜歡超過兩、三位朋友的社交聚會，但近年連這都變得害怕，包含超商店員。有一次，大學一位朋友辦生日晚宴，臨前參加人數突然從三人增加到十。她在出門前打扮時，出現了全面性的恐慌：心跳加速、冷汗直冒，一種無名的恐懼襲上她的心頭。最後她發訊息給主揪，找了個藉口取消出席。從那時起，莉茲一直擔心自己會再次恐慌發作，並讓自己的生活避開任何可能引發恐慌的情境。

受到社會普遍盛行的心理健康疾病觀念影響，莉茲也相信她患有某一種焦慮症，這是一種類似於身體疾病的病症，通常是化學物質失衡（chemical imbalance）或是思考方式有缺陷而需要導正。她的主治醫生開了不同的精神科藥物，但藥物的副作用過於難受。長效型苯二氮平類藥物（benzodiazepines）能有效緩解，直到她意識到對藥物產生身體依賴時，她害怕失控，而逐漸停掉藥物，之後她就拒絕再嘗試任何的藥物了。

接下來，她找到了一位以認知行為模式進行治療的當地治療師。幾個月後，莉茲因為覺得毫無進展而停止。沒多久，讀完我的部落格後，她最終決定嘗試心理動力心理治療（psychodynamic psychotherapy）。我的貼文傳達一種反藥物的傾向，這吸引了正在尋求不靠藥物改善焦慮的莉茲。

在最初的幾週，莉茲都未曾提及任何家人。當我終於問到她的童年，她的回應又重回簡短而生硬。她不認識在歐洲的遠親，父母都在過去幾年內過世了。但是她確實主動提供了一個不尋常的細節，她和姊姊珍的名字，都是來自母親最喜歡的小說《傲慢與偏見》中班尼特家年長的兩位姊妹。十幾歲莉茲第一次讀到這本書時，她認為自己應該要以瑪麗・班尼特（Mary Bennett）的名字命名才對。她認為自己平淡無奇，與奧斯汀筆下充滿活力的女主角完全不同。除非我提問，她不太願意提到過去。

我最後終於拼湊出莉茲在紐約上西區的童年故事。從很小的時候起，她就在放學後獨自搭地鐵回家、在廚房的桌上匆匆完成作業，然後就躲回姊妹的臥房，讓自己沉浸在小說的世界中。莉茲的母親是名圖書館員，也是一位熱愛閱讀的讀者，她邊閱讀英國與美國文學的經典著作，邊把兩個女孩養大。雖然莉茲讀過且也很喜歡奧斯汀的小說，但她更偏好艾略特（George Eliot），而她最喜歡的作家是吳爾芙（Virginia Woolf）。

在童年時，她在下午會被禁止進入客廳，客廳裡主要擺了兩台史坦威音樂廳鋼琴，與房子的其他空間隔開。莉茲的父親曾是茱莉亞學院的教師，後來轉為為立志辦巡迴音樂會的鋼琴家提供私人課程。她的童年以獨自在臥房裡看書的時光為主調，並且不脫某一段配樂，可能是李斯特、貝多芬和蕭邦，不時被父親專橫和嚴厲的指導給中斷。

莉茲的父親早年辦過演奏會，並準備好要迎來獨奏藝術家的輝煌職業生涯，但嚴重的登台恐懼中斷了他的事業。他因恐懼和反胃而使不上力，在每一次演出前雙手都會劇烈顫抖，以至於最後他放棄演奏，成為一名教師。我從這些莉茲對童年的描述中理解到，她父親的失敗感如何瀰漫在整個家庭之中，卻在每個人的呼吸的空氣中徘徊不去，並被隱藏到他們的藝術優越感和對下層民眾的輕視之後。

莉茲母親比父親年輕很多，她對丈夫充滿著敬畏，認為丈夫是一個「偉人」而她只是個圖書館員。莉茲的父母把主要心力放在別處：父親把精力都放在學生身上，母親則一心照顧父親。珍和莉茲沒有什麼天賦，所以很小就放棄音樂課了。珍埋首於體育競賽中，父親極少數提到珍時，語氣會散發輕視，像是「運動的那一個」描述珍。莉茲則被他形容為書呆子。

她們的父親在幾年前突然心臟病發去世，不久之後，母親也因乳癌末期去世。莉茲認為，如果母親沒有對「偉人」的奉獻崇拜，就很有可能還活著。對母親放棄自我的憤怒，打開了莉茲對父親憤恨的大門。父親總是讓她覺得自己微不足道，覺得與那些每天進出客廳、經常留下來吃晚餐，且崇拜父親的學生相比，她完全不值得關注。

莉茲在高中時表現出色，尤其是那些需要交學期報告的科目。在童年時期讀小說的經歷讓莉茲培養出對語言的熱愛和寫作的天賦。英語和歷史老師經常將她的論文當做模範，但是她討厭被表揚。她從小開始寫短篇小說，但從未給任何人看過。她立志要仿效詹姆斯（Henry James）用巴洛克式的散文敘述心理故事，她的故事通常圍繞著某位害羞的女主角，且這些女主角對他人的洞察力敏銳與深刻。但後面幾年這些故事讓她尷尬，它們都故作成熟與矯情。

莉茲的母親對於女兒寫的短篇小說一無所知，直到某次在打掃偶然讀到了其中一篇。「哇，這篇故事還不錯呢！」母親對莉茲大聲說。母親臉上驚訝，甚至可說是震驚的表情，讓莉茲勃然大怒。在療程中，莉茲也意識到她的憤怒給她很大的影響，讓她渴望成為成功的作家。如果她開創了一番文學事業，就連父親也可能會更尊重她。他的女兒即便不是音樂家，至少也算藝術家。

莉茲告訴我，她一直憎恨著姊姊，而且這種感覺似乎是互相的，她的原因很模糊，我一開始也不太明白。我誤以為她在母親去世後就與姊姊斷了所有的聯繫，直到某一天莉茲不經意地告訴我，珍正在訓練、準備參加紐約馬拉松。她聲音中的鄙視清楚指出，她吸收了父親瞧不起珍熱愛運動和競賽的態度。莉茲鄙視任何一切形式的競爭……至少她是如此堅持的。

在這些輕蔑的情緒背後，我們最終發現了莉茲對姊姊的敵對情緒。這股情緒強烈到我們兩人決定將其描述為兇惡的情緒。在兩人情感匱乏的童年中，莉茲覺得珍所受到的關注或稀少的情感，剝奪了莉茲自己迫切希望從父母那裡得到的感情。父母都過世後，兩姊妹都覺得有義務要維持家人的聯繫，但她們不常打電話，卻在每一次通話時又充滿了怨恨或不滿。

莉茲在大約十幾次治療後，仍未提到性事。我一般會在療程更前面直接點明這個議題，但對於莉茲我卻猶豫不決。當我終於提出這個問題，她嚇了一跳，從她的鎖骨直到脖子變得異常泛紅，顯示出她有多不自在。她結巴的告訴我，她在高中前沒有約會過。在常春藤聯盟大學主修英語的第三年，發生第一次、也是唯一一次的性經驗，對象是參加維多利亞小說研討會的某位笨拙的同學。這次經驗叫她厭惡，也對自己的身體感到噁心，她也排斥對方白得驚人的皮膚上的黑痣，當對方下一次接近她，她就不理對方了。

莉茲大四的時候，一位近期獲得重要文學獎項的愛爾蘭小說家，來她的大學擔任駐校作家，並辦了一場短篇小說寫作的研討會。學生在報名這堂課時須附上作品供審核。她提交了自認寫最好的一篇短篇小說，但卻沒有通過，此後她將近一年不寫。她用一種混合著痛苦和輕蔑的語氣告訴我，她的小說內容很幼稚。她說，難怪教授認為她不夠格。

之後莉茲重新開始寫起小說，她寫完了幾篇短篇小說但從未給任何人看過，也從未試圖拿給出版社。大約在開始療程的前一年，她開始著手寫一本小說，她寫了將近一百頁。她想加入城裡的某個作家聚會小組，但念小說給陌生人聽的可能性讓她感到害怕。那時，她的生活已處在近乎完全孤立的狀態。

發現羞恥感

「妳在害怕什麼？」我問，「當妳想像自己在便利商店跟店員交談時，妳擔心會發生什麼事情？」

隨著時間過去，我以許多不同的情境提出了類似的問題，從她罕見參加社交活動並遇到陌生人，到那些可怕的、面對面的新專案會議。我並不認為她的焦慮是一種可以透過系統減敏法（systematic desensitization）或思考中斷法（thought stopping）來解決的非理性反應；反之，我提出，她在社交場合感到焦慮可能有充分的理由。

「那店員會怎麼看妳呢？」

「他會認為我很奇怪，」她說。

或者，「我會做一些讓自己尷尬的事情。」

「我會說一些蠢話或閉口說不出話。」

「他們會認為我很醜陋。」

「我沒辦法融入。」

「他們會覺得很無聊。」

「他們會注意到我臉紅，並認為我很無能。」

「她會發現我這個人有什麼問題。」

不完整的議題，從克里歐是「好笑、壞掉的小馬達」開始，貫穿了莉茲的整個療程，她的夢境（通常是通過電子郵件告訴我）總是關於疾病纏身的動物和失能的兒童。在療程的早期，莉茲讀了《安靜，就是力量》（*Quiet*），這本書是關於在一個重視大聲自我推銷的世界，內向者所獨有的力量。她也希望能夠視自己為一個安靜且富有創造力的人，不同於所有那些尋求關注的外向者，但與他們相比也毫不遜色。只是隨著時間過去，她卻更意識到，她感覺自己是有缺陷的，就像是損壞的物品。在情緒層面上，她覺得自己醜陋且畸形，雖然明知事實並非如此，但她仍對自己的身體感到強烈的厭惡。

莉茲最終將自己的「社交焦慮」理解為一種深層的恐懼，擔心著她可能會經歷羞恥感家族的其中一種情緒。最重要的是，莉茲害怕會暴露出自己是個怪胎，用她的話來說，是一個不完整、有缺陷或醜陋的人。我和莉茲談到了，核心羞恥感在童年的早期出現的方式，當親子關係不如預期，內在的醜陋感就會開始影響我們。莉茲認為母親可能患有產後憂鬱症，因為根據家族傳說，莉茲是個很難照顧的嬰兒，她會腹部絞痛且無法安撫。母親總是說，珍是比較容易照顧的那個小孩。

雖然她在潛意識已經或多或少知道真相，但她終於能夠承認，母親對自己的孩子幾乎沒有興趣，也沒有情感依附，母親會懷孕，只是因為這是那個世代的女性在結婚後該做的事情。她的父親也只關心他的藝術。當我問及快樂的經驗時，她告訴我，她不記得曾在母親的臉上看過快樂的表情。莉茲確實記得母親為她的寫作感到驕傲，但這並沒有讓莉茲覺得自己本來的面貌被愛與被接受。

莉茲最終明白了，羞恥感如何一直以來都隱藏在藝術優越感和瞧不起人的態度之後，充斥在她的家庭生活中。儘管從未有人提起，但未明言的失敗的羞恥感（期望落空）一直困擾著她的父親。當我們將莉茲父親的登台恐懼與莉茲自己的社交焦慮建立連結時，她也開始能夠同情父親了。毫無疑問，父親也和她有同樣的感受，他害怕自己身為鋼琴名演奏家的形象會被剝奪，暴露出自己毫無價值且有缺陷，是一個沒有真材實料的冒牌貨。

簡單來說，莉茲開始將自己的社交焦慮解讀為對於羞恥感（非本意的暴露）的恐懼。多年來她一直以盡可能在生活中逃避羞恥感的經歷，雖然逃避讓她不用承受太多的痛苦，但也對她造成嚴重的傷害。由於沒有任何深度的關係，且她從未公開自己的作品，無論是交給出版社出版還是與同行分享她都不曾嘗試過，這讓她變得孤立且非常不快樂。多年來，莉茲一直默默躲在優越感背後——這是她從家人那裡學來的態度。透過我們的療程，莉茲最終意識到，她的這些態度是在抗拒她無法承受的羞恥感。

莉茲從那時起，有好幾個月都放棄創作小說。她自己成為作家的願景似乎只是另一種逃避，是一種理想化的自我形象用來反駁她的所有羞恥感，就像她的父親將自己的羞恥感隱藏在卓越的藝術家形象背後一樣。在這段期間，她會輕蔑地談到她早期寫的故事，甚至是她的小說的開頭。在她的家庭傳統中，成為藝術家就能逃離羞恥感，這也反映了她對救贖的希望，希冀能夠證明她在父母眼中的價值。

但同時，她對於傑出的著作的熱愛和重視，也是很真誠的，所以最後她開始思考，想試試寫一些更真實的東西。

勇氣與自豪感是慢慢存來的

個案開始心理治療主要是希望能不再焦慮，並能擺脫那些羞愧的感受。莉茲也一樣，她最終接受了，我不是魔法師，並且從自己明顯的進步，覺察到她會逐漸有勇氣並學會承受那些引起焦慮的情況。實際的進步，也代表著設定符合現實且可實現的目標，讓她能夠為成就感到自豪。逃避只有反效果，而且會阻礙人們建立真實自尊。

莉茲從一小步開始努力。從過去是叫外送，現在起她每週至少一次去街角的韓國雜貨店採買生鮮。第一次踏入店內時，她心裡充滿了恐懼，只能放棄匆匆回家。我們在下一次療程討論這個狀況時，她嘲笑說，自己很軟弱和懦弱。處理羞恥感問題的個案，常像這樣從一個較高的位置俯視自己，把有缺陷的部分當作另一個自我。這種自我憎恨也是防衛機制，在優越觀察者的自己，和被拒絕且深受羞恥感所苦的自我之間，拉開了一段距離。

莉茲下週再度嘗試，這次她買了一顆橘子。她在收銀檯前，在零錢包裡摸索著挑不出零錢，直到那位面色嚴肅的韓國女士最終幫忙她數了零錢。她雙手冒汗、心跳加速，匆匆回到自己的公寓。一直到第二天，她才敢吃下吃這顆橘子。當莉茲在下次的療程告訴我這件事時，她描述橘子非常美味，原本以為會很苦。在接下來的幾週裡，莉茲多次更常去店裡。有一天這位韓國店員記住了莉茲，她給了莉茲一個微笑。莉茲一時沒能回應。在此後的幾天裡，莉茲都因為自己「如此粗魯」而感到很煎熬。

再過一陣子，她鼓起勇氣問那位女士：「妳今天過得如何？」

「很忙，」對方回答。「一直都很忙。」這種負擔感讓莉茲想起了自己的母親。

「我很抱歉，」她對雜貨店老闆說，但對方對她的同情置若罔聞。

回程路上，這個互動產生的自豪感是之前沒有過的。儘管在其他人看來是多麼微小的成就，她實現了計畫。

當她向我敘述這一小步時，我大叫「做得好！」。精神分析方法的訓練是始終對個案保持中立，但我從經驗了解，當個案有所進步，表達我真誠的喜悅對於個案的進展有著關鍵的作用。父母和孩子之間，或是在治療師和個案之間，共享的喜悅都有助於提升雙方的自尊。

這樣的成果，對某些渴望巨大改變的個案是人生的轉捩點，彷彿此後一切都會不同。莉茲沒有這樣的錯覺，她知道未來的每一項挑戰都會同樣困難，她也體認到透過堅持可以獲得的回報。雖然她建立持久的自尊還需要時間，但是現在的她，有可能達成。

療程後段，莉茲最終更努力想加入某個作家的聚會小組，一直到沒多久前，這像是不切實際的幻想。令人恐懼的事情不止一件，莉茲也決定拿出一些作品進行出版，但這還容易點，因為不一定要與人面對面的互動。收到第一封制式的拒絕信給她很大的打擊，也引發了她的自我憎恨。她在療程中用自嘲的語氣轉述她收到的一封信：「我們很遺憾地通知您，您的故事不符合我們當前的出版需求。祝您好運，祝您在其他地方能夠有好的結果。」

莉茲嗤之以鼻地表示，顯然她還不夠好，她高估自己已有寫書的實力，真是可悲又浪費時間，她還不如放棄算了。

這是期望落空的羞恥感，是被她渴望加入的作家世界排斥的羞恥感。

我當下指出莉茲的防衛反應時，她馬上就認同我的看法了。雖然這讓她痛苦，因羞恥感而放棄目標，只會讓可能性歸零。在她接下來收到一連串的拒絕信後，有一家小型文學期刊的編輯建議莉茲修改她的故事，並鼓勵她改完後再次投稿。她斷斷續續地修改這個故事，最終這個故事被接受出版了。

她在療程中念錄取信給我聽時，她落下了眼淚。

持續挑戰

莉茲在加入十幾人的作家聚會小組後，連續幾個月裡，她都無法鼓起勇氣朗讀自己的作品。這個小組有某種競爭的氣氛，以及有兩位難相處的強勢人物，這使得暴露在外的可能性變得很有威脅性。她在療程時告訴我，當她最終念自己的作品時，她結結巴巴的聲音和不斷自我貶低的說明，一定有讓大家都變得比較溫和。「他們對我很寬容，」她說。但一開始時，她都不理會正面的評論，只糾結那些負面的評論。

過了幾週，莉茲終於念了一篇修改後的作品給小組聽，在那之後，她還念了小說的開頭章節。上台仍持續引發莉茲深深的焦慮，她也知道這永遠不會是容易的事情。在大多數情況下，她很重視小組成員的建議，會善加利用，她覺得自己因此成為更好的作家。莉茲重新開始寫小說，並計畫要好好寫完它。

組內有一名莉茲很欣賞且年齡相仿的年輕人。有一次聚會結束，對方約她出去喝一杯，但她以要餵貓為藉口推掉了。她再次體認自己不擅社交，無法想像約會會發生什麼，另一方面她也想知道，自己是否能再次發生性行為。想像在另一個人裸體，就產生了羞辱感。

最近莉茲開始每週有兩晚會去上瑜珈課。她會在教室的後排張開她的瑜伽墊，盡可能遠離前方的鏡子。她的體重從瑜伽後減輕，身體也明顯更精實。

「我的體態還不錯，」她說。「我的瑜伽做得越來越好了。」

第8章

漠不關心是種保護傘

迪恩的語音訊息聽起來平淡且冷漠：「我媽叫我和你預約。」我的回電直接轉到他的語音信箱。在接下來的幾天裡，幾乎只訊息來往的模式讓我開始懷疑，他是否故意不接我的來電。接受治療有部分是迪恩的意願，還是這只是他母親的想法？

某位備受敬重的同事介紹迪恩來找我，這位同事是治療迪恩母親的治療師，他形容迪恩是一名二十歲的年輕人，在大學輟學後和家長同住，並拒絕去找工作。迪恩很喜歡打電動遊戲，幾乎天天和朋友在外面待到很晚，看起來對自己的未來毫不關心。

直接交談才能了解，最後我和迪恩透過語音排定了時間。

我在預定的時間打開候診室的門，看見迪恩坐在角落的椅子上。他穿著夾腳拖鞋、寬鬆短褲和珍珠果醬樂團的上衣。他的體重有點過重，腰部有些贅肉，外表比他的年齡還多添幾歲。他有一、兩天沒刮鬍子了，灰金色的頭髮，感覺不修邊幅。他放在大腿上的手緊抓著的一本淡綠色封面的書，書名被他的大手遮住了。

迪恩站了起來，當我們握手時他的手是鬆開的。然後迪恩在我前面走進了諮詢室，一下就坐進我對面的個案椅上，把書放在他雙腳之間的地板上。這本書是道金斯（Richard Dawkins）的《自私的基因》（*The Selfish Gene*）。迪恩的眼睛下面有黑眼圈，但不會看起來很疲倦，只是悶悶不樂。他將一隻腳翹起來，腳踝交叉放在另一隻腳的膝蓋上，開始有節奏地晃著夾腳拖，不時響起拖鞋的啪答聲。

「告訴我，你今天為什麼會來這裡，」我說。

迪恩聳聳肩，甚至沒有抬頭。「我媽叫我來的。」

「意思是你其實不想待在這裡？」啪答聲很快就變得令人惱火，但是他似乎沒意識到。

迪恩又聳聳肩，「我別無選擇。」

無論治療是法庭和解的一部分條件，還是作為經濟支持的條件而被家庭成員要求治療，當被強迫參加治療的個案不認同治療時，治療很少會成功。這我在以前實習就學到了這個教訓，當時的個案是年輕的女士，因為她的姊姊堅持要她接受戒酒治療。三次面對面的療程，都是長時間的沉默、簡短的回答，以及她不言而喻明顯否認問題的態度。因為聯絡不上就沒有第四次了。

「你的母親認為你需要治療的確切原因是什麼呢？」

迪恩短暫地抬起頭，瞇起眼睛看著我，他看向一邊後，再次聳聳肩，超脫的態度讓人感覺到些許敵意。

我決定停止問問題一、兩分鐘，然後他開始不自在。他似乎終於注意到自己腳上的緊張能量，不再晃腳了。

「你不是應該問我一些事情嗎？」他說。

「像是什麼？」

「就像我童年的創傷，以及父母如何把我的人生弄的一團糟，那些佛洛伊德的屁話。」

「不如你直接告訴我，你覺得我需要知道那些的事情？」

他下巴的肌肉開始跳動，就好像他在節奏地咬緊牙關。他又不說話了。

我們沉默了一、兩分鐘後，我突然想到，我的年紀可以當他的父親了。這時間我是四十歲、有兩個小男孩的爸爸。此前我的個案主要是年紀大些的，這段年齡差異感覺很新穎。

「我知道你從大學輟學了，也似乎對接受更多教育或找工作不感興趣。如果你認為這不是問題，並且也對自己的現況感到滿意，那你就直說吧，療程就可以到此為止了。」

「我不認為這是一個問題，而且我也接受自己現在的處境。」

去你的。

「那你想停止嗎？」

「停止？」

「這次的療程。治療。我們沒有必要再繼續下去。」

「不行，我媽說……」

「是的，我知道。你的母親說你必須來治療，但這並不是一個治療的充分理由。如果你不想要我的幫助，我們就是在浪費時間。」迪恩咬著下唇，瞪著自己的腳。

「我不明白這有什麼大不了的。為什麼我去找一份工作這件事有這麼重要？反正我爸油水很夠。」

我花了一點時間才理解。

「你是說他有錢？」他點了點頭。

「不管怎樣，他都會付所有費用，所以為什麼她還要在意？現在她威脅說，如果我不採取行動，她就會拿走所有的信用卡，好像我花的錢會帶來什麼不同的結果一樣。她也還在拿她的生活費，也許她才應該找一份該死的工作。」

憤怒是我們的開場。他一股腦地把情緒發洩出來，關於母親和母親對自己的期望。他有許多朋友在成年後仍給爸媽養、不必上班。他提到了幾位好萊塢名人的孩子，他們一起在比佛利山莊上高中。他告訴我，他最好的朋友迪倫的故事，迪倫靠祖父母的信託基金生活，而且他的父親是大牌訴訟律師。迪倫沒有工作，也永遠不需要工作。

他的大多數朋友都住在家裡，或擁有自己的公寓但由父母支付費用。如果他們有工作的話，那也是兼職工作，或是在電影產業擔任無薪的實習工作。迪恩也認為，自己也可能會想成為電影導演，但他的父母沒有正確的人脈來打通這些門路。

這對於在大都會區域擔任治療師的我並不少見。和迪恩一起長大的孩子，他們的父母都出現在《娛樂周刊》封面上、在阿斯本擁有第二棟房子，而且總是搭頭等艙。他以聽起來很輕視的語氣描述父親的生意，那是一家遍布南加州的連鎖皮膚科診所。迪恩的父親可能很富有，但在比佛利山莊只是普普。或者說，這是迪恩堅持的說法。

在中間的空擋我又問了一些背景問題。他不在像剛開始散發敵意，並且回答得很詳盡，只是談到他母親，口氣就摻雜諷刺。

迪恩九歲時父母離婚了，在這段婚姻中，他還有一個妹妹，而他父親現在的妻子是第三任。迪恩的母親從未再婚。她曾在比佛利山莊開服飾店，但是幾個月後店就收掉了。「她認為自己有絕佳的品味，」他翻著白眼說道。據他說，他的母親從那時起就致力於做瑜珈和「管所有其他人的事情」。在她和前夫經過曠日費時的法律戰爭，最終達成的和解協議中，她有權獲得每個月的津貼，和提供她終身免費的住屋。她經常向迪恩抱怨他的父親很吝嗇，並定期提出法律動議以增加她的贍養費。

「需要工作的人不是我，」迪恩說。

他介紹自己和談論父母的方式，感覺很老套。沉溺於網路世界的富家子弟覺得委屈且耿耿於懷，他膚淺的母親熱衷於花言巧語的自我實現。這是很常見的故事——除了他椅子下的書。我聽過道金斯但沒有讀。

「你母親正在接受卡西奇醫生的治療，對嗎？」我說。

他聳聳肩，「她所有的女性朋友都在接受治療。不然午餐時她們還能聊什麼？」

因為知道我的同事是很認真的治療師，所以我並不完全相信迪恩對母親的描述。我打量著在我對面個案椅上的迪恩，他又開始晃著夾腳拖，發出啪啪聲，沉下臉把身體靠在他的大腿上。他顯然對治療嗤之以鼻，並堅稱自己沒有問題。

有時，你會與新個案只見到一次了。

「我不知道，迪恩。你來這裡，這也許不是一個好主意。我知道你的母親說你必須做治療，但即便如此……」

「你會跟她說什麼？」

「你希望我跟她說什麼？」

他低頭盯著自己的大腿。「她只會叫我再去找另外一個治療師。」

「這就是經濟依賴會有的問題，你會有這些牽扯跟角力。擁有自己的錢有很多好處。首先，你可以有選擇的自由。」

「所以你也認為我也應該找一份工作。」語氣無可奈何多過怨很。

「我沒那麼說。但根據我的經驗，魚與熊掌不能兼得。」

我的同事格羅斯坦（Jim Grotstein）形容這類個案，是無意識地渴望某種幻想能夠實際存在，讓自己的需求無需提出就能得到滿足，同時也無需承認對其他任何人的依賴。他說，這些個案只想過「一個受庇護又能稍微有一些體驗的人生」。幫助一個像迪恩這樣擁有這麼多財富和特權的個案，去面對和接受現實，很困難，因為他身邊多的是例子。他最好的朋友迪倫靠信託基金過活，而且這一生中沒有一天會需要工作。

我在那一刻，對與迪恩一起治療樂觀不起來了。他顯得看不起我的專業。但接下來他說的話讓我感到驚訝。

「我的體重會需要一些幫助，」他說。

「你的意思是，你想減輕一些體重？」

他點了點頭。「我試過節食，但從來都無法堅持下去。我會在深夜搜刮冰箱、大吃。我會感覺，算了吧，反正我自己一個人都能吃掉一整鍋義大利麵了。」

父與母，更失職的那一方

從接下來幾週的談話我知道，迪恩不是從以前就過度飲食，他說那是從他九歲父母離婚後開始。他的父親搬出去了，並關掉了他們所有的銀行帳戶，在律師們就臨時的贍養費問題爭論不休的同時，他的父親有數週都拒絕給他們錢。保母一個月沒有薪水，就辭職了，然後廚師和清潔女工也辭職了。從他的敘述來看，他的母親似乎陷入了深度的憂鬱之中，因為她幾乎無法下床。迪恩也很納悶，自己和妹妹阿卡西雅是如何撐過這段期間的，在他的記憶中，母親從未做飯。「我們可能叫外送披薩叫到刷爆了她的信用卡，」他說。他也不記得在那糟糕的幾週裡，他和阿卡西雅是如何去學校上課的。

但是他有一段記憶很深刻：他站在打開的食品儲藏櫃前，他正在找有什麼可以吃的東西。他已經吃完了花生醬和所有的脆餅，冰箱還有一盒玉米脆片，但沒有牛奶。他終於找到一罐好時牌可可粉，他把可可粉與糖和水混合後，一邊看電視，一邊吃掉這一整碗糊狀食物，度過這下午。

從食物尋求慰藉很常見。迪恩回想，那段時間的他肯定感覺很糟。他同意不快樂可能是他目前有飲食過量問題的原因，但他感覺不到這一點。大多數時候他都感到麻木與一股隱隱潛在的憤怒。和朋友一起抽大麻通常可以讓他充滿活力，但是這有時也會讓他陷入荒涼、無色的世界，只有睡眠才能緩解。在母親批評迪恩或請他幫忙時，他會勃然大怒。在我們的療程期間他經常在抱怨母親。

多年來我注意到，開始治療的個案若是只把焦點放在父母其中一位的問題上，則往往與父母中的另一位有著更深層且未被意識到的問題。迪恩鄙視他的母親，且經常嘲笑她空洞的生活方式、她膚淺的友誼，以及她到中年仍緊抓著年輕人的穿衣風格和行為不放。他抱怨她虛偽的要求，以及她不斷煩他去找工作的態度。我們有好幾次療程都是以他激動敘述兩人最近的衝突作為開始。

迪恩與他的父親幾乎沒有任何深度的關係，他的父親現在與第三任妻子和他們的兩歲女兒住在一起。他的父親支付所有的帳單，並且對他一直相當慷慨，雖然在另外一方面他的父親都不理第一段婚姻生下的孩子。但最近，當迪恩試圖越過他的母親，直接向父親要錢時，他的父親說：「你要和你媽一起解決這個問題。如果我反對她，我們又會在法庭相見。你也知道她是怎樣的人。」迪恩雖然很失望，但還是為父親找了藉口，他知道母親是一個「很難搞的人」，而沒有因為父親想要省麻煩而責怪父親。

迪恩更希望像他的許多朋友一樣，有位名人家長，但隨著他聊到父親的事情越多，也越明顯可以看出，迪恩很欽佩父親的財富和事業成就。迪恩的主要客戶包括電影和電視明星，他經常與這些客戶交朋友，模仿他們的名人生活。他會去奢華的假期而且總是搭頭等艙，駕駛一輛頂級的 Range Rover，並在阿斯本擁有第二棟房子。

迪恩用少有的熱情語氣說，前陣子的聖誕假期他去科羅拉多州和父親和繼母度過，其中包括私人滑雪教練、全職廚師和按摩治療師，每天下午這家人從滑雪場回來時，按摩治療師都會來家裡。迪恩告訴我，日後繼承父親的資產就能過上同樣的生活了。

我還感覺到，迪恩對於父親的忽視暗藏著怒氣。像聖誕團聚僅限於偶爾，但在學年期間，很父親很少會聯絡他。有幾回在城裡一家時髦的新餐廳一起吃晚餐時，父親的話題圍繞在自己、身邊的名人，以及擴大事業的藍圖，說著有朝一日會以幾百萬美元的價格賣掉診所，然後瀟灑地退休。

迪恩的父親還會用嘲諷的方式評論迪恩的體重和氣色、破舊的衣服以及懶散的外貌。兒子的外表似乎比缺乏野心更讓他煩惱。大多數時候，迪恩在父親在談論名人朋友和最近參加的時髦派對時，都是默默聽著。但如果迪恩試著談自己的生活，他的父親很快就會把話題轉回自己身上，就像迪恩幾乎沒有說過話一樣。迪恩感到受傷和憤怒，但卻保持沉默。

父親在迪恩二十一歲生日那天也沒有聯繫他。在下一次療程中，迪恩為父親找了藉口——他是個大忙人，要管理那麼多家診所——但他很顯然覺得受傷。他也不記得兩人上次說話是什麼時候了。

「他就是忘了你，」我說：「他每次都會有好幾週沒有想到你。」

迪恩聽到我的評論後，退縮了一下。儘管知道真相，但聽到有人大聲點明仍讓他感到震驚。在接下來的幾週裡，我們繼續討論疏忽和遺忘的話題。迪恩開始質疑，是什麼樣的男人會拒絕給錢只為了傷害他的妻子，也不考慮這可能對孩子造成影響？當母親憂鬱，讓他必須照顧自己時，他的父親在哪裡？什麼樣的父親會總是談論自己的生活，而對兒子不感興趣？從我倆的談話迪恩開始明白，他的父親完全是個自戀和只顧自己的人，同時缺乏關心其他人的能力。

期間我們談了幾次可可糊回憶。他體會到，自己當時的感受是多麼絕望，既驚嚇且孤立，彷彿他對世界上的任何靈魂來說都不重要。他的母親最終從憂鬱症中走出來，但少了她再也負擔不起的全職保姆和廚師後，她總是很容易被母親的職責壓垮。迪恩的父親在他們離婚後失聯了好幾個月，他可能一直都不太關心他的孩子。

迪恩的朋友迪倫一直是他最好的盟友。小學一起看卡通，中學時會用化學實驗工具組做實驗，他倆從小就很喜歡玩電動。「兩個喜歡數學跟科學的呆子，」他笑著說，「而且很受女孩們歡迎。」最近，迪恩和迪倫似乎每週有好幾天會一起吸大麻、玩電動，或是去深夜餐館。

「迪倫的父母也認為他是個失敗者，」迪恩告訴我。「他們總是在念他，要他去找工作。但是他很幸運的是，他不需要去工作。」

迪恩從來沒有提過女孩子的事，也沒有表達過對性事有任何興趣，但是我也沒有他是同性戀的印象，大多數時候，他看起來幾乎是無性慾的。很久以後，他才帶著明顯的羞恥感向我承認，他每天都會對著色情影片多次自慰。我看得出來，他預期我會鄙視他。他最終才告訴我，他擔心我的反應，所以在治療期間才將自慰問題保密了這麼久。當我將自慰與他強迫性飲食的問題進行比較，並將兩者與孤獨的痛苦連結起來時，他似乎鬆了一口氣。

迪恩有一次提到，雖然我對他的關注是以收取費用作為交換，但是他仍很感激我給他的注意力。不過他也不完全信任我，仍然懷疑我是否真的在乎他。也許沒有人真的關心他，甚至連他的母親也不關心他。她希望迪恩接受治療，並不是因為擔心他的未來，而是因為他讓她在朋友面前難堪。

「在她看來，我只是個懶鬼。」只有迪倫真正接受他。

漠不關心的表面下

從表面上看，他過著同樣懶散的生活，但在這裡，迪恩從最初幾個月的麻木，轉為更多表達感受。他對父親的忽視感到受傷和憤怒，為年輕時的自己感到悲傷，並對母親感到些許的同情，因為他逐漸意識到，母親雖然軟弱但都是出於好意。他的體重沒有任何進步。據我了解，他仍然對找工作或繼續接受教育不感興趣，我也不認為這是由我推動的事情。

然後我收到迪恩母親的電話留言。「我需要一份進度報告，看起來沒進展。」由父母或其他親戚支付治療費用的個案，在治療時可能會很棘手。父母會期待可見的成效，我也很重視。我曾經拒絕與一位個案的父親討論個案，父親是這位三十五歲個案的經濟來源，我解釋說，個案需要完全的隱私，治療才會成功。這位父親之後就拒絕支付我的款項，治療最終只能結束。

「我必須告訴她一些什麼，」我在迪恩的下一次治療中告訴他。「她沒有看到你的行為有任何改變，她想知道原因。」

母親打電話來的消息讓他驚訝，也讓他感到憤怒。「告訴她，這該死的不關她的事，」他說。

「我認為這樣說會有好結果。」

那天他穿著牛仔褲和黑色高筒鞋，鞋帶是鬆開的。他無精打采地拉著其中一條鞋帶。

「那你就告訴她，我要去讀夜校。」

「但你並沒有要去讀。」

「我可以報名。這不代表我一定會去上課。」

「我不能對她撒謊，迪恩。」他沉下臉看著自己的鞋子。「我不想讓她插手我的治療。」

「她只是擔心你，你可以理解的。」

「她就是想讓你這樣想，好像她是某種超棒的媽媽，超級擔心她的孩子。賤人。」他最近軟化的態度突然又變得強硬了。

「如果我告訴她，我們一直把重點放在你對離婚的感受，以及這對你造成的影響呢？畢竟這是事實。我可以說，你有在想著……嗯，你這陣子對工作或學校有什麼想法嗎？自從你提到這件事以來，已經過了一段時間。」

我一開口就知道自己說錯話了，我的聲音透露出洩氣。我反思這段對話並意識到，我感受到來自迪恩母親的壓力，我需要證明自己的治療是有效果的。我也好奇卡西奇，也就是那位治療迪恩母親並將迪恩轉介給我的同事，會怎麼看我。

有一瞬間，我覺得他看起來很受傷，好像泛淚了。

「這沒什麼。」然後他漠然地聳聳肩，這是我治療初期時常看到的動作。「見鬼了，你想告訴她什麼隨便你。我真的不在乎。」

這讓我想到中學生有時會說，「我不在乎」的樣子，當他們不想承認感到受傷或被排斥時，聲稱漠不關心像是有某種優越感。

心理學家戈德堡（Carl Goldberg）在《理解羞恥感》（*Understanding Shame*）一書中寫道，接受心理治療的經驗，在本質上就可能是一種羞愧的經驗，因為這種關係存在不平等，治療師身處專業風範的保護傘之下，個案則是把祕密攤開而處於脆弱狀態。雖然個案是自願進入這種關係，但每當治療師在治療中揭示一些以前隱藏起來的心理真相，就可能導致非本意的暴露的羞恥感。當治療師犯錯，或當治療師微妙地展現出沮喪或不認同時，個案也可能因此感到羞愧。我在一陣子之後我意識到，我的語氣讓迪恩感到羞愧。而這一發現也令我自己出現羞恥感。

迪恩對自己的未來表現得漠不關心的背後，到底隱藏著什麼，迪恩的反應也給了我一些線索。在接下來的幾個月裡，我們重溫了他的童年，發現他經歷到去愛並渴望接觸，但卻陷入了近乎完全的孤立，這給他帶來難以忍受的痛苦。這是無回應的愛的羞恥感，也是期望落空的羞恥感。即使父母沒有刻意羞辱一個孩子，缺乏參與和情感忽視也會導致孩子出現羞恥感。對迪恩來說，離婚、母親的憂鬱和父親的失聯，意味著他一定是有缺陷、差人一截且不值得被愛。所以他為了保護自己感受，不再關心任何一件事，包括自己如何過這輩子。

《伊索寓言》中狐狸與葡萄的故事告訴了我們，渴望自己無法擁有的東西有多痛苦，以及以優越的冷漠態度放棄時所帶來的安慰。多年來，我常看到個案（還有我的朋友和熟人）築起冷漠的牆，以避免期望落空的羞恥感。只要你不在乎發生什麼事情，你就永遠不會失望。對人生不抱希望，（迪恩相信）就也永遠不會失望。對某些人來說，這種防衛性的伎倆也會導致他們無法建立快樂的人際關係。當你在生活中將快樂和不可避免的失望（羞恥感）之間建立起過於牢固的連結時，讓另一個人成為自己的快樂來源，就會讓人倍感威脅。

這讓人想到在面無表情實驗中，嬰兒的沮喪感受。

這幾個月療程的結果是，迪恩做了一些不太情願的決定，他想去了解註冊當地社區大學的事宜，但從未付諸實行。我還發現，有時拖延症和堅持完成的問題背後，也隱藏著對羞恥感的恐懼。如果你從未真正嘗試，那麼你就永遠不會經歷期望落空的羞恥感。不切實際的幻想常常是與明顯缺乏野心並存。迪恩相信，只要他的父親在電影產業工作，他就可以成為知名的電影導演。

迪恩有時在來治療時，會看起來很悲傷和沮喪。在那些日子裡，他有時會輕蔑自己，說自己是那個大吃大喝、滿嘴食物，又會看色情影片自慰的胖男孩。

「真是個該死的失敗者。」

轉變

迪恩在某次來治療時，看起來比平常更疲憊，臉色鐵青且衣服凌亂。他看起來很沮喪，在沉默了一兩分鐘後，我問他：「發生什麼事了嗎？」

他聳聳肩，無法直視我的眼睛。「迪倫找到了工作，」他最後說。

至少在迪恩看來，他最好的朋友是在突然之間跑去父親的律師事務所當職員。「卑鄙的狗屎，」他嗤之以鼻說。「將郵件分類並在影印中心工作。真是的！你自己明明有錢，為什麼要做這種狗屎工作?我無法理解。」

雖然迪恩試圖用輕蔑來掩飾,但他的所有舉止都告訴我,他感到受傷、被背叛,並充滿羞恥感。他和迪倫將他們不受拘束的生活方式,變成了某種優越的存在。工作是失敗者的事情,因為這些失敗者別無選擇而且一定很羨慕迪恩和迪倫的自由。迪恩一邊說著,最終透露迪倫打算去念大學,迪倫覺得自己有一天可能會像父親一樣成為律師。

迪恩聳聳肩。「見鬼了,隨便他。」

「他拋棄了你,」我說。

「我們看看他能堅持多久。」他笑起來,但並不是真心感到快樂:「迪倫每天九點去上班?笑死人了!」

又經過幾次的療程後,我幫助迪恩承認他的羞恥感。當他和迪倫成為某種犯罪同夥時,他比較容易維持這種幻想,也就是嗑茫和參加派對比追求職涯發展更優越。如今,他獨處的時間比以往任何時候都多,也花更多的時間在暴飲暴食和強迫性自慰,這又加深他的羞恥感和自我憎恨。他偶爾會形容自己是一個「徹頭徹尾的白痴」,連一個朋友都沒有,訴諸於輕蔑,在他高人一等的批判自我,和矮人一截且不被愛的失敗者迪恩之間,拉開距離。

我最後提醒他,他和迪倫一樣,最近也有說到想去上一、兩堂大學課程。這是否會可以讓他對自己感覺更良好,不再那麼孤獨和孤立、不再是一個被遺棄的人,而更覺得自己是人類群體的一分子？

迪恩建立自豪感的進展，和莉茲一樣緩慢且不穩定。他在大學的第一個學期，只上了幾週的課就退學了，再次躲回優越感和冷漠的保護之後。「這真是浪費時間。而且又無聊！我幾乎都快睡著了。」我幫助他認識到自己的防衛機制，與他因為放棄而出現的羞恥感（期望落空）。

「也許是課程不適合你，」我補充道。「我想，我從來沒有聽你說過對美國歷史感興趣。你不是想上的其他課程都額滿才選這門課的嗎？」

最後一切水落石出，原來迪恩對生物學很有興趣，尤其是當時剛起步的人類基因體計畫（Human Genome Project）。在我們第一次見面那天，迪恩隨身帶的那本道金斯的書[5]就是線索。迪恩對於這個領域有哪些職涯選擇，以及需要攻讀什麼樣的學位都不太了解，但是他假設自己可以從生物學的入門課程開始。他帶了當地社區大學的型錄來療程，念了課程說明給我聽。

「這堂課聽起來不至於太無聊。」

雖然我在職業生涯的那個階段，還不明白共享喜悅對於建立自尊的影響力，但回想起

5 （編注）《自私的基因》解釋基因的產生以及作用於動植物界的各種行為。

來，我可以看到自己對迪恩父親般的感情，以及在他表現出色時我所感到的幸福感，一定也給予了他支持。即使是一位訓練有素的精神分析師，在年輕的個案遞給他表現良好的成績單時，也會克制不住微笑。即使只是說聲「恭喜」，但是我的表情也會告訴他其他的情緒。

在迪恩漫長的治療結束多年後，我收到了他寄來的畢業通知信。他在一所四年制大學拿到學位。在信的背後是一張手寫的便條紙：「我想你看到這個會很高興。」

第9章 在放蕩和上癮，失去自我

在（業前幾年）當面治療所有的個案時，女性與男性是八比二，在採用遠距治療後，這個比例很快就逆轉了。我無法確定這背後的原因，但我認為，這是因為視訊會議提供的絕對隱私：**許多男性**（尤其是非美國人的男士）**仍然不希望任何人知道他正在接受治療**，包括被陌生人看到，而遠距治療可以避免那種特定類型的羞恥感（非本意的暴露）。

對於像是諾亞等其他這些個案來說，他們的羞恥感如此沉重，以至於他們無法承受親自走進治療師的辦公室，與治療師面對面談話。視訊會議的距離勉強給諾亞帶來安全感，我們的療程才得以進行。不止如此，諾亞的生活地區也與我相距千里，代表他隨時喊停也不會有任何影響。多年來，我有好幾個遠距離個案在治療激起太多羞恥感的時候就消失了，所以我有好幾個月都在擔心諾亞也會同樣消失。在最初諮詢時，諾亞的手機在一開始的十五分鐘內就多次震動，打斷諮詢。他把手機放在身旁的木桌上，我仍反覆聽到它在振動。每一次諾亞都會拿起手機，很快看一下螢幕，然後向左滑。雖然我從未用過這類應用程式，但我從媒體上看到的資訊，讓我知道這個手勢的含義。諾亞是一名三十二歲的同性戀，毫無疑問有在用 Grindr 等交友軟體，他對此也不會不自在。

自手機廣泛使用以來，我起初保持開放的態度，但在幾週後，我會建議個案暫時關掉手機裝置，除非他們的工作需要保持聯繫，或是有緊急的狀況。但是我在諾亞的第一次療程，就請他關掉手機，因為持續的干擾不斷中斷我們的連結，在他說話時分散他的注意力。我隱約感到這種連結的中斷可能不限於療程。

諾亞在我要求後沒有反對，直接關掉手機，將手機放在桌子上，沒有表示任何評論，不過他的臉上閃過一絲不舒服或尷尬的神情。他穿著得體且身材精實，但看起來非常疲憊。他大多時候都可以有良好的目光接觸，但是也經常會因一些小干擾而中斷目光接觸，他會快速低頭看一眼桌子，然後再聚焦回來，或是看向另一邊，他常會這樣短暫失去注意力。

「我剛才說到哪？」

「你是製作團隊的主管，以及你遇到的問題。」

諾亞為倫敦一家大公司製作電視廣告。他的上一任老闆最近離職了，公司聘請一位新的製作主管來接替她的位置。諾亞告訴我，新主管把自己的團隊帶來，並解僱現有的製作人員很常見。諾亞相信，他收拾走人是時間性的問題，特別是他和的新老闆正在發生衝突。他一直有遲到和缺勤問題，這讓他們的衝突更加惡化。

「說實話，我不知道為什麼我還沒有被解僱。」他自嘲地笑了笑。諾亞雖然外表年輕，但雙眸卻透露出不符合年紀的老成神色。他的鬢角和修剪整齊的紅棕色鬍鬚裡參雜了幾根灰白色的頭髮。

諾亞告訴我，他決定接受治療的其中一項主因，就是無法準時上班以及甚至有時會缺勤。雖然諾亞一再下定決心要改善這點，但他還是在鬧鐘響起後繼續睡，以至於經常遲到一、兩個小時。他是製作人，大部分時間都不用進辦公室，比公司大多數的員工擁有更多的自由，但他最近又因為睡過頭而錯過重要會議。

「那個週末我很忙碌，」他說，又以那種自嘲的方式笑了起來。他看了一眼手機，彷彿想要拿起手機。

「很忙碌？」我重複。他似乎特別強調這個詞，賦予它特殊的份量。

諾亞在某種謹慎、不能透露太多的氛圍中告訴我，他在那週末和「幾個」不同的男人發生性關係。「然後週日我去沃克斯霍爾（Vauxhall）一個『chill-out－快樂的地方』，那天晚上我幾乎都沒睡。唉，我早該知道的。」

我對沃克斯霍爾的了解，只有我一位美國朋友去倫敦時在那裡被搶劫了。

我問：「什麼是快樂的地方？」

諾亞看起來很不自在，他移開視線往下看。他伸手拿起手機，開始在手指間轉動手機。

他在治療的第一天並沒有告訴我所有的事情，這是當然的，他還不信任我。他也對於毒品和群交是他的生活的一部分，而有強烈的羞恥感，這讓他很難敞開心扉。在接下來的幾週裡，他逐步讓我知道他的情況，同時一邊試探我，看我會不會對他揭露的細節表示不贊同或感到厭惡。

「這會讓你覺得噁心嗎？」他常常問我這句話。

在我們的療程期間，我對於同性戀世界這個小卻很大程度見不得光的生活方式，自行做了研究。我讀了有關這個主題的一些新聞報導，以及倫敦衛生學院（London School of Hygiene）的一份專業研究。我看了一部名為《藥愛》（*Chemsex*）的紀錄片，內容是關於在倫敦日益嚴重的心理健康問題。我也和認識的其他男同性戀者聊過。

「Chemsex－藥愛」是指使用藥物來增強性快感，通常是發生在團體的環境中。透過網站或是Grindr以及其他交友軟體，來安排私人派對與出售毒品。當然，我知道冰毒，但GHB快樂丸[6]和「喵喵」甲基甲基卡西酮[7]對我來說就是全新的資訊。

這些藥物可以飲用或吸食，有時也可以注射，通常會混合使用。在短時間內，它們會降低抑制並提高性快感，讓性高潮延長好幾個小時。服藥過量和陷入無意識狀態是很常見的，服藥過量導致死亡的情況也不少。心理副作用包括藥物引起的精神病、偏執、攻擊性增強和同理心下降。在藥愛文化的世界中，性暴力、剝削、賣淫和強暴都很普遍。

多年來，像諾亞這樣的個案，會讓我感到自己很天真，彷彿我過著備受保護的生活而對某些黑暗的角落知之甚少。我對於諾亞的這些性生活細節毫無準備，也因這些事情而感到驚嚇。他告訴我，他的愛滋病毒檢測結果是陰性，但我擔心他沒辦法長期維持陰性。後來在進行治療的過程中，每當他在療程時間到了，卻沒有上線，我的腦海中都閃過了他可能人在醫院的想法。或者他可能死了。

當然，娛樂性藥物和酒精在過去幾十年來，一直在助長隨意性行為（casual sex），但和藥愛的世界相比，連一夜情和非特定對象的性行為都顯得平淡無奇。諾亞有時會從週五晚上下班後到週一清晨的這幾天，都在混合使用不同的藥物，然後參加一個又一個的性派對。在第一次療程時，諾亞迴避我的問題，並少說了性伴侶的數量。隨著逐漸信任我，諾亞最後也解釋說，他在一個週末基本上會與十到二十個不同的男人發生性關係。

他告訴我，他曾多次嘗試放棄藥愛派對並停止吸毒，但總是故態復萌。雖然在最初的療程他無法讓告訴我這些事，但這才是他尋求治療的真正原因。隨著時間過去，他最終揭露了自己的全部，包括他的性史和關係史，他顯然從未與任何人建立真正親密的關係。

---

6 gamma hydroxybutyric acid，一種精神藥物。
7 mephedrone，一種強效合成興奮劑。

他內心的一部分渴望某種傳統一夫一妻制的關係，也就是家庭、承諾和共享的生活。他的另一部分則對被同性戀戲稱為「飼養員」（breeders）的異性戀者感到輕蔑，他也嘲笑同志婚姻平權運動。他說，沒有藥物的性行為感覺很無聊，他也無法想像限制自己只有一個伴侶。同時，他也發現在這些性派對中保持勃起變得越來越困難，便在藥物加進威而剛。有時他似乎認為，就像他在藥愛的世界遇到的許多男人一樣，他也躲不過早逝的命運。

有時我會突然有股衝動，想問諾亞他是不是瘋了，竟把生命置於如此嚴重的風險中。我時不時會想抓住他的肩膀搖醒他。我堅持每週碰面兩次，他欣然同意，但我疑惑這樣這是否足夠。錢對諾亞而言不是問題，我不清楚他的收入來源。他的工作看來薪水不錯，但有時我也好奇他是否也賣毒品。

「你確定自己不想親自去看治療師嗎？」我不只一次問過。「我確信我可以幫你轉介給倫敦的治療師。」

諾亞總是以同樣的藉口拒絕：因為工作需要頻繁出差，無法持續當面的療程。我逐漸明白，向在地的治療師說出全部的真相太有威脅性，且離家太近了。

我執業初期的主管和恩師教會我，在療程之間擔心個案對他們沒有幫助；只有在我們一起面對問題時，我才能提供有意義的幫助。但在諾亞開始治療後的頭幾個月裡，我常在療程與療程之間擔心他。他告訴我，他最近開始服用 PReP（暴露愛滋病毒前預防性投藥），這是一種抗反轉錄病毒藥物，每天服用可以預防愛滋病毒感染，但他仍然可能服用藥物過量，他也可能遭遇性暴力。我自己所做的研究讓我了解到，掠奪者會故意對受害人下藥，並強暴他們，有時在此過程中，受害人會因服藥過量而致死。

我還問他，是否考慮住進戒毒機構來幫助他戒掉毒品。他搖搖頭，看起來有些生氣。

「你想擺脫我嗎？」諾亞總是在擔心，我是否厭倦了一起做治療，或是對他的性生活的細節感到厭惡。

我暫且放下這個問題，但對於接受諾亞作為我的個案，始終都感到不踏實。鑒於他處於幾乎完全孤立的狀態，我認為他需要更牢固與更直接的接觸。我在倫敦找到了一家隸屬於國家醫療保健服務（National Health Service）體系的診所，這家診所為藥愛問題的男性提供免費的諮詢指引，我跟諾亞提到了這家診所。但是告訴我，他早就知道但他不會去，他也沒有說清楚原因。

諾亞的童年

諾亞是中產階級家庭中三個孩子中的老么。表面上，他的童年和家族史很普通。他的父親是個和藹可親、勤奮工作的人，他愛他的孩子，但幾乎把撫養孩子的責任全都丟給他的妻子。諾亞形容母親長期處於怨恨之中，彷彿上了誰的當才得過這種生活。她沒表現過對孩子的愛，他也不記得曾經因為她而感動過。姊姊在十幾歲的時候都曾有藥物濫用的問題，但兩人現在都已經結婚生子了，而且也因而過得很開心——諾亞是這樣認為的。他還懷疑自己是不小心被生下的，因為和兩個姊姊的年齡差距很大。

諾亞在十五歲的時候，開始和學校的數學老師發生性關係，這個二十幾歲的男人在諾亞數學快被當的時候，為他提供私人輔導。諾亞不認為這是性虐待，因為他很敬仰提姆，並且在那之前他早已對提姆有幻想。他們的關係斷斷續續地持續了兩年。一直到成年以後他才看出提姆是個自私的掠奪者，利用諾亞的英雄崇拜來性剝削他。

有時，提姆會在當諾亞週末獨自留在家裡時，到他家過夜。當他的母親終於意識到他和老師在那些週末都在做什麼事情時，她就不再和他說話了，她甚至再不看他。沉默一直是母親用來表達不滿的方式，但通常只會持續一、兩天，從未像這次持續好幾週，諾亞因此很確定背後的原因。

每當不得要和諾亞說話，母親會用詞精簡且冷淡。事發以來，父母從未與他談過他與這位老師的關係，也沒有找機關介入。現在已是成年人的諾亞，仍然好奇已去世的父親對此事有何感受，或許父親根本不知道，諾亞希望他不知道。諾亞很確定，母親對他的性向感到厭惡。

幾個月後，他終於告訴母親：「我再也不會和他見面了。」他們再也沒有提過這件事。母親沒那麼沉默了，但會避免與他目光接觸。從那時候起，她和他說話的方式總是讓他覺得自己好像不在場一樣。

在大學時，他試圖過著異性戀的生活。他與女性約會，並與其中一些女性上床，但是他沒有任何歡愉感。有時他會去同性戀俱樂部喝醉，然後和某位陌生人一夜情。他在第二天早上會充滿自我憎恨，然後重新讓自己投入異性戀的生活中。他很肯定自己對男人和女人都沒有吸引力，雖然實際上並非如此。他最終開始規律進行鍛鍊，想讓自己顯得更有男子氣概（以他的話來說）。在成長的過程中，他學會了壓抑任何可能揭露同性戀性向的舉止，他也成功以異性戀的身分度過大學生活。

近年來，「內化恐同症」（internalized homophobia）一詞在心理學和社會學領域越來越流行，它被定義為「個人對性恥辱的接受和認同，轉化為個人價值體系和自我概念的一部分」。羞恥感就是內化恐同症的核心。由於母親從早期即缺乏參與，她後來透過沉默拒絕諾亞（無回應的愛），以及在譴責同性戀的社會環境中長大（被排斥），都讓諾亞感到自己不完整、有缺陷和不被愛。我很少遇到個案背負著如此沉重的核心羞恥感。

諾亞抗拒自己的性向，所以也不曾融入同性戀群體並從中獲得支持。他沒有任何一位同性戀的朋友，並且認為他迄今為止所經歷的同性戀情感都很膚淺、沉迷於濫交，且幾乎只注重在外貌上。諾亞厭惡過著這種空虛的生活，但同時，他也無法再假裝自己想要與女性約會並發生性關係。大學畢業後，他在廣告業找到工作，然後過著極度孤立的生活，而那些讓他感到強烈羞恥感的一夜情，仍時不時會打斷他的生活。

諾亞在快三十歲時，在 Grindr 上與年紀稍長的艾德搭上線，而踏入了藥愛的世界。與諾亞瞧不起的那些外顯的同性戀不同，艾德完全符合刻板的男子氣概形象，也沒有明顯的同性戀舉止，也就是諾亞渴望成為的那種普通「傢伙」。當艾德請他喝一杯摻有「G」（GHB）的葡萄酒時，他因為擔心拒絕會讓艾德甩掉他，所以就喝了。

在此之前，諾亞曾吸過大麻，偶爾也會飲酒過量，但使用烈性毒品的想法一直讓他很害怕。

使用G讓他生平第一次感到自己是美麗和不受拘束的。在被另一個男人插入時他總是會感到輕微疼痛，但他現在完全放鬆了，而且還想要更多。那天晚上和第二天的大部分時間，他們都在做愛。隔週，艾德帶他去參加群交派對，他再次使用G並第一次吸食冰毒。他從來沒有感受過如此的狂喜和強烈的性快感。不久後艾德就拋棄他了，但他卻被這些東西迷住了。性愛派對成了他週末的固定活動，並逐漸占據了他在工作之外越來越多的生活時間。

在諾亞找我治療的時候，他沒有真正的朋友，也幾乎沒有社交生活，他只有在 Grindr 搭上的一夜情對象且他們總是會牽扯到毒品。每當他試著停用毒品並避開性派對時，他就會陷入自我憎恨的深深憂鬱之中。他有時會想自殺，但沒有具體計畫。他告訴我，反正他可能很快就會因為吸毒過量而死了。去年他在藥愛派對認識的好幾個男人，都是這樣就過世了。他相信這只是一個時間早晚的問題。

在進行治療的過程中，我常和諾亞談到羞恥感。我幫助他了解，毒品以及與陌生人發生性行為，如何幫助他逃避強烈的羞恥感，這種羞恥感通常表現為內心的醜陋，或認為自己令其他人感到噁心。他害怕如果有人過於親近，以至於太了解他，這些人就一定會抗拒他。在尋找他的羞恥感的根源時，我將他的羞恥感連結到他的母親在早期的抽離，以及他堅信自己是母親的意外產物。父親在他的童年的情感缺席，也導致他的缺陷和無價值感。

我們以他母親把沉默作為懲罰手段作為治療的主軸，再聯繫到他近期的事件，例如某位他喜歡的新的性伴侶失聯。我常說，對孩子而言，還有什麼比被排斥、不被接受，以至於必須被完全迴避，更羞恥的呢？

「你聽起來不太喜歡我媽媽，」我某次再度談到他的母親的殘忍行為，以及這種行為對他造成的傷害後，他這樣說道。

我謹慎地選擇措辭，說：「我為你感到生氣。以對待自己的孩子來說，這是很糟糕的處理方式。」

但諾亞的感受沒有錯，一般認為治療師應當客觀、冷靜且不為所動，這是個迷思。當你開始關心個案的狀況，有時你會情不自禁對其他人對待個案的方式，也出現感覺。他的母親故意用沉默來羞辱自己的孩子，卻不關心他的身心狀態，這讓我無法喜歡她。

初次求助

一起進行治療幾個月後，諾亞在某次週一的療程出現在螢幕上時，看起來沮喪而疲憊，眼睛下方有黑眼圈，還有好幾天的鬍渣。諾亞穿著一件無袖上衣，手臂上似乎有大片瘀傷，在他蒼白的皮膚更加凸顯。他沒有提到那些瘀青，但我好奇他是否想讓我注意到瘀青。我問了，他聳聳肩沒有回答。他以平淡且極其疲憊的聲音，繼續描述另一個完全被性和毒品占據的週末。他數不清自己有多少性伴侶，但認為自己被超過三十個男人插入。

他覺得對方應該都有用保險套，但也不確定，因為他「垮掉」了好幾個小時，不知道在那段時間發生了什麼事情。「垮掉」（Going under）指的是使用過多的G然後失去知覺。按我的研究，垮掉輕則陷入昏迷而住院，嚴重則會死。在諾亞描述他的週末時，他在一開始似乎很麻木了，但是接著他開始以一種哽咽的方式哭泣。他很想放棄這種生活，但又停不下來。

他接著告訴我，如同他一直以來的預期，他在週四丟了工作。他說自己是一個「完全搞砸了的混蛋」，並告訴我，擁有一段健康關係的願景只是一個笑話罷了。他的聲音夾雜著痛苦和諷刺的自我憎恨。「我還是乾脆就到此為止吧，」他說。服藥過量在他的世界太常見了，看起來不會像自殺，但也不會有人注意到。他的語氣充滿了自憐，但又像是在鄙視自己。

像諾亞這樣的個案很容易讓治療師感到害怕、無助，和覺得自己能力不足。他們的絕望會感染你，讓你懷疑自己是否有能力提供幫助。在檢查並確認他沒有自殺的計畫，且實際上也不打算自殺後，我提醒他一些我們之前討論過的想法，包括他如何透過蔑視和自我憎恨來逃避那個「完全搞砸了的混蛋」，以及當羞恥感過於強烈時，自憐有時會取代自尊。那天我說的話，感覺沒有什麼幫助或效果。

在下一次療程，也就是那週的第二次療程，螢幕裡的他看起來狀態更糟了。他的臉色因沮喪而顯得陰沉，他凝視著自己的雙腿一動也不動。

「你沒事吧？」我問。他沒有回答我。

幾分鐘的沉默後，他抬起頭看了一下，以絕望且憤怒的眼神緊緊地看向我，然後突然中止了我們的通話。

我試圖重新啟動通話，他也沒有接聽。我寄了幾封電子郵件，他也沒有回覆。我從辦公室撥打他的手機號碼，之後又用手機再次嘗試。但是兩通電話都直接轉到語音信箱。在那次療程中斷之後的幾個小時裡，我感到焦慮和擔憂。我懷疑諾亞刻意讓我有這種感覺，即使他並未意識到自己的行為。

投射（projection）的概念被主流領域接受已有一段時間了。大多數人都明白「五十步笑一百步」這句話，我們有時會因為自己有不想承認的錯誤而批評別人。投射還有其他複雜的動機和使用方式。有時，個案會將他難以忍受的情緒投射到治療師身上，這樣他自己就不必去感受這些情緒了。有時候個案的目的是為了激起想要的反應，而諾亞戲劇性的斷開聯繫，感覺像是在求助：我已筋疲力盡了，做些什麼吧！

我天人交戰是否該聯絡倫敦當地的警察局。我在那個週末研究了英國當地的自殺防治熱線。我又給諾亞發了一封電子郵件，並打了更多通電話。過了一天半後，他終於傳了簡訊給我：我不會自殺。明天就按平常的時間和你談談。

諾亞在下一次療程的時間接聽我的視訊電話時，看起來並不像我擔心的那麼糟。他看起來不那麼筋疲力竭了，彷彿他終於睡了個好覺。我感到無比的寬慰，但出於複雜的原因，我也很生氣。過去幾天，諾亞讓我經歷了一場嚴峻的考驗，但我主要是對自己感到憤怒，並質疑我自己以及接受他為個案的判斷力。當我在週末與焦慮對抗時，我得出的結論是，不能再繼續過去的這種治療方式。

「我不是要結束你的治療，」我告訴他，「但你需要一些在地的幫助。如果你想繼續，我們可以繼續療程，但是前提是你要聯絡我們討論過的那家診所。你需更多我無法提供的幫助。」我用比平常更堅決的態度說話，他應該很清楚，在過去幾天他讓我感到很焦慮。

我提醒他，倫敦健康中心有無需預約的門診，隔天的晚上五點至七點就是門診開放的時段。他幾乎沒有太大的抗拒就同意去看診了。我想，他因為我的不安以及我非常確信他需要什麼幫助，而鬆了一口氣。很久之後他才告訴我，我的反應讓他第一次相信我真心關心他。

成為某個一分子

以我們共同進行的療程奠定了基礎，諾亞從診所的諮商師等人的互動獲得很大的幫助，這是遠距治療做不到的。配合診所的治療計畫，他簽署一份禁欲合約：一週不吸毒、避免性行為。他只堅持了三天，但在下次諮詢時，顧問不帶偏見的鼓勵，讓他願意繼續嘗試而不至於屈服於羞恥感（期望落空）。最後他成功維持了整整一週，而成功帶來的自豪感又幫助他節制了更長一段時間。當然，他也有退步。這是一段漫長的過程。

諾亞每週也會參加團體活動，但他態度冷漠，還會在我們的療程中諷刺那些失敗者。我幫助他理解，他又退縮到優越感和蔑視之中，這是他逃避羞恥感時的防衛機制。當他終於在某次小組活動中分享自己的故事時，他哭了，這讓他自己也很驚訝。從其他小組成員那裡得到的同情與支持，對他來說是一種全新的體驗。活動結束後，幾位小組成員邀請他和大家一起喝咖啡。

「我想，我是這群失敗者中的一員。」他微笑著告訴我。他聽起來並不冷漠或輕蔑。我們都知道，他很高興可以找到歸屬感。

第10章 當逃避成慣性

我們所說的社交焦慮（social anxiety），有許多的狀況其實更應該被描述為羞恥感焦慮（shame anxiety），即因為非本意的暴露而激起對羞恥感的害怕或恐懼。正如沃姆沙爾瑟所寫，「羞恥感是一種特定形式的焦慮，是由預期之外的暴露、羞辱和拒絕的危險逼近而引起的。」羞恥感焦慮預示著即將出現的威脅，而焦慮的人會藉由避開他們感到過度暴露的情況，來克服這種威脅。

這幾章介紹的案例研究，呈現出那些無所不用其極在逃避羞恥感的個案，他們努力逃避羞恥感卻讓他們無法建立關係和實現目標。但大多數人也都經常會盡量減少暴露在情感的羞恥家族中，當然人們會如此，尷尬至少就會讓人感到不舒服，而羞辱則會讓人極其痛苦，因此試圖逃避羞恥感是正常且可以理解的行為。莉茲（第7章）、迪恩（第8章）和諾亞（第9章）所依賴的防衛性策略，與所有人時常會採取的方法幾乎只是程度和強度不同而已。

請思考以下日常生活中的場景子，你可能對幾個不陌生：

- 參加社交活動時，你會預測其他賓客是盛裝打扮還是穿著隨意，來考慮自己要穿什麼。
- 雖然你已經花了好幾天在計畫向新朋友提出邀約，但你試著聽起來隨性且非計畫性。
- 你決定不參加一場大型派對，因為不認識其他參加派對的人。
- 你在員工會議上沒有發言，因為你是新人，還不清楚團隊的互動模式。
- 你克制不講那個粗俗的笑話，因為聽眾給你的觀感有點保守。

調整我們的行為以避免無回應的愛、排斥或非本意的暴露的經驗，往往是可以理解的，而期望落空的羞恥感則會讓人痛苦，所以我們常會想辦法規避它。只要我們的努力不會妨礙我們建立關係和追求重要的目標，試圖逃避羞恥感並不是什麼病症。但正如這些案例研究所呈現的，無所不用其極去逃避羞恥感，通常會讓人孤立且會阻礙自尊的發展。

當然，逃避羞愧的期望也可能會鼓勵人們從眾。了解羞恥感演化發展為強化群體價值觀和促進部落生存的一種手段，我們就可以理解從眾的道理。在大環境鼓吹為了逃避羞恥感而從眾，可能會促進共同價值觀而強化社群意識，但這些價值觀的定義如果過於狹隘，則會扼殺個體性。

即使在限制較少的社會中，感到羞愧的機會也比比皆是。每當尋求與其他個體接觸、在團體的情境中表現自己、設定目標或表達願望時，我們就冒著可能經歷羞恥感的風險。前面的案例研究描述了那些努力逃避核心羞恥感的個案所使用的策略，但所有人在日常生活中，也都會努力去減少日常且普通的羞恥感，而面臨著同樣的這些問題。

舞臺焦慮：「我覺得你看起來」

雖然有一些極度自信（且有時是自戀的）的人確實喜歡成為目光的焦點，但許多人在成為團體關注的對象時，偶爾都會有從輕微到強烈程度的不適。莉茲的父親因登台恐懼而大受影響，但大多數演員、音樂家或其他類型的藝人都有某種程度的舞臺焦慮。即使成功的演講者，也可能會在向一群聽眾演講之前感到焦慮。我們通常將這稱為表演焦慮（performance anxiety），如布魯柴克所說，「羞恥感焦慮會是一個更準確的術語。」

如果觀眾不喜歡我的表現怎麼辦？

如果我忘詞或犯錯怎麼辦？

如果我顯得很蠢或能力不足怎麼辦？

為了避免羞恥感，有許多（甚至也許是大多數）人，一開始就不會讓自己站上舞臺，這不是病態的症狀。除非你強烈渴望出現在舞臺上，否則將你的精力花在其他沒有太多羞恥感風險的事情上，是很合理的。有些人輕易就可以把令人失望的表現拋在腦後，但在一群觀眾面前表現得不夠好或不夠格，卻會讓大多數人都很尷尬甚至是羞辱。

多年來廣播節目和電視節目，讓我大致習慣了鏡頭，還有現場接聽廣播聽眾的電話。即使問題熟悉，但是每次在上台之前我總是會感到或多或少的焦慮。我每一次的公開露面，都是冒著難堪或顯得措手不及的風險（非本意的暴露）。到目前為止，焦慮並沒有阻止我在這些場合露面，但我知道，這種輕微的恐懼永遠會是我的經歷的一部分。

在課堂上或是在會議上做報告，通常會激起一定程度的焦慮。我們自然想要留下好印象。我們會希望贏得老師、同事、老闆或同學的敬重。由於擔心自己可能會顯得不足（期望落空）或讓自己難堪（非本意的暴露），我們有時會逃避可能會導致羞恥感的情況。在工作中，我們可能會保持低調，克制不要表達意見，可能會拒絕接下重任，或是當團隊中的其他人拿著麥克風站在舞臺前時，我們會選擇待在幕後。

再說一次，這一切本身都不是病症。只有當表演焦慮或對羞恥感的恐懼，阻礙我們實現重要的目標時，它才會是問題。逃避讓我們對自己感覺更糟。這是一個惡性循環，強烈的表演焦慮會導致我們逃避羞恥感，從而又造成更多的羞恥感。

高夫曼（Erving Goffman）的經典社會學研究《日常生活中的自我表演》（*The Presentation of Self in Everyday Life*），將兩個人之間的面對面互動類比為一場舞臺表演，在兩個情境中，個體都會調整自己的外表和行為，以引導另一方形成印象。根據高夫曼的說法，每次我們在與其他人接觸時，我們都會透過改變自己的外表和舉止，來控制或引導對方對我們的印象，且通常不會意識到我們正在做這些事情。而同時，其他人也會以類似的方式去行動，試圖藉由我們的表現來獲取關於我們的資訊。

高夫曼認為，想要避免自己以及他人尷尬的期望促使我們採取這些行為。從這個角度來看，所有的社交互動可能都和某種程度的表演焦慮有關，且背後的動機是渴望逃避羞恥感。

羞怯是性格，還是一種保護

坎恩（Susan Cain）在《安靜，就是力量》一書中描述，有些人的內向是因為性格如此，而不是因為低自尊。他們非常樂於在別人講話時傾聽、花時間獨處，以及進行創意性活動。莫蘭（Joe Moran）也指出，對於這些人來說，羞怯可能是個人的本質，而不是會阻礙個人發展為理想模樣的特質或抑制因素。

然而，正如莫蘭所觀察到的，對於許多其他人來說，羞怯「通常是被動反應和為了控制損失：擔心別人也和我們一樣不認同我們，我們的目標往往是不要犯錯、避免責難，而不是追求讚賞。」害羞、局促不安或過於顧慮他人而不自在，代表我們時時在警惕「被羞辱的風險，且此風險被認為持續存在。」換句話說，當羞怯變成一種決定性和普遍存在的個人特質時，反映出的是為了避免非本意的暴露的羞恥感而持續努力，就像我的個案莉茲一樣。

許多原本自信的人，在特定情況下也可能變得害羞，例如在面對一群陌生人時，他們往往會變得比在熟悉的人面前更為保守，也更少表達自己。或是例如，想像一下你參加一個大多數人你都不熟的派對。你可能會比平常更不自在，並且不像對親近朋友那樣的熱情。這種拘謹似乎很自然，充分了解朋友群且對友誼有肯定感時，你就會不受限制地展現自己的個性，但在還無法判斷自己在新群體之中的安全感時，你自然會調整行為，以避免非本意的暴露或被排斥的羞恥感。

出於同樣的原因，有許多人在邀請某人去約會時都會變得害羞。這個階段還談不上無回應的愛，但是感受並表達出對另一個人的興趣，就是冒著不會得到回報的風險。雖然我們在與朋友相處時很活潑、很投入，但在可能的戀人面前我們會變得保守。在尋找可以踏出下一步的明確歡迎訊號時，我們可能也會多方下注，且表現出的好感會低於實際的感受，因為約會的世界充斥著許多體驗到羞恥感的可能性。

約會應用程式的其他作用，也包括可以幫助用戶淡化羞恥感、避開強烈的羞恥感經驗。

即使你對某人的個人檔案表示感興趣，而對方卻沒有回應，你也可以迅速接受結果，並轉而追求另一個對象。有許多人都透過使用這類的應用程式來建立連結，並培養長期關係。但是其他人則像我的個案諾亞，迷失在淺薄交際的世界中，透過膚淺和短暫的一夜情來逃避羞恥感的可能性。與此同時，這類的防衛性行為往往會導致相應的羞恥感，因為我們違反了我們的價值觀與可接受的行為。

拖延症：美夢之所以不成真

出於各種原因，許多人拖延的時間都超出了他們的意願，或無法完成他們的創作。有一些人是被無情的完美主義所阻礙。其他人則是對長期辛苦投入創作和修改的挫折容忍度較低。還有一些人像莉茲一樣，因為害怕羞恥感的可能性，而陷入了藝術障礙（artistic block），完成一件作品並將其公開時，你難免會有羞恥感（期望落空、非本意的暴露）。這些人下意識地相信，只要從不完成且不公開作品，他們就永遠不必經歷羞恥感。

正如迪恩的例子一樣，這些障礙常常與誇大的幻想並存，並也會因此而變更嚴重。我的一位個案只懂基本的音樂，雖然她一再下定決心要好好練習，但卻很少付諸實行，她總是幻想自己是未被發掘的天才。（彷彿《傲慢與偏見》的伯格夫人，她確信只要她能學會彈琴，就可以變成「精通鋼琴的專家」。）誇大期望會讓恐懼羞恥感變得更嚴重，而其中一種反應是陷入永遠處於構思和執行計畫之間的不確定狀態。另一種反應，則是一直做一些小改變，而不去執行計畫。

你是否曾立下重大的目標，卻未能付諸實行，也許是開始新的副業或創作的事業——似乎能在業餘時間處理而不用擔心，但你卻讓它逐漸凋零並消失。行動停擺的原因有很多，但逃避羞恥感往往是其一。這種對失敗的恐懼，反映出對於因為期望落空和非本意的暴露而產生羞恥感的恐懼。

並非只有作家和其他藝術家有這困擾，有許多人都很難如期完成作業或工作任務。再次強調，羞恥感只是造成這種困難的一個因素。對羞恥感的恐懼使得人們拖延時，他們承受壓力，到最後一刻才會動工，然後匆忙寫完論文或臨時抱佛腳去參加考試。拿到中等的成績後，他們又會告訴自己，反正只要有準備成績就會好很多，從而減輕羞恥感。

你聽起來很熟悉嗎？

我有一位個案當時失業了，他覺得申請和面試職缺的前景非常有威脅性，以至於他花了很多天、甚至是幾週的時間，才完成應徵申請。這時候這些職缺往往都找到人了。除了拖延和躲避申請本身之外，他還反覆修改求職信和履歷，力求完美。這位個案在與畢生的強烈羞恥感對抗，他經歷過幾次嚴重的職涯挫折，而害怕在工作申請的過程遭遇到更多的羞恥感。

當然，投入於某項計畫並盡最大努力去完成時，面臨羞恥感的可能性是最大的，但這也會讓我們有最大的機會去贏得自重，我將在本書的第三部說明這個部分。

漠不關心與蔑視

就像迪恩放棄了所有的野心。對於期望落空的羞恥感感到恐懼，可能會讓人變得缺乏動力、無法規畫未來或心慵意懶。不抱期待，就不會失望。

對約會或建立友誼明顯缺乏興趣，背後的原因也可能是對羞恥感的恐懼。許多人都是因為無法表達出對他人的興趣，而變得社會孤立。他們不願面臨被拒絕的可能性（無回應的愛）而成為孤獨的人或工作狂。當人際接觸的渴望，對他們造成強大的威脅性時，他們就躲到漠不關心的保護傘之後。

大多數人即使不常，但也偶爾都會藉由漠不關心來逃避羞恥感。你是否曾經因為自己對另一個人的好感只是單方面的情感，而將其隱藏起來？在發現你沒有受邀參加朋友的派對時（被排斥），你是否曾表現得若無其事？在發現另一位同事取代你升職時，你是否曾經說過「反正我也不想要這份工作」？大多數人都曾在某個時候表現出漠不關心，藉此減輕羞恥感。

冷漠的態度背後是優越感，有時會交雜著輕視。迪恩認為自己的躺平生活方式比朝九晚五的工作更優越，接著在他好友開始工作時瞧不起對方。儘管諾亞渴望有一個共同的家，且家是一段承諾關係的其中一個象徵，但他卻貶低異性戀者，並堅持少了毒品的性行為很無聊。在服用藥物而感到飄飄欲仙時，他感到狂喜，覺得自己身處在一個向下看著普通凡人的高處。

冷漠表示代表渴望，蔑視則是更進一步堅持，自己所渴望的東西其實沒有價值，因此不值得渴望。莫蘭本人也是害羞的人，他認為「**讓許多人保持羞怯的原因，是我們內心的自負**，我們認為很多社交對話都只是空洞的儀式，只是為了填補尷尬的沉默。」他也談到，「害羞的人可能會有種奇怪的過度自信，覺得自己是在逃開社交生活的空談與假話。」害羞的人也像其他人一樣，渴望人與人之間的連結並渴望成為社群的一分子，當缺少歸屬感的痛苦累加，他們可能會以傲慢和蔑視的態度來逃避這個排擠自己的世界。

不依常規的的青少年在被同儕排擠時，有時也會躲在優越感和蔑視的保護傘之下，而把受歡迎的孩子當成是傻妞或蠢蛋。就像我的個案諾亞一樣，覺得自己是局外人的男同性戀有時會輕視排斥他們的異性戀（飼養員）世界。許多人都會想辦法貶低那些讓自己感到自卑的人，他們會用諸如「書呆子知識分子」、「雅痞敗類」等貶低的綽號還稱呼那些人。

伊索寓言裡面那隻狐狸，將牠得不到的葡萄說成是酸葡萄，而我們大多數人可能會在某個時候也都跟這隻狐狸一樣。在我們感到被排斥、自卑、不受歡迎或未能達到想要的成果時，都會用漠不關心和蔑視來逃避羞恥感。

當療癒變成依賴

比起經營感情更偏好一夜情或隨意的性行為，是因為這樣可以將羞恥感的風險降到最低。這種不帶個人色彩的連結剝奪了對方可能引起羞恥感的情緒立場。對方永遠不會了解你，也就無法評斷你的缺點。只要沒有情感投入，就永遠不會形成期望，而這些期望有可能導致你失望。當隨意的性行為變成強迫性行為且轉變為濫交時，背後通常是受到核心羞恥感的影響。

許多人在經歷痛苦的分手後，決定不再約會，或是頻繁換約會對象，是困在被拒絕的感覺（羞恥感）中走不出去。你可能有一些朋友，或者你自己在某一段戀愛關係很糟地結束幾個月後，仍一直說「沒有在找對象」。這種自我保護的措施合情合理的，但當它根深蒂固時，這種生活方式就可能會導致孤獨、孤立和造成更深層的羞恥感。

酒精和娛樂性藥物通常會降低社交抑制（social inhibition），換句話說，它們會讓羞恥感更容易忍受。派對的主人會提供酒精讓賓客放鬆，讓他們擺脫在陌生人面前自然而然感到的羞怯。如內桑森指出的，「酒精的主要功用之一，就是讓我們擺脫羞恥感的束縛。」在一天結束時喝一杯葡萄酒或雞尾酒，也可以幫助抵抗對自尊的打擊，而娛樂性藥物也有同樣的作用。

就像諾亞的狀況一樣，當逃避羞恥感成為一個人的中心目標時，他就可能會持續性藉由濫用酒精或毒品來面對羞恥感，來緩解痛苦。因此落入惡性的循環：我們使用我們挑的藥物來逃避羞恥感，而且常常使用比預期更多的量；一旦藥效退了，我們就會因為辜負了自己的期望而感到更加羞愧，不斷累加羞恥感讓我們再次透過藥物來放鬆。

酗酒者將這個循環稱為「松鼠籠」（squirrel cage），依賴酒精放鬆會導致羞恥感，為了緩解羞恥感又更進一步需要酒精，從而產生更多的羞恥感，依此類推。《療癒你的羞恥感束縛》作者布雷蕭，他撰寫了羞恥感與各種形式的成癮的關聯性的大量論述。他認為，羞恥感會折磨任何有強迫性或成癮行為的人，他提到的包括賭徒、工作狂、性成癮者和飲食失調的人。大多數人都有一些自己喜歡吃的食物，這些食物是我們偶爾的慰藉，也是面對痛苦和失望時，人們普遍會有的正常反應。當仰賴食物緩解成為我們的習慣時，背後的推動力量通常是逃避和隱藏羞恥感的衝動。

許多人在遭受像是失業（期望落空）或拒絕（單戀、被排斥）等挫折時，偶爾都會仰賴食物、毒品或酒精來逃避羞恥感。我們有時會形容這是借酒澆愁，通常最終可以鼓起勇敢面對羞恥感，這種行為在本質上就不是病態。但若成為一種長期的狀態時，就會變成一件需要嚴重關切的事情。

祕密與善意的謊言

許多研究羞恥感的學者都指出，「隱藏的意圖是羞恥感概念固有的本質，並且與羞恥感的概念密不可分。」也許逃避羞恥感最明顯和最常見的，是保守祕密，向可能評判或拒絕我們的其他人隱瞞真相。非本意的暴露會造成我們的羞恥感，所以我們可以需確保真相永遠不會曝光，才能避開羞恥感。

也許你曾有過像是這樣的對話。

「你有記得跟醫生改預約時間嗎？」

「今天工作太忙了。我明天早上第一件事就是打電話去改時間。」

事實上，你可能只是忘了，自己答應過要打電話去醫生的辦公室，但因為不好意思承認就編了謊言。

有時候，為了逃避羞恥感，甚至抑或是對自己否認羞恥感，我們會把注意力放在，萬一其他人知道了我們的祕密，他們必定會如我們所想的感到失望或是瞧不起我們。我們可能會想像對方是特別嚴厲或愛對別人品頭論足的人（這實際上也可能是真的）。這是心理上的花招，將焦點從我們的期望落空，轉移到對方愛批判的個性上面，讓我們不用直接面對羞恥感。

想像一下，關於看診預約的對話繼續下去，而你的伴侶惱怒地嘆了口氣。

「預約就在兩天後了，你需要我來處理嗎？」

「我跟你說過了，我白天工作的時候很忙。別再煩我了！」

當我們把注意力放在對方身上，尤其是開始將問題歸咎於對方的某些性格缺陷，而不是承認自己的錯誤的時候，我們就從原本的逃避羞恥感轉變為否認羞恥感。我將在接下來的章節中探討我們用來否認羞恥感的策略。

請見練習4，第341頁。

否認羞恥感

第11章

過度的理想自我

很討人喜歡（endearing）——我常用這個詞來形容那些會激起深厚感情的個案，有時候背後的原因甚至是難以言喻。回顧我的職業生涯，我相信在幫助那些我覺得討人喜歡的個案時，治療的成效是好的，尤其是這些個案的父母往往都不覺得自己的孩子討喜。當父母無法在孩子身上找到喜悅時，即使父母並沒有虐待孩子或嚴重疏忽，也會灌輸孩子可能持續一生的羞恥感。隨著在治療關係中發展出深刻的理解，而個案也可以感受到治療師的情感時（即使治療師不一定會表達出來），心理治療就可以發揮最大的幫助。

一開始，我就發現安娜很討人喜歡。她三十幾歲，住在休士頓，希望改善「憂鬱和自尊問題」的問題。在我們的第一次療程中，她似乎都在注意我對她有什麼樣的印象，她經常問我，她說的某些話是不適聽起來很愚蠢。她想知道，自己是不是單純心情不好，是不是只需要自己振作起來。她認為自己給人的印象是不討人喜歡的，而且她一直都對自己抱持這樣的觀感。有時，個案明顯需要幫助，會讓我覺得他們很討人喜歡，因為這會讓我也想要幫助他們減輕痛苦。

安娜人在她的個人辦公室裡，坐在筆記型電腦前，看起來身高很高，她的顴骨高、臉也很長，紅褐色的頭髮向後梳的髮型讓她看起來有點老氣。她抬頭挺胸，以背部挺直的姿勢坐著，這對大多數人來說是不自然的姿勢。雖然她在德州出生並長大，但說話沒有一絲口音。她後來告訴我，她在布林莫爾（Bryn Mawr）時努力改變自己的說話方式，也成功擺脫她天生的口音。她聽起來並不會自以為是，而是給人一種優雅且受過良好教育的印象，但同時，她在治療過程中顯得很不自在且難以維持目光接觸。

安娜有個嚴苛的「超我」，這個「超我」會不斷指出她的過錯，讓她陷入自我反省之中。自己像是騙子的感覺，不斷困擾著她，這種情況在承受羞恥感的人身上是很常見的。安娜是一名遺囑認證律師，但是她擔心同事和合夥人不喜歡她，原因安娜自己也很難說清楚。「也許是因為我沒有幽默感？」她提出。「還是因為我太緊張了？我也不知道為什麼。」

雖然安娜聲稱自己缺乏幽默感，但她給我的印象，是她很機智，經常說出尖銳但風趣的觀察，且這些評論幾乎都是針對她自己。我使用的視訊介面，下方的角落會有一個小框框顯示你自己的畫面。時不時地，她會突然把注意力放到自己的影像上，諷刺地說：「天哪，這件襯衫讓我看起來像是某個老祖母。」有時她會用敏銳的觀察力來為同事取特別的綽號：「那條蛇」、尤拉希普（Uriah Heap，英國搖滾樂團）、「受挫的布萊德．彼特」。我猜想，只有親近的朋友和家人知道她尖酸的這一面。

在開始治療前，她有好幾個月都陷入沮喪中，但她自己的說法是，她無法允許自己沉迷於這種感覺。她怕自己會成為丈夫的負擔，也因為自己對年幼的小孩很糟糕而苛責自己。她太不耐煩了、太只顧自己了，以及她竟然無法忍受兒子的需求或情緒起伏。安娜的主治醫生開給她抗憂鬱藥物，但她無法忍受副作用，尤其是無法忍受因為吃藥而體重增加，這讓她厭惡自己的身體。

在我們的早期的療程中，當我請她注意到，她以嚴厲的態度在對待自己時，她似乎因此有些許的寬慰。像她這樣一生都在嚴厲自我批評的個案，並不一定可以意識到對待自己的態度。正如我向安娜說明的，「它就像你呼吸的空氣一樣無處不在，所以你甚至不會注意到它。」我們早期的治療重點，是幫助她更意識到這股蔑視和自我批評，並開始支持自己。

大多數心理動力的心理治療師，都很熟悉這一階段的治療。在我職業生涯的早期，我會專注於處理這種無情的完美主義，那時尚未意識到完美主義的源頭，也就是羞恥感。多年後我了解到，難以忍受的缺陷和無價值感是源自於早年的人生，且會促使人們出現某種理想自我的期望。當核心羞恥感在童年時期就扎根時，為了掩飾並證明自己不完整的感受是虛假的，人們有時會躲到某種理想化的自我之中。

這股動力就是自戀的核心。成功體現出理想化虛假自我的男女，通常會以傲慢、蔑視和優越感來捍衛理想的自我。他們經常將錯誤歸咎於他人，踩在他們所鄙視的失敗者身上，來尋求勝利者的地位，且這樣的人很少尋求心理治療。

相較於自戀，安娜則是有憂鬱症和自尊心的問題，因為在她看來，她一直沒有達到期望，她相信自己原生家庭的其他成員，都有著她無法企及的成功和成就。雖然安娜最近在一家專門從事遺產規畫的律師事務所成為了合夥人，但她覺得自己是一個失敗，是一個令父母失望、死氣沉沉，沒有什麼特別之處的孩子。艾丹是父母的驕傲和喜悅，而安娜總在私下與艾丹競爭，並覺得自己毫無勝算。

安娜在小時候上過芭蕾舞課、學過小提琴，並和好幾位語言交換生學習法語。我鮮明地看到，安娜的父母想要將孩子培養成某種理想的品味高雅形象，而只有艾丹（顯然）有實現他們的理想。安娜在青少年時期很早就放棄了芭蕾，不久之後也退出她擔任首席小提琴手的州青年管弦樂團。她的父母只給她很空洞的支持，說退出也是「她自己的選擇」，但她知道父母不認同這項決定。從那以後，她也幾乎忘掉了學過的法文。

安娜顯然過著很不快樂的生活。她偶爾會因為兒子而感到高興，但是每當這樣的感受出現，她都會哭泣，因為擁有正常的母性感受讓她感到很寬慰。她熱愛音樂，但很少抽出時間去聽音樂。唯一讓她感到平靜、卸下期望重擔和失敗感的地方，就是瑜珈教室。她給我的印象，與「新時代族群」相去甚遠，但她對瑜珈充滿熱情，也經常為此感到自私和內疚。她每週都會擠出時間去上兩次課，通常都是在她早上進辦公室之前。

安娜的美好家庭，如此美好

安娜的父親早年曾在華爾街擔任企業律師，然後轉換跑道加入公司的其中一家客戶，並搬到新公司總部所在的休士頓。據安娜說，他最終升到資深副總經理，年收入接近一百萬美元。母親則是有娘家留下的資產而不用工作，她擔任交響樂和芭蕾舞團的董事，投身於幾個備受矚目的慈善機構，並負責經營安娜家人脈廣闊的社交生活。安娜家在紐約市擁有一座臨時寓所，以奢華的方式到處去旅行，並結識了當地與曼哈頓的許多知名人物。

「聽起來妳很敬佩妳的父母，」我說。

「他們很令人嚮往，與我枯燥乏味的工作完全相反。我的工作是？你可別太期待了，答案是遺產規畫。」

她的哥哥艾丹是投資銀行家，和他的法國妻子莉莉安住在巴黎，莉莉安「漂亮得驚人」，擁有索邦大學的比較文學碩士學位，能流利地說四種語言。艾丹和莉莉安過著奢華的生活，在巴黎十六區擁有一間大公寓，在尼斯附近也有一棟避暑別墅。艾丹和莉莉安沒有小孩，而安娜的爸媽常去法國旅行，還會和艾丹和莉莉安一起玩遍歐洲。安娜和丈夫丹與父母住在同一個城市，但卻鮮少見面。

「他們對丹不錯，但是他們覺得他很無聊，」安娜告訴我。「他們比較希望我嫁給賽斯。」

安娜在大學時認識了賽斯，並在東海岸就讀法學院時斷斷續續與他交往了幾年。她很少向父母介紹自己的男友，擔心父母會不贊同。最終她與賽斯一起飛往休斯頓拜訪父母時，她原本很擔心父母對賽斯的印象，還指導他該如何表現、要避開哪些話題，以及哪些見解可以贏得父親的好感。賽斯成功留下好印象，超出了她的預期。

「比起我，他們甚至更喜歡他，」安娜說。「他們在知道賽斯賣出小說版權時，他們欣喜若狂的程度可能會讓人誤以為，簽下版權的是克諾夫那種老牌的出版社！我告訴你，那天我確實加了一些地位的分數，我自己可能讓父母失望，但至少我在挑選男友方面有很好的品味。賽斯的魅力讓我看起來不那麼土了。」

魅力與乏味的主題貫穿了我們的療程。安娜是那個單調且平凡的孩子，所以不討人喜愛。艾丹、莉莉安，甚至賽斯都是魅力四射的人，而值得所有的關注和讚賞。

這次拜訪以後的幾年裡，安娜越來越覺得自己在與賽斯競爭。賽斯的書出版時，安娜的父母廣邀自己的朋友，在休士頓辦了場活動。那些老朋友都會告訴她，他們「聽過許多」關於賽斯的書的事情，有時甚至還看過這本書。在賽斯陪安娜回家時，她常常不小心將賽斯叫錯成艾丹，（她認定）他們都在與她爭奪父母感情，而她在回到紐約後通常會感到憤怒和沮喪。

賽斯可能是一位很有前途的年輕作家，但卻是一個很糟糕的男友。迷人但以自我為中心，偶爾會不忠，經濟上也不可靠。安娜告訴我，和賽斯的性愛是她這輩子最好的性愛經驗，他總是充滿熱情、富有新意且不受拘束。但他也很喜怒無常，動輒陷入嚴重的憂鬱之中且會持續數週，在這種時候兩人的性生活就會停止。安娜此生其中一個更健康的抉擇，就是和賽斯分手、離開紐約，最後找到一位狀態更穩定的伴侶結婚。

丹在高中教英文。據安娜說，他這輩子只做過一件刺激的事情，就是參加和平工作團（Peace Corps）而在摩洛哥工作了兩年。丹是一個熱情的自由主義者，他深切關心許多議題，尤其是貧困和幼兒教育。在我看來，丹很愛他的妻子和兒子。安娜的工作時間較長，所以丹也分攤了家務，以及承擔更多做飯和照顧孩子的工作。安娜不想洗衣服，因為這讓她覺得自己很失敗，但是丹不介意多做家活。她想學父母一樣把衣服送洗，但丹堅持這是在浪費錢。

安娜心中矛盾，一方面很看重丹的穩健，另一面卻與父母站在同邊，看不起丹。雖然她從未說出這些觀感，但她經常在心裡嘲笑丹的完全沒有風格、過重的體重，以及地位低下的工作。她也為兩人的性生活感到羞恥，兒子出生後兩人都分身乏術，而沒有性生活。

與父母共度時光只會讓安娜對自己的婚姻感覺更糟。她的父母已經六十幾歲了，仍然外表亮麗，在一起多年後仍然受到彼此吸引，體現了她和丹沒有的一切。

聽到這裡，我這樣說過：「我聽說在奧林匹斯山上眾神的性愛也很棒。我們這些住在地面的人實在太無趣了。」

這個比喻讓她笑了，但並無法讓她感到放鬆。這種理想的父母過著理想的生活的印象，給她帶來很大的困擾，她只能在卑微的平庸中辛苦地前行。從那時起，我們經常使用奧林匹斯眾神對比單調的凡人，作為我們之間的表達方式。

「他們甚至不喜歡我的孩子！」安娜大喊。「爺爺奶奶不是應該疼愛自己的孫子嗎？每次我請我媽幫忙顧尼克，她都需要和某位專欄作家共進午餐，或者要去參加某個不能錯過的盛會。他們幾乎總是可以找到藉口來錯過孩子的生日派對。」

「小孩子的事情對他們來說太簡單了！」我說。有時安娜對父母的這些描述，也會激出我的嘲諷的那一面。「他只有兩歲。只要他別太無聊，等他長大了，你的父母就會感興趣的。」

與其他人不同的是，安娜的父母一直將他們的孫子尼克稱為尼古拉斯。

她的父母不曾忘記生日，會在聖誕節時送貼心的禮物，為丹和安娜支付他們無法負擔的幼兒園費用。雖然他們對安娜在情感上有所不足，但給人的印象是很迷人的人，只要你對他們要求不多，就會覺得他們思慮周到、博學且口才出眾。我也認識其他像是安娜父母的這種人，他們都是大家會很樂於社交互動的人，但同時也都是很糟糕的父母。安娜的機智和洞察力，在很大程度上是歸功於她成長時的文化氛圍。

假期變調

在治療的第一年裡，我們理解了所謂的「理想的安娜」，如何侵蝕她的自尊並破壞她的關係。隨著時間過去，她逐漸學會重視現實而不是理想，但是每當她花時間與父母相處後，就會出現週期性的退步。針對她父母很完美的這個觀點，我的挑戰都沒有什麼成效。

安娜某一次出現在我們的療程時，看起來既興奮又緊張。「我們要去法國！」她告訴我。這將是她們一家人多年來第一次真正的假期。因為丹作為教師的收入並不高，而且孩子還年幼，出國旅行也不太可能。但是現在，她的父母願意出錢讓她全家飛往尼斯，她們會在艾丹和莉莉安的尼斯別墅度過一週，這是全家人多年來第一次聚在一起。

「這聽起來是不是很棒！？」安娜問。這似乎是這段時間以來她最激動的樣子，她的背部挺得比平常更直，肩膀抬起而緊繃。她熱情的微笑看起來很勉強。

「對我來說，這聽起來像是一場噩夢，」我說。「與奧林匹斯眾神、偉大的艾丹和通曉多種語言的莉莉安一起度過整整一個星期。我們不是有談到，你和丹想找時間一起獨處嗎？前幾天你不是才說你需要休息嗎？」

安娜看起來明顯放鬆了，但她的笑容也消失了。她發現自己難以放棄假期。

「我本來想問莉莉安，可不可以有一晚是讓我和丹自己度過，但是她給了我一份行程表，上面列了所有我們可以和尼克一起做的活動。我想她也知道需要讓小孩子有事情忙，而且我們只需要她幫忙顧小孩一個晚上，我想她不會介意的。」

免費的法國南部旅行如此誘惑。我提出她可能讓自己暴露在有害的環境中，但是這些建議的效果甚微。在去度假之前的最後一次療程，她似乎非常興奮卻又遙不可及，彷彿在逃避她所知的，那些自己和家人互動的一切。我們的療程是在星期四下午，而她們是當晚的班機出發。在接下來的大約兩週，我們都不會進行療程。

在週二，也就是距離我們上次療程五天後，我就收到了安娜的電子郵件，她問是否可以盡快安排一次療程，且最好是在當天。她告訴我，不用顧慮時差，只要是我有空的時間，她就會上線跟我面談。她顯然很絕望，所以我們約了法國半夜的時段。

當她在約定的時間出現在螢幕上時，看起來比我見過的任何時候都更心煩意亂。她的神色憔悴，面容削瘦且面帶焦慮不安的神情，且很顯然有哭過，因為她的雙眼都紅了。

「妳看起來就像經歷了一場夢魘，」我說。她突然開始流淚。從她們抵達尼斯的那一刻起，一切都出了問題。安娜的父母答應來接機，所以她們從登機口出來後就急切地在接機的人群中尋找，卻遍尋不到她的父母。長途飛行後，尼克精疲力竭且變得很煩人。丹在離開休斯頓之前申請了國際手機漫遊，但兩人都無法撥打電話。安娜突然對尼克動怒，發出憤怒的低吼聲叫他安靜。她也指責丈夫沒有申請好國際漫遊。她感到全身發熱，且疲憊、羞愧和憤怒。

丹終於在手機上收到了安娜父親發來的訊息，他的手機因為某種原因成功連到當地營運商的數據服務，但仍無法進行語音通話。

午餐吃太久了！搭計程車，會再給你們錢。

安娜感到受傷、被遺忘和被排除在外，且這種感覺在接下來的幾天裡只是越來越強烈。她的父母在一週前抵達法國，在巴黎待了幾天，此後一直與艾丹和莉莉安一起度過「美好的時光」，他們在最喜歡的尼斯餐廳吃晚餐、去坎城參加音樂節，以及去沃克呂斯一日遊，還在當地最新獲得米其林指南一星的餐廳吃午餐。安娜覺得父母、兄弟和嫂子之間有很緊密的關係，他們有著共同的興趣，而這些興趣將安娜的家庭排除在外。

「我覺得自己很失敗，」安娜告訴我，聲音聽起來既不滿又憤恨。「試圖在尼克小睡期間安排活動——噢不好意思，那可是『la sieste de Nicholas』，是偉大的尼古拉斯在小睡，對每個人來說都很明顯造成了不便。順便說一句，他們總是在說法語，或是交雜說英語和法語。我提議所有人一起去遠足，也沒有人想去，這明明是莉莉安列的其中一項活動。我媽真的非常體貼，她說：『別因為我們不去，你們就不去了。』沒有人關心我們的狀況，也沒有人想和尼克玩。我真希望我沒來這趟旅行。」

我為此感到抱歉。沒有人喜歡聽到「我早就告訴過妳了」，當然我也沒有這麼說。

「然後你知道嗎？」她繼續說道：「他們在巴黎的時候和賽斯共進晚餐！他的新書即將在法國出版，我猜他在那裡做一些宣傳活動。他們沒有說出口，但我知道他們在想什麼：『妳應該要嫁給賽斯。這本來會是妳的生活，妳沒有在巴黎參加賽斯的法語版小說的上市活動，Quel dommage，真是太可惜了！』」

安娜從來都不是會在說話時交雜法語的人，她講法語一部分是出於嘲諷，同時也是為了融入排斥她的那個雙語小圈子。

促使她聯絡我的事件，就發生在那天早上稍早，當時她默默走下樓，無意中聽到其他人在廚房裡說話。安娜沒有明白告訴我，但她不動聲色地靠近廚房很明顯是為了偷聽，而這也驗證了她的擔憂。艾丹和莉莉安以及她的父母，正在低聲討論她養育孩子的不足之處。

「你會覺得，好像在她之前都沒人生過小孩一樣。」

「為什麼她要滿足小孩的每一個想法？」

「不管怎樣，大部分的事情都是可憐的丹在做，那她為什麼還壓力這麼大？」

「她顯然不適合當母親。」

聽到別人用難堪的措辭在討論自己時，任何人都會感到羞辱。安娜的震驚感覺就像是她的身體上真切出現傷口。這也讓她大怒。她走進廚房，指責地看著一張張的臉。

「你們在說我，」她說。

不出所料，沒有人表現出絲毫悔意。安娜記不清他們到底是怎麼說的，但他們很快就扭轉局勢，說這是安娜的問題。安娜誤會了，她過度敏感，為什麼她要像個可悲的抓耙子一樣偷偷摸摸在門外偷聽？安娜氣得說不出話來，她逃離了廚房，回到臥室，這天剩下的時間都關在房裡到晚上。最後她透過電子郵件聯絡我。

接下來我和安娜都在擬定退路。我向她強調，為她自己、丈夫和孩子建立屏障以抵禦蔑視的重要性。儘管負擔不起，安娜和丹仍在二十四小時之內找到一家尼斯的旅館，她們家自己度過了剩餘的假期。

普通人安娜

這趟尼斯行是關鍵，它證實了我們在治療時所發展的觀點，並給予安娜推動更大改變的動力。雖然我們有許多解析都是關於她對父母與哥哥的美化，對她的自尊造成的傷害，但她仍持續美化他們。這趟災難性的假期，終於鬆動理想化對她的心靈箝制。回到休士頓後，安娜疏遠了父母並與丹關係更親近，她開始比以前更看重丹的務實特質，也更注重生命中真正有意義的事物，而不是掙扎著總是想要當「理想的安娜」。

隨著尼克長大，安娜也覺得養育小孩變得更容易了。我常常看到那些因為養育嬰幼兒而不知所措的父母會發現，隨著孩子年齡增長自己在照顧孩子時也更游刃有餘，他們發現自己更有耐心，而會如釋重負。對安娜來說尤為如此，隨著安娜父母批判性與富有品味的觀點不再影響她，她也變得更包容與容忍尼克孩子氣的行為。

安娜也越來越意識到，她討厭自己的工作。為了得到父親的認可，她在幾年前追隨他的腳步成為律師，但後來選擇專攻的卻是她鄙視的法律領域。安娜並不討厭遺產認證法條，但覺得很枯燥且過於程序化，而在工作多年她也意識到，自己看重的是工作中的人際互動，這包括與客戶面談、幫助客戶評估目標，見證影響人們選擇的家庭恩怨與對立，但是這對她來說還不夠。

經過幾年的治療後，安娜決定離開法律領域。她參加了瑜珈師的培訓課程，最後開了自己的工作室。丹很支持她的選擇，但她的其他家人都認為她失去理智了。她很喜歡新工作，丹在她的工作室陷入困境時接手負責營運，發揮出讓她感到驚訝的管理能力。他們一起在休士頓地區開了另一家瑜珈教室，然後又開了第三家瑜伽教室。丹最終放棄教師的工作，全職管理這個不斷成長的「瑜伽帝國」。

賽斯在休士頓進行新書巡演期間，聯絡了安娜，兩人一起喝了咖啡。她有好幾年沒見過賽斯，她說賽斯的狀況「像是在地獄」。賽斯已經第二次離婚，正在面對酗酒與憂鬱的問題，他一邊喝咖啡，一邊向她傾訴自己的煩惱，並流下幾滴自憐的淚水。雖然她為賽斯感到難過，但她也承認自己有種如釋重負的喜悅感。如果她按照父母的期望嫁給賽斯，現在她的生活就會是賽斯留下的一部分殘骸了。

若說安娜再也不曾因羞恥感與自我憎恨所苦，可能會讓讀者誤會。事實上，每當安娜聽到父母令人嚮往的事蹟，或是艾丹最近的成就時，她就很容易偏離對她來說最重要的事情。她可能會放棄抵抗那股自己的人生很失敗的感覺，並再次回到認為從前的狀態，認為她的人生與奧林帕斯眾神相比很無聊，且一事無成。那股冷酷、自我批判的聲音，從未完全消失。

但最終安娜都會把自己從絕望中拯救出來，有時是靠著丹的幫助。她會在工作中找到喜悅而恢復，並再次為自己和丈夫共同的成就感到自豪。雖然「理想的安娜」仍占據一角，但她已學會欣賞自己作為一個平凡、單調的安娜，和所有其他有缺陷的凡人一起生活在地球上的感覺，有多美好。

第12章 優越感與蔑視

在透過專業論文向同儕分享案例，或者寫面向大眾的著作時，治療師通常都會訴說成功的經驗，用最好的方式展現出自己的工作。當然，治療的成果常常不如預期，而且失敗的頻率比我們願意承認的還更高。有時是無法與個案建立情感連結，有時理解有限導致我們無法幫助個案，有時是治療師犯了重大的錯誤，而有時，是個案的防衛心在積極阻撓治療師提供見解與情感支持。

我認為在本章描述的這個案例反映出所有的這些失敗。同時，這個案例也說明了與極其否認羞恥感的個案合作時所面臨的挑戰。我從不覺得迦勒像安娜（第11章）那樣討喜。他的傲慢與蔑視有時甚至會令人反感，且他如此堅決地拒絕正視自己的脆弱，讓我很難與他建立更深層的連結。結果是我有時會太早介入或者做出過於武斷的解析，這可能是因為我想要動搖他對我的貶低態度。我在職業生涯的那個階段也還不明白，他的核心羞恥感會如何驅動自戀型防衛。

我接受過精神分析的客體關係（object relations）訓練，這個學派將嬰孩時期與母親的關係視為大多數心理問題的根源，它把重點放在無助且只能依賴他人來滿足需求時，嬰兒會有的感受。照顧者「做得夠好」時可以激發嬰兒的信心，至少在大多數需要他人的情況下，嬰兒都可以信任這些照顧者。然而，根據客體關係理論，若是你在早期時的需求與依賴經驗出現嚴重的偏差，你就會對這類需求的意識產生防衛心。

否認作用：我不需要任何人。

投射作用：你才是需要幫助的人，不是我。

你可能會逃到一個不切實際的幻想中，認為自己擁有所需的一切，或試圖支配並控制你所依賴的對象，這樣你就不會再感到無助。

我現在在工作上，比較少把重點放在上述因為需求而出現的防衛機制，更多是把重點放在藏在自戀中心的羞恥感防衛機制。自戀型防衛（narcissistic defense）反映了一個人澈底否認羞恥感。這不是源於自我覺察後的選擇，而是源於在潛意識以及終其一生都在抗拒接納感到有缺陷、醜陋、低人一等、不值得被愛的那個自我。自戀者向世界展現出的傲慢，與比他人優越的個性，是在同時向自己與他人掩藏自身的強烈羞恥感。與我在前面幾章討論的個案不同，你幾乎完全不會看到迦勒的羞恥感。

迦勒快三十歲，是正在受訓的治療師，在社區身心診所工作，我偶爾會幫忙監督這家診所的實習生。雖然沒有規定他必須要做個人治療才能取得學位，但這家診所強烈建議學生接受個人治療。這是因為初出茅廬，與個案的第一次接觸通常會激起非常強烈的情感，以及會挖掘出他們的情感問題。在和我一起做治療之前，迦勒從未做過個人治療。診所的主任建議迦勒接受治療時，他拒絕了好幾個月，是主任堅持，他才同意過來。

在迦勒打電話聯絡我之前，一次診所主任私下告訴我，迦勒在實習生裡不受待見。他會在員工會議與團體督導時，以屈尊的態度對待同事、批評他人的工作，不斷想要展現出高人一等的觀察力。在團體與個人督導中，心理動力心理治療訓練的實習生，會依紀錄逐行講述治療的過程。這些紀錄往往是參考記憶整理而成，而非以錄音檔為根據。當小組的其他實習生念他們的紀錄時，迦勒經常強調發表者漏掉了哪些內容，然後堅持他認為該分享的內容。迦勒也會與小組的主管競爭，在被其他實習生以及小組主管多次投訴後，主任給了他幾位可以聯絡的治療師名單。

我想沒有治療師會因為缺乏經驗而被選中，但是我在幾十年後才意識到迦勒之所以選我，可能是因為我是最年輕的。我只比迦勒年長七、八歲。他競爭心很強，可能是想選一位他的經驗程度可以挑戰的治療師。從我們一起進行療程開始，迦勒就一直想讓我顯得很沒用，且無法提供他任何有價值的幫助。

大多數人都會對陌生人產生第一印象，治療師也不例外。診所主任對迦勒的描述，已經影響了我的他的想像。我在治療的第一天打開候診室的門時，迦勒正在讀一本我放在候診室的《新共和》（*The New Republic*）雜誌，旁邊還有其他幾本報章雜誌。當我打開門，迦勒不像其他個案那樣立即抬起頭。他的目光盯著書頁，猶豫了幾秒鐘，彷彿讀完那個特別的段落才是對他最重要的事情。當他終於抬起頭時，他的臉上是淺淺的笑容。

「布爾戈醫生，」他說，一邊從椅子上站起來。從他稱呼我的語調，散發出居高臨下或是諷刺感。

迦勒的身材高大且體態健美，肩膀很寬，這天他穿著卡其色褲子、平整的白襯衫，繫著一條深藍色條紋、底色鮮紅的領帶。他俐落的金髮，隱約有種軍人的樣子，而他筆直的身姿更是凸顯了這種氣質。（我後來在那次療程中了解到，他曾在軍隊服役過。）他微微令人緊張的氣場令人印象深刻。

我伸出手，他與我握手時很快握了一下就鬆開了，幾乎沒有握住我的手。他經過我身旁走進我的辦公室，悠閒地環顧四周，彷彿在評估我的品味，然後坐到我對面的個案椅上。他把右腳踝放在左膝上，露出淡淡期待的表情。

「那麼，告訴我你為什麼來這裡。」我說。

迦勒表情嚴肅地點點頭。「當然了，是路易斯醫生建議，做一些個人治療會有助於我的工作。」

「那你呢？你覺得這會有幫助嗎？」

「我願意試試看。」又是淡淡的一笑。

和迪恩一樣，迦勒也不是自願接受治療的個案，至少並非完全出自他的意願。我對於我們一起進行治療是否會有成效，也抱持著懷疑。

我問了迦勒的家庭背景。他很樂於回答問題，但回答之簡潔幾乎就像他在幫我整理。我要到很久以後，才能夠清楚意識到這種觀感。但是我當時對於像迦勒這樣不帶痕跡的貶低態度，沒有太多的處理經驗，所以有點不自在，也不太能與他建立連結。

搬不上檯面的出身

迦勒在南方的鄉村長大，來自一個功能失調的大家族，他在介紹家族時帶有明顯的不屑。他的叔叔、阿姨、表兄弟姊妹、兄弟姊妹，都是吸毒成癮者和靠社保殘障福利維持生活的失敗者，他們大多數人都失業或無法就業。青少年懷孕、虐待配偶與連續離婚在家族裡是常態。他是母親幾次婚姻所生的五個孩子之一，一直覺得自己像個局外人。他與其他家人不同，他在學校表現出色，在青少年時期就參加預官團（ROTC）計畫。他在軍隊服役了四年，後來拿到獎學金上大學。

從軍讓許多家庭背景混亂的士兵有了穩定性與生活常規，有時候，這足以拯救他們的人生。從軍經驗會有的成就、認可，以及因為隸屬於一個自己敬重且接納價值觀的群體而帶來的歸屬感，都有助於他們建立自豪感。我相信軍隊將迦勒從可怕的失能家庭中拯救出來，但根據他提供的一些細節，我推測他從未像許多新兵那樣，把軍隊視為家人。他在軍隊裡也覺得自己像個局外人，從來都不太有歸屬感，他沒有交到親近的朋友，也沒有建立長遠的關係。

「你的戀愛關係呢？」我問。

他告訴我，軍隊、大學和現在的研究所都讓他幾乎沒有時間與別人有愛情的互動，是到最近才有變化。他現在的女友卡蒂亞出生在薩爾瓦多，在小時候跟著父母來到美國。他說。「她是一名物業經理，晚上會去學校上課，她不滿足於現狀，很有抱負。如果不是這樣我們也不會在一起。」

迦勒的話給了我一些靈感，但是我在療程結束後才能梳理這些思緒。卡蒂亞的西班牙裔血統以及從事著迦勒認為配不上她的工作，似乎都讓迦勒感到尷尬。但是迦勒很快找到理由，說這都只是暫時的，表現出他對於有抱負的另一半的支持。漸漸習慣了迦勒的蔑視和優越感後，我開始為卡蒂亞感到難過。迦勒明顯認為卡蒂亞配不上他，我也懷疑那些卡蒂亞的未來抱負其實是迦勒的。

「你為什麼選擇要當治療師？」我問，這似乎不像迦勒會選的職業。

「我一直都想幫助他人，」迦勒說。「沒有人幫我找到一條路。我只能自己去摸索，而且這條路很瘋狂。如果我能幫助其他人面對他們的問題，那就太棒了。」他告訴我，他最終的目標是為市中心貧民區的孩子提供治療，他也開始在規畫他想要創辦的治療計畫。他不想融入由聯邦、州政府與地方政府所營運的現有社會服務網，他對這些服務也表現出依稀的輕蔑。他希望能夠找到「有遠見的慈善機構」，資助他打造一個私人的社區中心服務網，將個人治療和團體治療都整合到服務中。

我確信迦勒所說的話是發自內心，但是在另一個層面上，某種浮誇的心態也助長了他的未來願景。他永遠無法接受自己只是大機構裡面的一個小人物，也就是他曾經說過的「車輪上的一個小齒輪」，導致他在診所不甘「只是某位」實習生而和他人競爭。他無法接受成為現有系統的一部分，因此計畫打造自己的服務網。

「你視自己為領導者而不是追隨者，」我說。

「沒錯。」

「你一直都是這樣嗎？」

「你是什麼意思？」

「在軍隊裡你也是這樣嗎？我沒有從軍過，但我猜軍隊很強調階級制度與服從命令。你在新兵時的感受如何？」

「我明白我的職責，我就按照別人說的去做。」

「你和上級有什麼問題嗎？」

迦勒明顯看起來僵住了。他不喜歡這個問題。「沒有。」

根據我從診所主任那裡聽到的情況，加上迦勒親口說的話進一步驗證後，我在那時做了第一次的介入。現在回想起來，這可能是過於倉促。我無疑想展現能力，並想維護我不自覺認為他想打破的權威。

「在我聽來，你好像因為年輕與缺乏經驗而吃盡苦頭。有鑒於你的童年，你在年幼且仍需依賴他人的時候，生活應該不容易。我好奇你當下是不是想要馬上長大，這樣你就不會再覺得自己渺小了。」

即使這個解析是準確的，但也不是特別好的解析。我接受訓練的學派鼓勵治療師在個案自己掌握到問題之前，先提出見解，揭示他們傳達出的無意識訊息。鑒於迦勒是一名受訓中的治療師，我假設他應該很熟悉需求與依賴的理論，這也是他自己會用到的理論工具。

「很有趣，」他說，語氣中帶著一種假裝的興趣。「我怎麼知道這是不是真的？」

這個問題讓我大吃一驚。「你的意思是？」

「你說，我不喜歡覺得自己渺小且需要幫助。這並不符合我自身的經驗，但你可能看得比我更準。那麼，我要怎麼知道你是對的而我是錯的呢？」

「如果你覺得不是真的，那這個觀點就沒有幫助。這是你的經驗，最終是由你來決定。我只能告訴你，我認為可能的觀點。」

「但你比我更有經驗，你可能看到了我沒看到的東西，也許我這只是我的防衛機制。」

「這是有可能的。」

「那我怎麼知道到底是怎樣呢？」

這段特別的互動，就概括了我與迦勒在那幾個月的治療狀況。當我提出某個觀察時，他經常大聲質疑，他該如何判斷這個觀察是否正確。「這樣不是也很有可能是真的嗎？」有時他會提出另一種假設而這麼說。表現上他似乎很合作、很投入，不情願地承認我的經驗可能讓我觀察到他看不到的東西，但是同時，他通常也會堅持我的介入「不符合真相」，有時他又會提出另一種假設，好像我們是在共同治療個案的治療師。

最終我開始評估這些互動的本質。心理動力心理治療有時會把重點放在治療師和個案之間的關係：個案會將情緒問題與互動風格帶入諮商室中，而個案與治療師的互動有助於解析個案與其他人的關係。迦勒認為自己是有遠見的領導者、以居高臨下的態度對待其他實習生、與主管競爭，以及對於我的介入的反應，感覺一切出於同一個原因。

我不只一次說過「我認為你很難接受自己變成個案，比起向我尋求幫助，你更希望成為我的同儕。」

「我想這是有可能的。」迦勒從不直接反駁我，而是會以合理的語氣提出質疑。「我該怎麼確認我有這樣的行為？」他顯得很合作，願意考慮我提出的任何事情，但是他從未認同我說的話。他對我的態度也帶有一點居高臨下的感覺，好像我矮他一截而且不太聰明。依靠自戀型防衛來對抗潛意識羞恥感的人，經常將自己的羞恥感卸載或投射到周圍的其他人身上，迫使其他人去感受羞恥感。

「這聽起來很熟悉，」他曾經在回應我的評論時說道。「上週我們在課堂上讀了克萊恩（Melanie Klein）關於這個主題的文章，我想標題應該是《嫉羨和感恩》（*Envy and Gratitude*）。她也對她的一位個案說過類似的話。」

迦勒經常將焦點從個人轉移到學術討論。如果我指出他忽視與貶低我的微妙方式，他就會把他的態度連結到他讀過的一些理論文獻。如果我提出，他覺得承認自己需要幫助是一種羞辱，他會說，這個想法太有趣了，然後接著說到他在診所的某位個案。多年來，我有許多個案本身都是治療師，他們時不時會將個案的悲痛或擔憂帶入治療中。迦勒也經常在我們的療程中討論他的個案，但從未用隱含的方式向我求助，他會重述他出色的見解，並告訴我個案受到多大的幫助。

「看來你只想讓我知道，你是一位非常優秀的治療師，而沒有把我當成你的治療師。」

「你看診的其他治療師不會談到他們的病人嗎？路易斯醫生告訴我，個人治療是談論這些事情的好地方。」

這樣的互動讓我感覺很差，我也覺得這沒有什麼成效，我所說的任何話似乎都對迦勒沒有幫助。我很確定迦勒瞧不起我並試著與我競爭，但我找不到方法幫助他看清這一點，也因為意識到這股競爭氛圍，我在面對他時是更加謹慎。

自戀者的觀眾

他談到某位特定個案的次數多過其他個案：席琳是一位年輕美麗的女演員，她曾演出某部在紐約拍攝的肥皂劇，但是在她的角色被編劇拿掉後，她就在最近搬到洛杉磯了。她目前在酒吧做女服務生的兼職。她選擇那家診所做治療，是因為那家診所根據個案的負擔能力，按浮動計費的方式收費。迦勒是那週值班的治療師，他接到席琳的電話，與她談過後，他決定承接她作為個案。

當迦勒在我們的療程中談到席琳時，他似乎被她迷住了。她很聰明、受過良好教育、活潑、開放，且願意辛苦做心理治療。她欣然接受他的建議，並在療程之間充分運用這些建議。她經常告訴迦勒，她有多感謝他的幫助，以及她覺得自己很幸運，能夠遇到一位優秀的治療師，即使迦勒仍在受訓。據迦勒說，席琳認為他很聰明。

關於他與席琳療程的描述，一方面延續了迦勒在我們的治療中高人一等的模式：他才華橫溢、富有洞察力，而我卻無法給予幫助。另一方面，我擔心這位個案是因為自己的需求與問題，而無意識跟著迦勒的自戀傾向起舞。由於複雜的原因，一些個案在治療的早期階段會將治療師理想化，這些個案可能會因為找到救世主而興高采烈。對於在這個專業領域渴望成為專家的新手來說，受人崇拜可能尤為誘人。這對迦勒來說就像是某種會上癮的藥物，並他將自己理想化的觀點，無法自拔。

當然，我無法與迦勒的上級談他的問題，但除了他的競爭意識之外，我確實有試著處理迦勒希望被理想化的期望。我說初出茅廬總是會有焦慮和無法避免的困惑，以及與尊敬治療師的個案一起進行治療的美好感覺。我談到理想化是仇恨的另一面，這是我從自己的主管那裡聽過的說法。迦勒發現這個觀點非常有趣。

「克萊恩寫過這件事，」他告訴我。「分裂與理想化是應對矛盾心態的一種手段。當然，這是假設她實際上把我理想化了。」

我在那時，還不了解潛意識的羞恥感對於助長這種理想化期望的影響力。凡是願意承認你的完美的人，隱藏的缺陷、醜陋和自卑感會把你推向對方。

迦勒在沒有通知我的情況下突然終止治療，這也就不足為奇了。迦勒在我的答錄機上留了一則電話留言，告訴我他有多讚賞我的努力，但決定要向「更資深」的人尋求幫助。他還祝我的職業生涯一切順利。

因為我們從事同一個職業，加上我偶爾會去他實習的診所監督實習生，所以我時不時會聽到迦勒的狀況。據診所主任說，他在好幾個月後才提起他已經停止治療，在這件事最終爆出來後，他也拒絕再接受治療。他繼續惹怒診所員工和其他實習生，每個人都很期待他在實習結束後離開這家診所。

在迦勒實習即將期滿時，他的一位個案（我毫不懷疑是席琳）提出了不專業行為的道德指控。根據她向董事會提交的切結書，迦勒建議他們停止治療並發展愛情關係。不久之後，迦勒就離開了診所，我再也沒有聽說任何關於他的事情。

儘管有些掠奪性治療師會故意利用自己的影響力來佔個案的便宜，但其他治療師卻是不知不覺屈服於這種令迦勒如此陶醉的理想化。有些個案是因為自己的情緒問題與需求，而無意識地試圖引誘治療師。另一些個案則是強烈渴望被拯救，而將幫助他們的人理想化。當一位會把治療師理想化的個案，遇到一位逃避羞恥感的治療師時，結果可能不只給個案帶來創傷，也毀掉了這位治療師的專業生涯。

第13章

指責與憤慨，遠離現實中的自己

我斷斷續續治療妮可很多年，首先是在洛杉磯面對面治療，接著在她結婚且丈夫調職後改為透過電話治療，然後最後，在視訊普及後，改為透過視訊進行治療。大多數治療師都有治療過像妮可這樣的長期個案，她們在治療師的專業發展上扮演著核心的角色。妮可開始接受治療的時候，我的觀點仍然嚴格遵循我早期所受的訓練，以客體關係理論為基礎，把重點放在持續性的需要與依賴問題。在我對羞恥感的觀點不斷演變時，她在這一路上也陪著我這位治療師。有時候，個案必須等待治療師成長到足以能夠幫助他們。

妮可也幫助我了解共享的喜悅對於培養自尊的重要性。在我們共事的早期，我的有點像是一塊空白的螢幕，但是隨著時間過去，我也開始更公開表達自己的情感，我會在妮可有進步或達成重要目標時由衷表達我的喜悅。透過與妮可和其他一些個案共事，我最終了解到，你對長期個案（以及長期個案對你）的愛，是個案發展自尊的最重要因素。而幫助這些個案成長，也能讓治療師對自己感覺更好。

令治療師退避三舍的個案

妮可是某位精神科醫生轉介給我的病人，他認為妮可需要密集的心理治療而不是藥物治療。妮可那時十八歲，憤怒又憂鬱，她會濫用藥物並用刀片割傷自己。她患有讓她變得虛弱的失眠症，每晚睡眠時間不超過幾個小時。她在性別認同問題上掙扎，想知道自己是不是女同性戀，並經常表達希望自己生下來時是男性。她的舉止讓她看起來像是有男性特質，她走路時有點大搖大擺，加上她的姿態很硬挺。

妮可在第一次療程時幾乎沒有看我一眼。她在回答我的問題時，會對著地板、牆壁，以及對著她那雙手指修長且充滿活力的雙手說話。那時，我憑直覺感覺到她的感受——現在我了解，無法保持目光接觸通常反映出被注視時強烈的羞恥感。坐在諮商室裡，然後有一個陌生人聚精會神地看著自己，並提出深層的個人問題，幾乎激起了妮可無法忍受的羞辱感（非本意的暴露）。在第一次療程以及此後的幾個月裡，她都坐立不安，她會不斷變換姿勢、上下晃動膝蓋，也會時不時用力拉扯她頭盔狀的頭髮，看起來很痛。

妮可表現出邊緣型人格障礙相關的大部分特徵和行為，這是大多數治療師會寧願避開的一個艱難的臨床問題，因為患有邊緣型人格障礙的個案可能會非常有挑戰性。典型的行為是會在療程與療程間打電話，有時甚至是在半夜打電話，並做出自殘與衝動的行為，這些行為很容易讓治療師擔心他們。他們的態度會短時間轉變，有時會極端地口出惡言、尖叫、辱罵，而我們只能保持冷靜，同時克制不要有防衛性反應。

我這一生中還未曾被如此公然的敵意與鄙視對待過，無論是個案、朋友或家人，都不曾這樣對我。有時她會在療程中一邊尖叫著「去你的！」一邊砰的一聲關上身後的門。她會在我的答錄機上留下侮辱人的訊息。她經常批評我的「優越態度」，稱我是治療師就自視甚高。她時不時會帶著由衷的情緒，說她恨我。

即便如此，妮可仍然是我共事過最討喜的個案，你可能很難理解我的想法。我將她的攻擊性言行理解為防衛性行為。雖然我們的關係總是一觸即發且惱人，但我意識到，她是一個痛苦且需要幫助的人，總是在約診的時間依約現身來向我尋求幫助。我們在第一次療程時便建立了連結，有部分原因是她讓我想起了年輕時的自己。在我自己最初幾年的治理治療分析中，當我生疏地面對羞恥的感受時，即使我不會像她這樣辱罵治療師，但我也讓我的治療師吃足了苦頭。

妮可在過很久以後告訴我，在我們的第一次療程中她一直覺得很想哭。我不是她第一次諮商的治療師。她覺得治療師們都刻意與她保持一定的距離，彷彿覺得她令人反感或危險，尤其是在她給他們看手臂上的自傷疤痕時。妮可並沒有嚇到我，有一部分原因是我自己的自負，我相信我可以幫助她。

妮可的童年

妮可來自一個完整的中產階級家庭，父母雙方的家人都有精神疾病史。祖父患有思覺失調症，有一個表親自殺身亡，不只一個家人有重度憂鬱。從妮可的描述中，我了解到她的母親對懷有感情感到不自在，而更偏好以殘忍的諷刺作為表達方式。她的父親給人一種友善、愛開玩笑的感覺，但是他看起來很熱情，實際上卻很冷漠且獨善其身。妮可有一個善妒的哥哥，她在整個童年都一直被哥哥欺負，他會故意發出很大的聲音吵醒她、把她壓在地上然後在她臉上放屁、用尖銳的物體戳她等等。

雖然妮可小時候沒有受到性騷擾，但她一直對家中模糊的性別界線感到困惑和恐懼，這包括父母經常赤身裸體、刻意展示身體，以及被父親色迷迷地盯著的感覺。還有她感覺自己必須成為母親的「性奴隸」，這不是字面上的意思，而是指她需要滿足母親在陪伴、情感支持和憐憫方面的需求。妮可的一些性焦慮源自於她的性幻想，她在人生早期，在面對恐懼和困惑時會透過自慰來尋求安慰。在幾個月的治療後，她才坦承，她相信自己最終會和我發生性行為，且我們的性行為將會治癒她，這是引用她的話。

妮可比一般青少年都更熱衷於搖滾樂。無論是傑出或是默默無名的音樂家，她都像是百科全書般如數家珍。她會和兩個朋友一起去長途旅行，她們會跟著最喜歡的樂團巡演，去遙遠的城市參加演唱會。她崇拜幾位著名的樂團主唱，並沉迷於與他們見面或發生性關係的幻想。最重要的是，她自己想成為明星。雖然她從未上過吉他課，也只會一些基本的和弦，但她認為自己天賦異稟，她相信，被星探簽下只是時間早晚的問題。

妮可寫了許多首歌，有時會在療程中為我演奏，但都是簡單的流行樂旋律，雖然有朗朗上口的歌詞，但都不夠成熟而無法視為真正的曲目。她沒有任何作曲背景，也沒有和其他音樂家在樂團中一起演奏過。她經常帶著明顯的自豪告訴我，她有絕對音感。每當她帶著錄音機來療程，然後播放歌曲給我聽時，她顯然希望我能對她刮目相看。

雖然妮可認為自己是一個注定有偉大成就的「祕密天才」，但她不知道如何發展音樂家的這條路。她常說要組一個樂團而沒有去做。她也想到要先上課，而後她跟著老師學了幾個月後，她就因為難度太高、遲遲不見進步，一氣之下不去上課了。她認為自己不應這麼辛苦，天才不需要努力。

一開始，妮可的父母付了療程的費用，但在大約治療一年後，他們就因為被妮可辱罵以及她的吸毒行為，拒絕支付。那時我已經大幅調降過妮可的費用讓她可以每週來治療好幾次。鑒於她有機率自殘，我認為需要頻繁地面談。當妮可告訴我，她的父母不再支付治療費用時，她問道：「我現在該怎麼辦？」她聽起來既憤怒又害怕。即使她很少承認，但是她也知道她需要接受治療。

「我想你得找份工作，想辦法自己付治療費了。」

我的回答讓妮可大怒，她原本期望我免費幫她治療，我這麼說讓她覺得像是暴行一樣，她對我尖叫：「你他媽就是個壓榨病人的醫生！你就是寄生在我們身上的寄生蟲！」

此後多次療程都是因為妮可衝出我的辦公室、辱罵我並甩上門而中斷，但是她總是會回來。雖然她總是自以為應該有特殊待遇而憤怒，但她在某種程度上也理解我關心她與試著幫助她。最後，她開始找工作，起初她在藝術課當裸體模特來賺錢，並想像自己大紅大紫。她喜歡課堂上的藝術家們看著她，也許其中的某個人會告訴另一位經紀人朋友，他在藝術課發現了這位絕世美人。

妮可之後在零售業找到一份工作，並設法保住了這份工作，即使對於不得不降格從事這種工作，她感到很憤怒。在此期間，我們的療程重點放在妮可的憤怒和自以為應得特殊待遇的態度上。她繼續堅持我應該免費為她看診，而其他人應該幫她付其他的帳單。她現在應該要是搖滾明星了，應該要過著富裕且享受特權的生活。針對她對現實的憎恨，我做了許多的解析。在現實世界中，任何有價值的東西都會需要長期投入與辛苦努力，才有可能實現。我常說，「妳覺得只要妳想要，妳就該得到妳想要的東西。」我談到了她在逃避渺小與需要幫助的這個人生階段，想著自己在彈指之間就變得舉足輕重。

期間，妮可分享了一個啟發性的夢境。夢裡沒有自己，只見一位戴著大型黑色眼鏡的科學家在舞臺上，站在講臺後發表演說。他穿著白色的實驗室外袍，頭上戴著學位帽。在觀眾看不見的實驗袍下面，卻是穿著需要更換的尿布。這個形象讓妮可想起了皮巴弟先生（Mr. Peabody），他是妮可兒童時期最喜歡的卡通《皮巴弟的不可能的歷史》（*Peabody's Improbable History*）裡面的人物。故事裡，小獵犬皮巴弟是世界上最聰明的生物，他做到了許多令人難以置信的事情，他是企業大亨、發明家、諾貝爾獎得主、兩屆奧運獎牌得主，還有其他的許多成就。

妮可的夢傳達出某種誇大但偽裝的自我，就像著名科學家的嬰兒。那時我們談論了她對於自己的渺小和需要幫助的憎恨。就我們的關係來說，我們也談到了她因依賴我而感到的憤怒。她經常威脅要停止治療，堅持我很差勁，說她不再需要我的幫助。但是她仍然會投入於治療之中，且從未缺席過任何一次療程。

如果是對於核心羞恥感的觀點形成現在，我會對象妮可這樣的個案做出不同的解析：「妳擔心自己的不完整嚴重到沒有任何改善的希望。唯一的出路似乎只能透過魔法，只能瞬間變成一個完全不同的人，也就是某個勝利者，一個『擁有一切的妳』。」我也會懷著感情談論羞恥感的痛苦，並希望這能傳達我對她的深切痛苦的同情。

我最初對妮可所做的解析也沒有錯，對所涉及的情緒問題反映了不同但相容的觀點。是的，妮可在渺小、匱乏與無助的感受中掙扎，但這種經歷也加劇了她深層的羞恥感，以及某種她已經損壞且無法再修復的恐懼。她將匱乏與「搞砸了一切的失敗者」劃上等號，然後為了逃離羞恥感而幻想自己是擁有一切的勝利者。這種動態變化就是病態自戀的核心。

與個案共事，學習與病態共處

妮可的治療持續了很多年。她漸漸學會忍受渺小和缺乏經驗的感覺，也學會承受持續努力所帶來的挫折感，而不是逃到誇大的幻想之中。在心理治療關係，妮可感到被看見、被理解和被接受，她最終面對了在心理上感覺不完整的潛在羞恥感。妮可的自我傷害行為既是憤怒的表達，也是情緒的釋放，她在學會更清晰地思考、以及掌控自己的情緒，這個行為問題就逐漸消退了。

妮可在十幾歲和二十幾歲出頭的時候與女性有過幾段短暫的性關係，但喜歡她的仍以男性為主，這讓她好一段時間無法接受。妮可認為自己的女性氣質代表弱勢，自己的陰道是一個令人反感、充滿惡臭的洞，充滿了不堪的需求（以及充滿了羞恥感，我現在還會加上這句話）。同時，妮可將男人和他們「不匱乏」的陰莖理想化。這樣一來，怎麼會有男人想與她或是與任何女人發生關係呢？她認為所有的男人其實都是隱藏的同性戀，在一群男人的「陰莖派對」中享受著男性的優越感，輕蔑所有那些粗俗、匱乏而想要男人的女人。

這個描述聽起來可能像是佛洛伊德關於陰莖羨妒（penis envy）的經典觀點，但它實際上反映了將羞恥感與女性氣質放在一個混淆且錯誤的等式上，其中擁有陰莖代表著某種理想化且神奇的羞恥感解藥，而不是她對男性身體的渴望。幫助妮可理清這種困惑，並最終能夠重視自己的女性特質，是一段漫長的旅程，也是我職業生涯最為感人的一段經歷。她在二十多歲的時候開始和男性約會，並最終嫁給了一位年輕有為的人，還一起生了孩子。

經過多年的治療後，妮可建立了成功的生活和美滿的婚姻。我為她的成就感到自豪，也為我們共同的辛苦付出感到自豪。許多治療師都會認為她的治療已經成功了，並就此結束治療。但是雖然妮可已經有很大的進步，但早期的問題仍在她的生活中發揮著巨大的影響力，有時甚至會以對她的婚姻、孩子和她作為專業人士的能力造成相當大的破壞。我們一致認為，她需要能夠更好地處理這些問題，才能夠中止治療。

在這個階段，我也開始接受自己的羞恥感，以及我為了否認羞恥感而打造的優越的後分析自我。妮可非常渴望能夠在一個健康的家庭中長大，有著關心她的父母，這也讓我認識了我自己。她否認自己持續不斷的問題，轉而躲在一種事後分析的自我中，她認為這個自我比其他人更優越、看得更透徹，甚至優於包括像她丈夫這種在正常家庭長大的人。

理想中的妮可

妮可在與丈夫艾瑞克發生激烈爭執後，會花幾個小時不眠不休地指責性並回顧兩人這次的對話、審視艾瑞克的所有錯誤，然後在她腦中發展出澈底的人身攻擊。她會在下一次療程的一開始，用是非黑白的方式講述這場爭執。她相信，多年的治療經驗讓她比艾瑞克更會洞察和自我覺察。照妮可的觀點，艾瑞克對自己與自己的破壞性行為一無所知。妮可更出色且更有見識，而艾瑞克卻仍處於黑暗之中且一無所知。她是對的，而他是錯的。

她在年輕時，由於混亂的家庭背景與早期的問題，經常覺得自己不如他人，但她現在認為自己很優越。治療讓她習得了所有的見解，所以她是精神分析的勝利者。「未受啟迪的艾瑞克」經常被分配到失敗者的角色，成為被嘲笑的對象。妮可的描述讓我想起了自己和妻子的爭吵，以及我試圖用分析來對付妻子的方式，這個體認讓我出現強烈的羞恥感。我在接受了這股羞恥感後，也終於能夠幫助妮可面對她的羞恥感。

在以「勝利者妮可」為目標努力的過程中，妮可拒絕承認自己的局限，也拒絕承認「邊緣型妮可」仍存在於她的生活中。她經常會承擔超出她能力範圍的事情，並因此而很辛苦。她希望能夠看到自己能力超群，比其他普通人都更優秀，更能夠輕鬆應對事業、婚姻和孩子同時兼顧的挑戰。結果是她承擔了太多的責任，這讓她的狀況在壓力下往往又會更惡化，她會變得更健忘、易怒、容易爆發怒火、無法容忍家人的情感需求等等。陣發性的失眠困擾著妮可，在發作期間她會產生有蜘蛛的幻覺，或是感覺腦中有歌曲不停在循環播放迫害她。妮可不會為自己的錯誤選擇感到後悔，而是會挑剔艾瑞克的毛病，她會不停吹毛求疵直到引發爭執。

在妮可看來，只有兩種可能的：一是妮可完全正確，而艾瑞克應該為一切負責；二是，妮可是個一團糟的瘋子，我們不如放棄她然後把她沖下馬桶。由於承認自己引起了這些爭執，會讓她的羞恥感重新浮現，所以她通常會以極大的熱情去捍衛「勝利者妮可」的自我形象。受到攻擊時，艾瑞克也經常以同樣的方式回應，說她瘋了，並和她互相蔑視彼此。如果我試圖提出一個稍微不同的觀點，妮可連我也會攻擊，她會指責我不在乎她的感受，或是說我與艾瑞克「聯手」一起對付她。

妮可和我最終一起接受了事實：就算是經過多年的成功治療，也沒有人能夠從核心羞恥感中永遠並完全痊癒。我們可以建立自豪感來抵消它，並與我們最重要的人分享成就的喜悅，但像妮可或我這樣來自混亂家庭背景的人，將會永遠帶著傷痕。對我們來說，維持心理健康代表著要記住「邊緣型妮可」（或「邊緣型喬」），接受我們在深切痛苦或承受嚴重情緒壓力的時候，往往會回到舊有的防衛機制，尤其是當我們感到羞愧或被羞辱時。

在這對夫妻瀕臨離婚時，艾瑞克開始接受我最親近的其中一位同事的治療，她是一位深刻理解羞恥感的女性。妮可和艾瑞克的婚姻之所以得以繼續維持，是因為兩人都學會去緩解，在他們爭執時總是會重演的贏家對上輸家的互動模式，他們對待彼此也都更真誠。隨著時間過去，妮可學會了承受她的羞恥感、承認自己的局限，並以更好的方式照顧自己。對孩子們來說，她也變成更好的母親。

在最後階段，妮可找回對音樂的愛，她以一種不再浮誇的方式追求音樂這條路。她找了一位新的吉他老師，幾年後變得很會彈吉他。她學習作曲，並充分善用自己的天賦，寫出結構更複雜且富有音樂內涵的歌曲。雖然沒有走上以音樂為事業的路，但妮可與朋友組了一個樂隊，偶爾在他們城市的小俱樂部演出。樂團成員大多是為了享受音樂而一起演奏，他們也會共享一起創作音樂的樂趣。

第14章 當否認成慣性

否認羞恥感的人，通常會逃避羞恥感而躲到一個理想化的虛假自我中。安娜覺得始終達不到父母期待，而迦勒則相信自己已經實現了理想：受客戶尊敬且見識淵博的治療師，迦勒逃離了南方鄉村的混亂家庭（以及他自己的羞恥感）。妮可同樣將分析後的自我視為優越感的表現，並拒絕承認童年時的創傷對她的心靈有持續性的影響。

布魯柴克解釋，「羞恥感是促使理想化自我（idealized self）出現的推動力」，這種變化就是病態自戀的核心。本書討論的大多數自戀行為和對羞恥感的防衛機制，都不是很戲劇化的形式，反而是在日常生活中很常見，而且也不一定是病態，因為所有人或多或少都會至少暫時想要否認羞恥感。

自戀型防衛正盛行

正如高夫曼在《日常生活中的自我表演》（*The Presentation of Self in Everyday Life*）一書中，將人際互動比喻為兩個角色之間的舞臺劇，每一個角色都在試圖影響對方看待自己的方式。我在控制羞恥感的章節中探討了，有些人即使會故意否定自己或故意引起負面反應，但大多數人會想有好的表現，按他人認可的方式行事。我們希望別人想到我們時，是想到好的一面。

每個人都有最好的那一面也有最糟糕的，也就是說，我們會承認自己有缺點，也有局限，且其中一些缺點和局限如果暴露出來可能會引起羞恥感。相較之下，我稱之為極端自戀者的，就是一群難相處的個體，他們會堅稱他們沒有這些缺點或不完美之處，而不會有羞恥感。他們進而希望你看到的他們的兩個面向都是好的，且都遠遠優於你的任何一面。迦勒和安娜的父母都是這樣的人，妮可也以這種方式看待自己。

在自我中心的時代，許多人往往把自己想得太好，也會利用社群媒體讓自己看起來狀況很好，或許你也認同這些人就是日常的自戀者。極端的自戀者程度更誇張，他們不停努力讓自己表現為勝利者，踩在鄙視的失敗者身上來建立自己。為了逃避潛意識的缺陷和自卑感，極端自戀者會處在一個理想化的虛假自我中，這種自我（無意識地）的目的是要否認任何羞恥感。極端自戀者在受到威脅時，會積極捍衛優越的自我，他們會利用典型的指責、蔑視和憤慨的三重防衛機制，來攻擊任何挑戰他們的人。

在與丈夫爭吵時，妮可不斷使用到這些防衛性手段。她蔑視他，並把自己的缺點歸咎於他。她會因為丈夫無法面對他自己的真相而憤憤不平地攻擊他。迦勒在碰到任何人挑戰他的優越感時，會透過巧妙的蔑視讓對方的身分失效。當安娜無意中聽到父母用輕蔑方式談論她時，他們指責她是「可悲的抓耙子」。

大多數人有時也都會使用類似的策略來轉移或否認羞恥感，但是我們使用這些策略的程度不如極端自戀者普遍。在受到批評時偶爾依賴責備、蔑視和憤慨，與病態的自戀形式僅是在程度和強度上有所不同；只要這些防衛性機制無法決定我們的性格或主導我們的關係，我們就可以將這些防衛機制視為是正常的。

自尊受到打擊是難以忍受的事情，在我的專業領域將其稱為自戀創傷（narcissistic injury），而且自戀創傷總是會激起某些羞恥感情緒家族的情緒。下面的故事呈現了所有人在抵抗自戀創傷時會用的典型方法，通常是短暫且暫時性的反應而不一定是病態的反應。娜塔莉是一名二十多歲的年輕女性，在亞特蘭大一家中型律師事務所擔任法律助理，而這是娜塔莉過得特別糟的一天。

壞事接二連三的一天

娜塔莉醒來時心情不佳，因為她又沒注意到鬧鐘睡過頭，上班要遲到了。她依稀記得按下貪睡按鈕不只一次……她應該要早點上床睡覺，不該在 Netflix 看了兩集《反恐危機》（*Homeland*）。娜塔莉很快沖了個澡，狼吞虎嚥吃了一條蛋白質棒。她正要離開公寓時，在廚房的流理檯上發現了室友瑟琳娜留的一張紙條。瑟琳娜是CNN某個晨間節目的助理製作人，通常在天亮前就開始工作了。

紙條上寫著：嘿，娜塔莉，只是簡單提醒一下，這週輪到妳打掃浴室了。娜塔莉對瑟琳娜在她的簽名上方畫的一排笑臉，感到很惱火。「真是個有潔癖的人。」她邊走出門邊大聲說。

娜塔莉坐進她的車裡時，想起晚上和布萊恩有約會而笑了。他們才約會幾個月，但娜塔莉覺得這段關係開始變得認真了。布萊恩是很有魅力的人，有一種不落俗套的幽默感，還在安永會計師事務所任職。她和布萊恩有很多共同的興趣，最近她也開始思考，布萊恩是適合結婚的對象嗎？

由於太晚離開家，娜塔莉遇到了州際公路最嚴重的通勤時間交通堵塞，她甚至比平常都更晚到達辦公室。娜塔莉總是會在每一天下班後補滿少做的工作時間（另外，她的老闆丹和馬修通常都比她晚很久才進辦公室），但她仍為自己難以擺脫遲到而氣餒。接待員妮娜微笑著說：「四十五分鐘——這一定是新紀錄！」娜塔莉感到又熱又煩躁，反駁說：「七五號州際公路有事故——這不是我的錯！」雖然這是謊言，但她覺得有權捍衛自己的行為。

娜塔莉在電腦前坐下，她打開行事曆，才發現在十一點要與辦公室經理芭芭拉做年度績效考核。由於她的收件匣裡還有很多工作要做，早上很快就過去了。娜塔莉對於績效考核有點緊張，但主要是因為她希望獲得加薪。娜塔莉已經在這家公司工作了兩年，從未加薪。當然，她在工作成果上也有一些小差錯，不過人無完人。整體而言她認為自己做得相當不錯，加薪是她應得的。

辦公室經理芭芭拉準時在十一點將娜塔莉叫進辦公室。芭芭拉非常守時，幾乎過了頭，並且非常注重細節。芭芭拉給了娜塔莉一個招牌的假笑，然後開始進行考核，她把一張紙從桌子的另一端遞給娜塔莉，讓娜塔莉手上也有一份考核的副本。

當娜塔莉沿著欄位掃視時，她看到每一列的分數很整齊，同樣都是三分——令人滿意。她還在幾個領域看到了「需要改進」的註記：「守時」與「注重細節」。整體而言，她的表現獲得了3ˉ分，後面的減號讓娜塔莉感到臉和頭皮發燙，眼睛泛淚，但她故作平靜。在一時之間娜塔莉有股想要逃跑的驚慌衝動，她的雙眼一直往下看，因為她發現要與芭芭拉的目光對視很困難，甚至是讓她感到痛苦。

芭芭拉說：「遲到本身並不是問題。妳也曉得我們這裡相當隨性，我們也都很感謝妳如此小心地彌補任何遲到的工時。」當娜塔莉抬起頭時，芭芭拉正同情地對她微笑。娜塔莉能感覺到芭芭拉試圖表現得溫柔一點，但這只讓娜塔莉感覺更糟。

「我們更在意的，是妳在工作成果中的低級錯誤。丹和馬修都覺得，妳總是匆匆完成事情。也許是因為妳經常遲到並且趕時間，但我們都希望妳能從現在開始，放慢速度並仔細檢查工作。」娜塔莉的腦海中突然浮現出一段記憶，是上週法庭的信差服務單位因為她忘記在戴維斯的訴狀附上申請費支票，而打電話過來。那天娜塔莉也遲到了，且她在整個早上都很疲憊不堪。

娜塔莉回到位置後一直很難集中注意力。芭芭拉說的話不斷浮現，讓她無法專心。她努力回想是否對瑟琳娜或布萊恩，提過自己即將做績效考核，如果有真是錯誤。隨著下午過去，娜塔莉想著是否該開始找新工作，一份更好且薪水更高的工作。律師事務所太古板了，律師也很無聊，這裡也不像她一開始在這裡工作時想像的那樣令人期待。也許瑟琳娜可以幫她在電視台找到一份工作，如果身旁都是更有創造力的人，她也許會有更好的表現。

快下班時，娜塔莉決定跟布萊恩取消約會。因為壞心情會讓她在約會時敗興。她可能會開始哭，然後如果布萊恩問起，她就只能告訴他績效考核的事情，她擔心布萊恩會認為她是個失敗者。那時她只想回家縮在床上，吃哈根達斯冰淇淋品脫杯、把《反恐危機》看完。她伸手拿起手機，發現布萊恩在稍早、她與芭芭拉面談的時間點，曾經打過電話並留了一封訊息。聽到他的聲音時，她的心跳有些加速。

「嘿，娜塔莉，是我，布萊恩。我打電話是要說今晚的事。妳聽著，我今天趕不過去。實際上……天啊，我真的不想透過語音信箱做這件事。妳什麼時候方便，給我回電話──我們需要談談。」

聽到「我們需要談談」這六個可怕的字，娜塔莉感覺自己彷彿跌入了谷底。這一天的痛苦壓垮了她。她忍住一聲微弱的尖叫，眼裡湧出淚水。當接待員妮娜經過時，娜塔莉的咆哮嚇了她一跳：「男人都是混蛋！這太不公平了！」

人際關係的殺手──錯不在我

就像所有人一樣，娜塔莉也必須面對情感的羞恥家族，這是生活中不可避免的一個面向。這一天，對娜塔莉來說可能是特別痛苦，她的自尊受到了一個又一個的挑戰，但她所經歷的自戀創傷或面對短暫出現的羞恥感的反應方式十分尋常。

娜塔莉在開始新的一天時就對自己感覺很糟，因為她再次對自己食言（期望落空）。在某種程度上，娜塔莉知道遲到是錯誤的選擇（看《反恐危機》或去睡覺）造成的結果。室友瑟琳娜提醒娜塔莉，她忘記打掃浴室了。這讓娜塔莉感覺更糟，但她用對瑟琳娜的批判轉移了這種感覺：「真是個有潔癖的人。」問題不在於我粗心犯錯，而是在於瑟琳娜是個完美主義者。在工作時，當接待員取笑娜塔莉遲到，娜塔莉採取了類似的迴避行動，她說：「這不是我的錯！」轉移責難，是逃避自戀創傷的痛苦及其引起的羞恥感最常見的策略之一。

娜塔莉一直期待著能有正面的評價和加薪，但績效考核卻讓她大失所望（再次期望落空）。她的眼裡出現淚水，面對芭芭拉的同情時她感到發熱和被羞辱（非本意的暴露）。雖然她成功地抵擋了早上時候的自尊挑戰，但這次她無法逃脫並感到被困住了（至少當下是如此）。她知道芭芭拉告訴她的是事實。隨著時間過去，娜塔莉開始恢復精神。娜塔莉貶低律師事務所沉悶、無聊的氛圍，並說服自己，自己是創造力豐富的人，在不同的環境會有更好的表現。藉由優越感或蔑視來逃避自戀創傷的根源，是逃避羞恥感痛苦的另一種常見策略。

雖然娜塔莉做了這些努力來支撐她的自尊，但這一天還是讓她嚴重動搖。她覺得自己好像是一個失敗者，但是她將這個想法歸咎於布萊恩（意思是，如果布萊恩知道她的績效考核很糟會如何看待她）。痛苦的一天讓娜塔莉不堪負荷，她想取消約會，窩到自己的床上尋求安慰。當她聽到語音訊息，意識到布萊恩打算拋棄她時，她感到震驚（無回應的愛），然而她幾乎立刻就避開了痛苦，躲到對整體約會環境對待女性的方式感到憤怒和憤慨之中：「男人都是混蛋！」

激憤是對自戀創傷的第三種常見反應，透過攻擊來逃避羞恥感痛苦。

不同於娜塔莉使用這三種防衛策略只是為了暫時擺脫羞恥感，極端自戀者會廣泛且持續地使用它們。極端自戀者膨脹的自我形象不斷需要支持，他們連任何的批評都無法容忍，並且可能會攻擊那些可能激起他們的羞恥感的人：

就像安娜的父母，如果責怪他們，他們就會反過來責怪你。

就像迦勒，他們會以優越感和蔑視的態度來對待對手。

就像妮可，即使是對自尊最微不足道的挑戰，都可能讓他們變得憤怒與憤慨。

極端自戀者會不斷利用這些防衛性手段，但是，我們每個人也偶爾都會依靠這些手段，在情緒讓我們難以承受時去控制羞恥感，就像娜塔莉一樣。在前幾章中，個案用來對抗羞恥感的防衛措施最終主宰了他們的生活，但每個人也都會時不時採取這類措施，換句話說，試圖暫時抵抗羞恥感，是很正常的。

在日常生活中，我們如何抵禦羞恥感

被批評時出現防衛性反應，是極為常見的反應，我們甚至可以說這是人類普遍的反應。

卡內基早在一九三六年出版的經典著作《溝通與人際關係：如何贏得友誼與影響他人》

（*How to Win Friends and Influence People*）就指出了這一點。這本書是上個世紀最被誤解與低估的其中一本書。他在書中指出：「批評是無用的，因為它會使一個人處於防衛狀態且通常會使這個人努力為自己辯護。批評是危險的，因為它會傷害一個人寶貴的自尊與『我很重要』的感受，並激起怨恨。」

批評可能是危險的，主要是因為無論你如何斟酌措辭，對方往往都會覺得受到攻擊，而可能以相同的方式反擊。因為你傷害了他的自尊，他可能會覺得你故意羞辱他，所以也會試著反擊。室友溫和的紙條留言，讓娜塔莉對自己感到很糟。在某種程度上，娜塔莉感覺受到了攻擊，就好像瑟琳娜打算要羞辱她（雖然她畫上那些笑臉！）並在腦中進行報復性想著：真是個有潔癖的人。

如果你曾有過感情爭執，應該很熟悉娜塔莉的反應。很多人都會以否認的方式去回應批評，堅稱這些批評毫無根據，且經常反過來責備對方，或將注意力轉移到伴侶的錯誤上面。多年來，我有許多的其他個案，都會在療程開始時就責罵伴侶，來回應伴侶有憑有據的批評。在我逃避自己的羞恥感的那幾年時間，我也對朋友和親人使用了同樣令人遺憾的策略。否認羞恥感並責怪他人是常見的事情，只要這只是臨時性且我們最終會承認自己的羞恥感，這就不是病態。

被伴侶指出錯誤，我們有時會感到憤慨，尤其是當我們心裡也有積怨的時候。「你竟然因為我忘了乾洗就批評我，每次你洗完盤子就在流理檯上，我有說過你什麼？」聽到自己辜負了所愛之人的期望，無論傳達訊息的方式是多麼溫和，都可能感覺像是某一種無回應的愛而往往會激起羞恥感家族的一些情緒。大多數人會試圖透過否認自己應該要感到羞愧，來避免這種痛苦，或是至少會暫時這樣做。這時責備和憤慨就會來拯救我們，「我不是該感到羞愧的人，你才是！」

在一段關係中，當雙方把羞恥感像燙手山芋一樣推來推去時，爭執往往會加劇。當「從不」或「總是」這類的詞語一直出現在這類溝通中，狀況就可能會惡化為過分的人身攻擊。請你回想一下，你自己的一次爭執。當你和對方都堅持彼此應該為衝突負責時，憤怒的情緒是否會攀升？只要雙方都處在抵禦羞恥感的狀態，即使是在一段健康的關係中，這種爭論也很容易變得激烈。隨著時間過去，脾氣緩和下來，我們就會恢復愛與情感的感覺，我們最終可能會承認錯誤，並會道歉與努力修補。

當羞恥感的交換在關係中占據了主導地位，且任何一方都無法退縮時，兩方都可能仰賴蔑視這種更強大的武器，來消除自己的羞恥感並將羞恥感強加給伴侶。雖然責備與憤慨通常算是正常的羞恥感防衛反應，但蔑視則是代表了一種更嚴重的否認形式，且可能對一段關係造成更大的傷害。就像諾亞的母親（第9章），全面否認自己的羞恥感的人，經常會透過沉默來表達對伴侶或家人的蔑視。你太卑劣了，根本不配與人互動。

正如我在本書第一部提到的，某些溫和且策略性的羞恥感，可能對不良行為有正面的影響。另一方面，蔑視則會帶給對方一種整體性的羞恥感，宣判這個人的整個自我都不值得尊敬、不可愛，甚至是令人反感的。蔑視支配的婚姻關係，很少會有好的結果。

伴隨而來的往往是痛苦的離婚與惡毒的法律戰爭。離婚也代表著一段愛情的失敗，所以離婚總是會帶來一種深刻且痛心的羞恥感，尤其是因為不忠（無回應的愛）而離婚時。當這股羞恥感沉重到難以承受時，人往往用盡一切手段去譴責前任伴侶，變得自以為且以輕蔑的態度去攻擊對方。你可能也認識經歷過這種離婚過程的人，這並不罕見。報復性利用法律制度的行為，往往是在試圖證明前任伴侶是沒有價值的人，連被蔑視都不夠格，所以應當承受所有的羞恥感。

透過幻想情節否認羞恥感

有一群朋友約了某天晚上一起出去玩，但沒有邀請你。你告訴自己，他們認識彼此的時間都比你更久，只是這次沒找你。你那晚跟平常一樣獨自待在家，並感到受傷（被排斥）。你把電視轉到最喜歡的節目卻無法享受，因為你總是陷入腦中幻想。

- 你碰巧和朋友們去了同一家俱樂部，和你同行的是一位很有魅力的約會對象。朋友對你的好運都很驚訝和嫉妒。

- 你在最後一刻意外受邀參加一場盛大的派對，派對上都是時髦且有魅力的人，讓你現在很慶幸沒有和朋友一起出去。
- 那天晚上在俱樂部表演的樂團很糟，你的朋友們最後度過了一段很糟的時光，然後就提前回家了。

大多數人都曾經因被排斥的羞恥感，而躲到這種無害的幻想之中。我們可能會否認感到受傷，或想像其他人感到嫉妒與被排斥，或是破壞他們的經歷，這樣我們就不用太在意自己未能參與其中。我們藉由這樣的幻想，來否認羞恥感並躲在優越感中，就像是迦勒抓著一個理想化的虛假自我，來否認更深層的核心羞恥感經驗，差別只是我們是比較溫和版本的迦勒。

簡而言之，我們經常會否認自己的羞恥感，但卻不太能意識到這一點。我們告訴自己，我們沒有理由該感到羞愧，或是將自己的缺點歸咎於他人。受到批評時，我們會變得忿忿不平，在碰到有人挑戰我們的自尊時，我們會躲到優越感或蔑視的後面。否認羞恥感的衝動可能會影響我們在公開場合的行為，與我們對待他人的方式，但更多時候，對羞恥感的否認是發生在我們腦中幻想的小劇場內。只要這只是我們暫時獲得安慰的方式，不是一種長期下來會傷害人際關係的普遍性人際互動，這一切就不是病態。

有些人承受著沉重的羞恥感，既無法逃避，也無法否認，他們反而會因此發展出控制與預測羞恥感出現的方法。我將在下一章說明這些方法。

請見練習5，第343頁。

控制羞恥感

第15章
自嘲：保持距離的藝術

我剛開業為了能夠與更多個案共事，而大幅降低我的收費。我相信大多數初出茅廬的治療師都挺歷過這個階段。一方面來說，這感覺像是一種剝奪，尤其是當自己也在接受治療，同樣自費而且是客戶付給我們的好幾倍。另一方面，這是一個能夠承接吸引到有趣與罕見個案的機會，可藉此治療與問題嚴重的個案共事，這些個案的問題可能導致個人發展或職涯發展停擺。而且這些個案也不同於在治療師變資深後，會有的那些能夠負擔全額費用的律師、醫生，以及其他專業人士個案。

財務弱勢的人往往也承受著某些難以治療的個人問題。在這個早期的階段，我曾與幾位可能會被診斷為邊緣型人格障礙的個案共事。反覆無常，有時會憤怒與辱罵他人，或是容易濫用藥物與自殘，這類個案有時會在下班後緊急打電話，擾亂治療師的私人生活，或是會在治療中對治療師做人身攻擊。他們也過著混亂的生活，以至於經常丟掉工作或自行離職，甚至連已經打折後的治療費用都無法支付。妮可（第13章）在我們共事的最初幾年裡，就是這樣的一位個案。

諾拉則是完全不同的挑戰。她的問題並不符合邊緣型人格障礙的診斷標準，但是轉診的治療師將諾拉描述為邊緣型個案，且幾乎要為將她轉診而向我道歉了。現在回想起來，我認為諾拉嚇壞了我的同事，即使她能負擔得起我同事的收費，但同事可能不願承接她作為個案。在敘述我與諾拉的第一次會面時，你可能會也會同情我的治療師同事。

我在約定的時間到候診室去迎接諾拉，她穿著藍色牛仔褲、帆布高筒鞋和寬鬆的上衣，棕色的頭髮剪成像是軍人的平頭，看起來不到三十歲。我打開門時，她彷彿受到驚嚇而跳了起來。她的身體精瘦而結實，充滿了緊張的能量。她不敢看我的眼睛，匆匆地從我身邊經過，走進諮商室。

那時候，大多數我的長期個案會躺在沙發上，我的椅子和矮凳會在個案後方，加上另一把個案椅，全都放在對應到直角的位置，讓偏好坐著的人自由使用。諾拉掃視整個房間，看了看個案椅，然後把她的頭頂埋進沙發的其中一個座墊中，做了一個頭倒立的動作。我站在房間中央，不知所措。她的手肘撐在座墊上，身體靠在沙發靠背上，用雙手抱住臉讓頭左右晃動，臉上露出驚訝的表情。

「視角的轉變真是太棒了！」她說，聽起來像是某位來自紐約的中年猶太婦女。「我以前從來沒有以這樣的視角看過，醫生，不，我是說真的——我是認真的。你讓我大開眼界了！讓我告訴你，你真是個天才！」

雖然感到有點驚嚇，但我也覺得諾拉很有趣，我努力忍住不笑。

這是我第一次見到「猶太女士」，她是諾拉活躍的想像力創造的其中一個古怪的角色。即使是我那時才初出茅廬，我也知道這不是多重人格障礙（multiple personality disorder）的典型案例。我感覺到，遇到陌生人讓她非常焦慮，而扮演這樣的角色有助於她去應對。即便那時我未將諾拉的行為其源頭是非本意的暴露的羞恥感，但我在觀察的雙眼明顯讓她非常不自在。我坐在那張個案椅上，然後等待。

一、兩分鐘後，諾拉熟練地翻身站起來，然後坐回沙發的中央。

「所以，醫生，」諾拉一邊說，一邊撥鬆某個想像的髮型，就像是在鏡子前精心打扮一樣，她繼續使用猶太紐約口音說著。「你覺得我的新髮型怎麼樣，會太蓬鬆嗎？我拿不定主意。那個女孩說我會很喜歡，但我不知道。我就是不知道。告訴我真相。這個髮型是不是讓我的臉看起來很胖？」

我忍著想笑的衝動說：「我猜，和我一起在這個房間裡讓妳感到不自在。」

「敏銳的洞察力！」她大叫。「你是一顆寶石，醫生，讓我告訴你，你真是萬中選一。哦，而且你的臉真是 sheyna punim，多麼美麗的臉龐啊。我不想讓你尷尬，醫生，但你真是個可愛的小乖乖。」

諾拉一次也沒有看我。我在她的喜劇表演中也被分配到一個角色，這是她面對這種陌生且恐懼的狀況的方法。這很令人恐懼的沒錯，回想起當時的狀況，我還想補充說明，諾拉也是冒著出現強烈羞恥感的風險。猶太女士說個不停，目光不斷在房間內移動，卻不做任何目光接觸。她盤腿坐著，雙腿交叉放在沙發上。

「我好愛你的辦公室！如此有品味的裝飾！是設計師還是你太太幫你打理的？無意冒犯，親愛的醫生，但它帶有種女人的品味，如果你明白我的意思的話。我的馬文，願上帝使他的靈魂安息，他沒有任何好品味。Oy vey ist mir！我的天啊，他每天都穿得像個蠢貨一樣。但家裡的擺設他都讓我隨心所欲發揮。他喜歡用『低劣的裝飾』來統稱。這是他的幽默感。對大多數人來說並不那麼好笑。不過他真是個好人啊！」她用一塊看不見的紙巾擦了擦眼角，然後抬頭望向天空。「等我，馬文，我來了！你不會等我太久的！」

治療師碰到這樣的個案該怎麼辦？你們該如何開始接觸？諾拉明顯的不安讓我也感到不安，但她也讓我想笑。諾拉很有模仿與發出各種聲調的喜劇天賦，這讓她說出口的每一句話都很好笑。

「也許妳可以告訴我，為什麼妳想來接受治療，」我說。在我自己的耳朵裡，我的聲音聽起來很微弱。

諾拉突然張開雙腿，雙腳大大張開踏在她面前的地板上。她將雙手撐在大腿上，然後往前挺起胸膛，給人一種堅定、陽剛的感覺。她低下頭向我點點頭，用斜視的目光凝視我，彷彿在打量我。當她開口說話的時候，聲音變得生硬且低沉。

「你有能言善道的天賦，醫生。我立刻就看出這點了。我不需要是天才也能看出真正的人才。我的車廠可以用到像你這樣的人——不，我是說真的。只要你一句話，這份工作就是你的了。我打賭你一定會讓車很快賣出車廠，生意會好到就像聖誕節一樣！」

這是我後來很熟悉的「二手車推銷員」，是諾拉另一個有趣的角色。諾拉抽了一口想像中的雪茄，然後假裝從嘴的一邊吐出煙霧。「別說了！我求你了。我妻子已經夠讓我悲傷了。聽著，我知道應該停止抽菸，但我確實很愛來一隻雪茄。這有什麼壞處呢？認真地說，你告訴我，醫生，除了我自己，我還傷害了誰？」

我的腦中閃過了自殘的概念。我試著將迄今為止的各種印象放在一起梳理，但仍缺少連貫性。我也意識到房間裡有心理治療觀察員的存在，他們是我的分析師與其他一些我敬重的資深治療師。他們正在好奇我會怎麼處理這樣的個案，質疑我處理這個病人的能力。我從未讀過像諾拉這樣的個案，對於該如何反應也沒有概念。

「這是你能控制的事情嗎？」我問。我不確定這樣說是否正確，但所有的心理治療觀察員都期望我說些什麼。「你可以自己停下這種表演嗎？」

諾拉突然癱倒，彷彿她放棄了。她開始用堅硬的手掌打自己的頭——位置在太陽穴上方而不是頭頂。淚水突然從她的眼角湧出，順著臉頰滑落，她看起來既痛苦又憤怒。然後她再次改變動作，高舉起一隻手肘然後用食指指著她的鼻子，同時將臉扭曲成怪異的樣子。

「她的臉中央長了一個很大的青春痘！你有看到嗎？」

我們終於接觸了。

我在職業生涯的那個階段，對於核心羞恥感以及它如何讓人感到醜陋一無所知，但我明白諾拉承受的痛苦讓她感到醜陋。任何坐在那個房間裡的人都可以感受到她的痛苦。當我最後將我的想法與感受至整理成文字時，我從我習慣的需求與依賴問題的觀點來闡述它們。我所受的訓練，以及我自己所接受的心理分析，也都是以這個觀點為主軸。

「我認為需要治療這件事，讓妳覺得自己很難看，妳覺得自己醜到沒有任何看到妳的人會願意真正幫助妳。」

不精確的解釋，往往也就夠了。諾拉在好幾個月後，告訴我她在第一次療程時，因為我沒有想要拒絕她作為個案，而鬆了一口氣。她也很感激我接受她為個案。我願意和她待在同個房間裡並嘗試理解她的感受，對她就像是一份禮物。在我的職業生涯中，我也遇過其他難以處理且我也無法建立連結的個案，他們治療幾次後就不會再來了。雖然諾拉深受問題困擾，但我也發現她也是出於不可言喻的原因，而讓我覺得很討喜。

隨著時間過去，我也了解到「猶太女士」與「二手車推銷員」不止是模仿，還代表了某種自嘲，嘲笑讓諾拉強烈感到羞愧以及感到醜陋的個人與身體特徵——她的猶太背景與鼻子的大小，她的身體所呈現的僵硬感，以及缺乏腰線常常讓她覺得自己是怪胎，有點像半個男人。諾拉誤以為她的核心羞恥感與她的鼻子以及有點男性化的姿態有關，所以她先取笑自己的這些特徵，這是一種保護性的自嘲，目的是預先防止來自外界的嘲笑（羞恥感）。

我的人生比我更搞笑

療程中的諾拉展現出她不安且有些混亂的特質，不過工作方面，她在一家醫療設備供應商工作且承擔相當重要的責任。諾拉過著與世隔絕的生活，沒有什麼朋友，也沒有比較親密的人。她未婚，性經驗有限且無法從中獲得滿足。她在工作時會讓同事開懷大笑，但在其他時候，她會低著頭專注在工作上。

諾拉獨自在家時會創作並畫插圖，她稱之為漫畫，在今日這些創作會被視為是圖像小說。雖然她無法看完一段情境喜劇，但她會花幾個小時沉浸在繪製與精心編排漫畫的故事情節。諾拉也寫詩，有時還會為兩隻貓設計娛樂節目，在客廳裡表演單口喜劇給牠們看。諾拉是一位多才多藝的女性，她是一位藝術家，但是尚未找到管道與全世界分享她的天賦。

諾拉一直都很好笑。從有記憶起，她就擅長逗笑別人，通常是透過她眾多的模仿橋段之一。讓母親在父親離世後開懷大笑以排解憂鬱，讓其他孩子發笑則讓諾拉感覺比較不像是局外人。從很小的時候起，她就覺得自己像個怪胎，與其他孩子完全不同，有部分原因是她沒有父親，還有一部分原因是她母親吸毒成癮，但主要是她覺得自己從根本上就很奇特，像是來自另一個星球的外星人。感覺自己如此格格不入讓她一直有著強烈的羞恥感（被排斥）。

當諾拉走進房間，你可能會以一種不自在的方式意識到她，畢竟她是如此怪異，而且她也對做自己感到很不自在，以至於很容易引起周圍的其他人的焦慮。諾拉在不安時會刻意讓臉部抽搐，模仿她內心的怪異感覺，以一種自嘲的方式吸引人們將注意力放到她身上。在那些時刻，我都覺得她非常有趣，但是我也從未忽略她的痛苦。只是我那時還沒有想到，這種痛苦是某種她難以忍受的羞恥感。

在療程期間，諾拉可以用多種方式扭曲她的臉來讓我發笑，她可以用很搞笑的聲調說一些非常乏味的事，或者，她會迅速在眾多角色中切換——那些充滿她腦中的怪人，包括「山谷女孩」。

「哦，天啊，布爾戈醫生！這很，哇，這太神奇了！不，等等！哦，該死，我忘了。你剛剛說了什麼？」

「對妳來說不幸的是，」我重複道，「妳很擅長讓我發笑。」

我很常對諾拉說這句話，因為她會利用幽默拉開距離，讓我無法觸及她也無法幫助她。

當我們談到心理防衛機制時，通常隱含的意義都是負面的，彷彿面對情緒真相的痛苦，比強烈的防衛機制要健康多了。雖然在某種程度上這是事實沒錯，但許多像諾拉這樣來自災難性背景的人，除了在成長過程中拼湊出的防衛機制之外，沒有其他方法可以應對痛苦。整體來說，諾拉沒有她可以轉換的「更健康的那一面」。在最理想的條件下，嬰兒與兒童會在父母的幫助下，學會管理自己的情緒；當父母完全無法提供心理成長所需的支持時，孩子就會像諾拉一樣，只能自己找出其他的應對方法。這些方法可能會導致適應不良，且通常會引發另外一種類型的痛苦，但在某種程度上確實是有效的。而這通常代表著採取創意性的解決方案，來處理棘手的個人問題。

諾拉的父親在她還是嬰兒時就吸毒過量過世，留下諾拉照顧母親。諾拉的母親是一位憂鬱的吸毒者，她不斷更換伴侶且斷斷續續工作，過著濫用藥物與情緒混亂的的流浪生活。雖然她不是妓女，但她依靠的男人會給她毒品以換取性。諾拉沒有任何母親為她準備飯菜的記憶，雖然她知道，自己一定有吃東西，否則她早就餓死了。她童年時有很多餓肚子的回憶，說是諾拉養大了自己也不為過。

人類嬰兒出生在這個世界上時，與生俱來就有去愛與被愛的需求。請回想一下面無表情實驗。這時可能還不算是成人意義上的愛，但這種與照顧者喜悅互動的驅動力，就代表了前期的愛。正如我在第五章探討過，嬰兒的大腦會需要這種喜悅的互動才能正常發展。在諾拉的例子中，這種互動幾乎沒有。結果是，諾拉不只沒有感到美麗、有價值，以及自己就是母親情緒宇宙的中心，反而感到醜陋、畸形，獨自在一個和任何人都無關的宇宙中漂浮著。

這就是核心羞恥感。

諾拉有時會形容自己是偷工減料的產物，像是由電線、繩子與膠帶脆弱地固定在一起的成品，經常面臨著分崩離析的風險。在某種程度上，諾拉覺得自己非常醜陋與不可愛。諾拉就像是個案莉茲一樣，莉茲是一位有抱負的作家，受到嚴重的社交焦慮所折磨（第7章），諾拉則通常會孤立自己以逃避羞恥感，她會低著頭工作或獨自待在公寓。在無法避免會被人看到的時候（例如在我們的療程中），她會故意讓自己看起來怪異、醜陋或畸形，以一種可說是非常有趣的方式來控制這種經歷。她會迫使人們嘲笑她，從而防止人們以她無法預料或控制的方式來嘲笑或羞辱她。

沒有人想要被嘲笑或取笑，大多數人都會盡力去避免這種狀況。但是有少數像是諾拉這樣的人，會刻意去創造這種狀況，故意讓自己在別人眼中看起來很可笑，來引起別人大笑。當刻意創造並控制非本意的暴露時，其令人痛苦的羞恥感就變得能夠承受了。娛樂觀眾並聽到觀眾的笑聲，也可能會喚起某種自豪感而不僅是防衛性的機制。經過巧妙且精心的設計，最初控制羞恥感的防衛策略最後也可能成為自重的來源，就像諾拉的狀況一樣。

女性單人秀

我治療諾拉將近二十年，最初的療癒契機就是治療師與個案的關係。我除了提供我的見解與理解，還提供了一個情緒環境，在有限的範圍內彌補她小時候錯過的東西。心理治療不可能創造奇蹟，即使像我們這樣成功、穩固的關係，也無法讓諾拉變成在更可靠的環境中長大的成人。儘管如此，我還是讓諾拉感到安全、被看見，最終是讓她能夠愛自己。

諾拉因治療而有極大的成長，但她仍然是個有點古怪的人，她在友誼與之後的戀愛關係中仍處於脆弱的狀態。我很難概括我們多年來對彼此的愛與尊重。諾拉最終對自己在治療中的成長，以及她在生活中的成就產生了強烈的自豪感。隨著我作為一名治療師變得更加自信與放鬆，我也對她所感受到的成就喜悅有同感，而且我也會告訴她這一點。

在治療的早期，諾拉經常陷入財富與名聲有關的誇大幻想中，她在這些幻想中可以戰勝自己的缺陷與醜陋感。雖然諾拉喜歡畫畫與插圖，但她也寫傳統形式的小說，她開始下筆，但又很快放棄了幾本小說。有時諾拉會想像自己是一位家喻戶曉的作家，作品被翻譯成五十種語言並被好萊塢改編。在那段日子裡，我把這些逃避的幻想解釋為她對匱乏的全面性否認。當自己的渺小與依賴讓她無法承受時，她會魔法般立即讓自己變成文學巨星。但在今日，我會改為將這些幻想描述為是在逃避羞恥感，而不是在逃避匱乏。

在我們治療的後期階段，我還了解到，諾拉的誇大幻想不僅是防衛性機制，還代表著她對創作者的欽佩，以及她對於成為創作者的渴望，即使她很難持續投入成為創作者所需的心力。她也欣賞那些作品經得起時間考驗的作家，以及很敬仰那些顛覆他人觀點的畫家。諾拉也對一些她認為有資格稱為藝術家的單口喜劇演員，懷有崇高的敬意，尤其是先後在《週六夜現場》與《計程車》（*Taxi*）演出，才華橫溢的安迪・考夫曼（Andy Kaufman）。引用諾拉的說法，他的古怪讓他看起來就像是她的親戚一樣。我們最後的其中一項治療任務，是切斷誇大不實與藝術之間的連結，讓諾拉能夠開始為她的成功投入所需的長期努力。

對於一貫逃避羞恥感經驗的人來說，以任何形式發表作品都會是龐大的情緒挑戰，因為如果努力創作的作品遭到拒絕，就可能導致被排斥或期望落空的羞恥感。充滿恐懼但仍能繼續前進，會取決於一個人是否擁有足夠的勇氣。諾拉或許可以在公寓的私密空間為她的貓做喜劇表演，但是在大眾面前表演又是完全不同的一件事，而且很令人恐懼。她也不知道該如何踏入她渴望加入的這個世界，她沒有導師、沒有老師，也沒有人能夠引導她實現目標。

和莉茲一樣，諾拉的這一路走來，也是既漫長又複雜。契機是諾拉看到一份在洛杉磯各地發放的成人教育課程廣告傳單。雖然這類表演不吸引她，但是她還是報名了一堂即興戲劇課程，她後來退學了，然後又重新註冊了下個學期的課程。最終，她加入了一個新劇團，這個劇團在都市外圍找了一家改建的店面定期演出。

諾拉多次邀請我去看她的劇團演出，我最後同意去看某一場表演。在那個時候，我為諾拉的進步投入了多年的時間與大量的情感，我自然很好奇她在我的辦公室外的表現。諾拉在舞臺上非常可笑，怪異得引人入勝，以至於她的同事很難保持角色而經常忍不住大笑，我看到她因此而激怒同事。

看到這段表演，讓我最終把治療的重點放在諾拉持續控制療程的某些方式，和以前相比，她會以較不著痕跡的方式透過幽默感與我保持距離。她在很多方面也都與很久以前踏進我診所的那位年輕女子，完全不同。現在她穿著入時，頭髮留得更長且剪了一個時尚的髮型，而且不再害怕目光接觸。她機智又聰明，與她一起進行治療很愉快，她也還是知道如何逗我笑。我很確定，就是因為我非常享受我們的療程，所以未能留意到她持續用幽默來調整我們兩人的距離。

當我做出令諾拉驚訝的解析時，她經常會說，「哇，這是一段很好的台詞」，然後笑起來。一方面她表達的是真誠的欣賞，但另一方面，對我的專業做評論，讓她與我在分析時談到的感覺保持距離。她的發笑讓我們遠離了痛苦，以及在她的心中揮之不去的羞恥感。我也開始把注意力放在她如何精心組織我們的療程，她會從一個主題連結到另一個相關的主題，這種狀況有時會使我邊緣化，就好像我被降級為觀眾的角色。

那段時期，大部分的治療都聚焦在我們的關係上面，對於毫無防備地接受我說的話，並給予真實的回應，而不讓我們的互動成為某種幽默的素材，對她仍是非常困難。我終於體認到，這種控制是在面對非本意的暴露的羞恥感時的防衛機制：雖然我們花了這麼多年建立信任，諾拉仍然害怕我可能會出人意料地嘲笑她。我們最終將這種控制性的互動，與她在舞臺上的表現，以及這如何讓她與同事產生隔閡，都聯繫起來。

儘管諾拉渴望在自己的表演技巧上獲得成功，但她也需要歸屬感，她需要感覺到自己是某個社群的真正成員。在我們治療的最後階段，她學會了克制自己的幽默感，為舞臺上的其他演員創造空間，讓其他人也能夠表現。她學會了做一些對她來說非常新鮮也非常令人恐懼的事情：專注於其他演員，並對他們實際說的話做反應，而不是用自己盛氣凌人的幽默來掌控舞臺。出於顯而易見的原因，她很難相信包括劇團成員在內的其他人，會為她挺身而出，所以她每件事總是親力親為。

諾拉後來接著為當地的劇團寫劇本，並逐漸建立劇作家的名號。她約會、結婚，然後幾年後離婚了。我最後一次聽到她的消息，是她的一部戲劇被改拍成電視劇了。

第16章 自我厭惡

在我職業生涯後期的某個時間點，我意識到當時三個男性個案有共通點：在中學時期各自曾被霸凌。客體關係理論認為精神疾病的根源落在生命的最初幾年，我是精通客體關係理論的心理分析師，但我並未完全意識到之後的諸如霸凌等創傷，也會對一個人的心理造成多麼深遠的影響。對於萊恩來說尤為如此，他是一名二十幾歲的年輕人，他的自我憎恨強烈到有時幾乎讓他出現緊張症，而來找我治療。萊恩在中學期間曾被霸凌、嘲笑和排擠，這給他留下了終生的傷痕。

本來就已有羞恥感與自尊問題的人，容易成為霸凌者的目標。萊恩確實有此狀況，但他是無預警經歷到，我懷疑這是自我仇恨的來源。對這三位個案的來說，突然且無預警的霸凌行為都對他們造成決定性的影響。在那之前，他們都認為自己是安全的，即使沒有特別受歡迎仍感到自己屬於社群的世界。然後有一天，自己突然遭受了被排斥的羞恥感。同儕的訕笑導致非必要暴露暴露的羞恥感。他們的性格就此被創傷決定。

與萊恩共事的一年半裡他從沒笑過。我從未聽過他的笑聲，我從未我見過最沒有喜悅的人，給人遙不可及的感覺。在我們的視訊療程，他選擇的位置很狹小：座位在小桌子旁，背後有一個書架，書架的距離近到讓他看起來像是被困住了。他會把房間的燈調得很暗，會用壓抑與輕柔的聲音說話，彷彿擔心有人會無意中聽到他說話，但是他的室友上夜班，而且室友在我們進行治療時人也不在公寓裡。

萊恩遺傳到台灣母親的杏眼與膚色，即便他很醜，也時不時會意識到有些女孩對他的好感。他經常在這些女孩與他調情時，因為太害羞而無法回應，他會以一種讓自己顯得自負的方式抽身。但是他非常渴望約會、渴望有女朋友，有一部分原因是他非常的孤獨，另一部分原因是，他的孤立讓他覺得很失敗。同齡人大都即將踏入婚姻了。

萊恩的高中、大學死黨是社會邊緣人，他們常一起玩電玩遊戲、吸毒、享受搖滾樂。他大學玩樂團，一次演出帶給他強烈的自我憎恨，便放棄舞臺了。他喜歡演奏樂器（他用一種毫不快樂的語氣告訴我），喜歡身為樂團的一分子（他平淡地說），但他在每次演出前就可以預料到他會很痛苦，這最終把他壓垮。

萊恩任職於一家行銷公司，同事多為男性，都很外向、喧鬧且信心十足，按他的說法是「像大孩子一樣的兄弟會男孩」。他們習慣一邊在工作時互相逗笑彼此，這些玩笑話讓萊恩覺得自己被排除在外，後來成為被他們嘲笑的對象。青少年和年輕人有時會用尖酸的幽默來應對不安全感，但萊恩從不覺得自己是那種人。他厭惡自己的溫順，覺得他應該要更像同事們。同事嘲笑他很安靜時，他就會重新想起中學時的創傷，而讓他充滿羞恥感與自我憎恨。

萊恩總是準時上線，但似乎對我和治療內容完全漠不關心。他說自己是披著人類外衣的外星人，彷彿把自己丟進孤獨且黑暗的洞穴裡。

一次療程讓我深深體會到他的孤立感：螢幕裡的人在他的車裡，他坐在駕駛座，深夜只有附近的路燈照進車內的光芒，透過車窗照進。

「發生什麼事了？」我問。

「丹尼斯的班表換成了日班，」他說。當我們開始做治療，萊恩的室友在我們談話時從不在家。

在那次療程中，路過車輛的車頭燈時不時會照亮萊恩的臉。他的表情會突然變得警戒，彷彿威脅逼近，然後他會停止說話。他好幾次都想像聽到車外的人行道有腳步聲，然後他會再次停下來，把頭偏向一邊仔細聆聽。

「沒事，」他最終會說。「那裡沒有人。」

萊恩的中學時期

萊恩的父親年輕時曾在石油與天然氣產業工作，在亞洲生活了多年。當他回到美國，在家鄉科羅拉多州找工作時，他的台灣妻子和襁褓中的兒子萊恩也跟著他一起回到美國。這位父親的新雇主座落於一個小城市，人口主要是白人以及一些西班牙裔與少數亞裔，這個小城市的經濟主要以幾個軍事設施和某個保守宗教的全國基金會總部為主。幾年之內，老二杭特出生了。

萊恩自認為他的童年時期很平凡，在我看來不是。萊恩的父親像是母親的陪襯。她常常為丈夫的失敗，公然輕蔑他。她剛到美國不久就開了一家物業管理公司，經營得風生水起。除了公司，她還和兩個在台灣的姊妹一起經營進出口貿易。因為事業是她的重心，沒有給兒子太多情感上的注意力。

萊恩在小學時覺得自己不同於同學，因為明顯的亞洲血統的外表。他害羞、說話輕聲細語、沒有太多朋友，男生特質的自信與活力，自己都沒有。母親堅持他參加地足球隊，他並不喜歡。每當輪到萊恩的母親為球賽準備點心時，她帶來台灣小吃——鳳梨酥、刈包來慰勞，只令他尷尬。

然而，雖然相對邊緣，但萊恩仍覺得在他的社群有一席之地。朋友會邀他參加生日派對，即使沒有人特別熟。在進行體育活動分組，他總是被留下的那個。有時他也希望變得受歡迎，但現狀並沒有大問題。

萊恩在十二歲升上中學時，弟弟杭特被正式診斷出亞斯伯格症（Asperger's syndrome）。杭特總是異於其他孩子，他講話會奇怪地正式且拒絕使用縮略語．他在走路時會有奇怪的跳動感，他會用前腳掌跳起來然後身體前傾。有些男孩因為萊恩的弟弟而嘲笑萊恩，並說杭特是怪胎。或者，他們會在萊恩面前模仿杭特講話，故意把將不（won't）、說成將不會（will not）取代，或是說不能夠（cannot）。後來，調侃的內容從講話方式到長相。接著足球隊隊友、而後有隊長丹尼都加入欺負陣容。

帶頭的丹尼小時候很矮小且身體不協調，他兩歲時父母離婚，但仍在法庭見面。萊恩回想起某一場足球比賽，丹尼的父母都來了，卻是在場邊互相叫罵，讓丹尼很難堪。萊恩以前對丹尼產生一種親密感，因為他們都像是局外人。但是中學時一切都變了。

七年級，丹尼抽高了幾英寸，也長了肌肉，並在女生裡更受歡迎。丹尼在走廊喊著「外國佬」訕笑萊恩時，其他孩子也紛紛效仿。丹尼虛構萊恩一定是同性戀是的傳聞，並迅速就傳開。萊恩被男孩塞進他的儲物櫃裡，在自助餐承受女孩的指竊笑。連足球也無法如常訓練。

萊恩不顧母親反對，退出了足球隊。當他跟母親說霸凌的事情時，她只是要他強悍起來。萊恩覺得在母親眼裡，自己就像他父親一樣是弱者。父親也不是求助的對象，所以在後面兩年他只能承受霸凌，萊恩的羞恥感與屈辱感變得極其強烈，漸漸有自殺念頭。他希望自己可以隱形。

升上高中，社交地位再次洗牌，霸凌的目標轉移到別人，然而羞恥感與羞辱仍盤旋青少年時期，甚至成年。在快三十歲時，萊恩終於尋求專業協助，那時他已經深受自我憎恨的折磨，嚴重到他覺得自己因此萎靡不振。他已經試過認知行為療法，讀了我針對羞恥感寫的幾篇部落格文章後，他聯繫了我。

當自我厭惡作為一種手段

治療的早期，我曾經問，「當你說到討厭自己，到底指的是什麼呢?當這些自我憎恨發作時你在想什麼?」

就連透過視訊連線，我都可以在螢幕上感覺到他緊繃起來，陷入沉默。

「單是告訴我這件事，一定就讓你感到羞辱。」我最後說。

萊恩向我用力點頭。他和往常一樣目光低垂，最後告訴我他的想法：「你真是個該死的失敗者。你很可悲。你很醜。沒有人喜歡你。你要不就去死吧。你好蠢。你何必費力去做任何事？你知道你只會失敗。這些思緒停不下來，就像我一直在被監視與批判一樣。你很可悲。你很醜。一遍又一遍。」

彷彿他勇於告訴我這些，就耗盡氣力。

我從未遇過自我憎恨如此強烈的案例。對於萊恩，以往能解釋類似個案的主要理論模型——懲罰性超我與完美主義，幫不上我的忙。萊恩的自我憎恨中似乎有某種更深刻、更神祕的影響力在運作，而隨著時間過去，他也幫助我更了解這些議題。

萊恩羞愧的議題很多，最占據他注意的是身體——沿著背部與肩膀生長、噁心的濃密毛髮。他曾花費幾千美元進行電蝕除毛以去除其中的一些毛髮，他說還沒完成。對身體的強烈羞恥感也導致性行為的低頻率，都是在他喝多的時候。想到在某人面前赤身裸體，就會讓他坐立難安。

萊恩的衣著與他的身體羞愧顯得衝突，他卻時不時會穿著背心、無袖上衣出現在螢幕上。在我看來，他的手臂、肩膀與上胸部看起來都是完全光滑的。當我指出這一點時，萊恩堅持認為他的情況比看起來還嚴重，而且我應該要看看他在電解除毛之前的樣子。我認為萊恩追求的美麗是單純天真的，而不是性吸引力那種，這我在療程中沒提過。由於害怕可能引起的羞恥感（期望落空、無回應的愛），萊恩也無法向自己或向我承認這種渴望。於是他就選擇暴露自己的皮膚，在我或其他人說他醜之前先宣稱自己很醜。

你是否有遇過群體裡常自我貶低的人，像是自嘲，通常讓聽者感到不自在。一般將他們解釋為低自尊、高度自我要求。而我從萊恩的個案發現，這也是控制羞恥感的手段。與其讓別人定義美麗（因而冒著經歷羞恥感的風險），不如先羞辱自己，這樣其他人就無法羞辱你了，這樣一來無論多難受的羞恥感都在意料之內。

我試著幫助萊恩面對這個無情的內在批評者，但進展不大。這種自我抨擊有時強烈到，他幾乎無法下床去上班，每個月幾次。每當我們在萊恩陷入自我憎恨時進行療程，他都顯得封閉與疏遠。

我逐漸看出他的自我憎恨模式：當他想擺脫孤立，和爭取某些事物時，就會出現。比如在工作上要提出晉升，但在想像面談過程時他又因為激烈的譴責自己，而產生偏頭痛、纏綿病榻。當在職場遇到心儀的女子，想要約她出去，但是他反覆想像著對方屢屢以輕蔑的態度斷然拒絕，所以從未鼓起勇氣邀約對方。連跟同事講笑話，都會引起類似反應。

我推測這些發作可能是種心理防衛機制。根據心理動力學理論，當我們感到不知所措，防衛機制幫助我們應對狀況，來保護自己免於難以承受的痛苦。我認為，當防衛機制變得根深蒂固與無所不在，會阻礙個人的成長。

自我憎恨讓萊恩不會面臨任何被嘲笑、被拒絕的狀況，保護他免於自己無法控制的羞恥感經驗。

在下次療程，萊恩工作上團隊裡一位愛吵鬧的同事，跟他申請到同個職缺。那幾天他都無法入眠，因自己的缺點而猛烈責罵自己。他鄙視自己是個沒有勇氣申請新職位的弱者。那時試探性的提出看法：在發作時可能很痛苦，但是否也透過讓萊恩封閉自己，來保護他免於羞恥感（期望落空或非本意的暴露）。萊恩立即承認，這個說法是事實。

治療時的見解與洞察力本身很少能夠帶來改變。了解自己，固然重要，但知道如何實際應用更重要。在接下來的幾個月裡，自我憎恨一次又一次地讓萊恩變得封閉與孤立。

往前一步倒退兩步的過程

治療將滿一年時，萊恩遇到了薩曼莎，這是一位他想約出去的年輕女子。他是在大學老朋友的聚會遇見她（這之前跟他們好幾個月沒見過）。薩曼莎是某位朋友的朋友。她不止很有魅力，她的安靜、拘謹也讓萊恩感到親切。

萊恩認識這些朋友很多年了，他和這些朋友在一起時比和任何人在一起時都更自在。喝了兩杯酒後再加上酒吧的柔和燈光，都讓他更加放鬆。當朋友問後他的工作時，他說一些對同事的嘲諷評論，這逗笑薩曼莎了。萊恩也看得出對方對自己感興趣，但他立刻就開始貶低自己。他在那一刻似乎很清楚這種自我憎恨發作是一種自我保護措施，阻止他冒險要薩曼莎的電話號碼。

他最後沒有開口問她。那天晚上他偏頭痛劇烈發作，整個週末都不能下床。幾天自我憎恨總算平息，萊恩打給他們的共同朋友，問到電話號碼。又過了兩週，他才終於打電話（擺出冷漠的態度）邀請薩曼莎看電影。薩曼莎接受了。

在治療的最後幾個月，我們談話的主題都是，兩人緩慢到折磨的進展。在有幾次可能進展到性行為時，萊恩好幾次差點提分手。在第五次或第六次約會的晚上，當發生性關係看起來似乎是順水推舟時，萊恩在去接薩曼莎之前先服用了煩寧，並在晚餐時喝了幾杯酒。萊恩在下一次療程時告訴我這件事，他說性愛的過程很順利。不過他得好像自己沒有為這個進展、或性行為過程感到開心。

薩曼莎給我敏感、聰明的年輕女性的印象。我也從萊恩的描述中感覺到她的耐心。她經常稱讚萊恩的外表，也直說她覺得萊恩很性感。她給他空間，讓他可以不用聯絡就消失好幾天，也不會要求他承諾。雖然每當提到兩人的性生活時，萊恩都聽起來冷漠且毫無喜悅，但他也告訴我，狀況越來越好了。他沒有提到他的體毛，或是薩曼莎對此的反應。

大約在這個時候，萊恩發現一篇我在部落格發表的文章，內容是關於愛在心理治療關係中的療癒力量。在那篇部落格文章中，我表達個案與治療師在多年來發展而出的關愛，是個案向前邁進的一大動力。萊恩讀到這篇後焦慮不安，他在下一次療程中告訴我，他不可能讓自己在人面前展現脆弱。他無法想像他會對我產生關愛之類的感覺，也無法接受我對他有這種感覺。

萊恩在接下來的幾週拋開了這個議題，但我感覺到這件事對他來說有如芒刺在背。我感覺到萊恩在我們之間拉開了距離。有一天，萊恩在我們的療程一開始時就宣告，他決定停止治療，立即生效。他告訴我，了解自我憎恨以及自我憎恨在他的生活中的保護作用，對他一直都很有啟發性。他感謝我提供的所有幫助，但表示，他已經下定決心接下來要自己面對。

萊恩壓低聲音、移開視線，幾乎可說是在懇求，「請不要讓我因為自己的決定而感到很糟糕。」他說這句話的時候，聲音聽起來顫抖且害怕。

我理解萊恩在害怕什麼，他擔心我以專業之名指出他做了錯誤的抉擇，並歸因於防衛性機制的影響。在那一刻，我意識到自己的羞恥感，因為我曾對其他個案這麼做。那是發生在我開業不久，少了任一個個案可都會對經營帶來衝擊，所以我藉由將終止治療的決定解釋為防衛性機制，讓個案感到羞愧而把個案留下來。

「好吧，」我說。在那之後我再也沒有見過萊恩。

第17章
受虐狂

強暴與身體受虐的受害者，過了多年仍會背負羞恥感並日益受其削弱，守著自己可怕的祕密，彷彿她們需對被強暴負有某種責任。社會不乏檢討被害人的情形，還有警方、律師在辦案時對受害者的二度傷害，這些都肯定有影響，但這都無法解釋，受害者守住祕密的動機。為什麼是受害者承受羞恥感？

正如一國被外國勢力入侵與征服時，可能會感到的羞辱，強暴的受害者在受到某人的身體侵犯、被壓制、被其可憎的體液玷污時，也會造成長遠的羞恥感。而當施暴者是約會對象、或親人，這種攻擊就構成了可想到的最強烈形式的無回應的愛。尋求連結、尋求愛的感受並渴望得到回應，結果卻遭到性剝削或身體的殘忍對待，這可能會給人帶來強列的羞恥感。事件讓受害者感到醜陋與有缺陷——自己是不可愛的，就好像是有什麼嚴重的問題。

在詹姆士談起他的故事時，已經是治療展開好幾個月了。他談的輕描淡寫，而且經過幾次的療程，事件的完整細節才慢慢浮現。他從國中到高中都受到霸凌。幾十年來他從未對人說的祕密，是一次更衣室的攻擊事件。來到這裡的詹姆士年屆四十、是一位富有且受人尊敬的外科醫生，他是馬拉松跑者，也是社區最有魅力的單身漢，看來什麼都不缺。詹姆士有很多熟人，有的崇拜他、有的找他借錢，沒有一個是真正的朋友。他也從沒有結過婚。

剛上高中他沒能入選橄欖球隊讓他非常沮喪，儘管知道那是出於身材矮小而不是能力。詹姆士覺得教練出於某種緣故不喜歡他，在選拔的練習期間多次嘲笑詹姆士的身材。

為了加入橄欖球隊的一員，詹姆士自薦當水童，跟著參加訓練和比賽。主力球員可能意識到了教練的態度，很快就開始霸凌詹姆士。從一開始的嘲笑與辱罵到在更衣室裡用濕毛巾打他，最終在某天下午惡化到三名球員在淋浴間壓制他，把掃帚柄插進他的肛交。深感羞辱與恐懼，詹姆士沒有對任何人報告，尤其若跟教練說，對方可能反而袒護球員。詹姆士不當水童，他的父母、任何人都沒問他原因。

對我訴說這些的詹姆士流著淚、帶著明顯的自我憎恨。儘管是受害的一方，但他對這次攻擊感到深刻的羞恥，幾乎好像是他覺得自己活該一樣——球員之所以針對他，肯定是他有什麼問題，可能是某種缺陷。

事件本身，不是讓詹姆士痛苦的完整原因。他回想在強暴事件發生之前，他就覺得自己不討人喜歡。他堅稱父母很愛他，也把他養育得很好，但是也以不指責父母的方式明確表示，他感覺父母的愛一直都是有條件的。

詹姆士是家中五個孩子的長男，很早就明白自己被期望實現父親未竟的夢想——在學業上取得優異成績然後有一天成為醫生。詹姆士的父親是一位成功的商人也是社區的重要人士，最後當上他們的中西部小鎮的鎮長，但他一直渴望成為一名醫生。詹姆士覺得，只有滿足父親的期望自己才會被愛。

詹姆士與父親的關係異常親近，甚至可以說是親近到不太自然。他父親似乎很明顯有某種焦慮症，偶爾會恐慌發作，當他被焦慮所苦時，會睡在詹姆士床邊的地上，幾乎就像詹姆士能保護他自己一樣。這個公務忙碌的成人，每天都會在詹姆士放學回家後，打好多通電話，問他在做什麼、要去哪裡。這到他老了，現在仍持續著。這位父親不是控制欲強的父母，而是需要與自己理想化的孩子不斷接觸，藉此控制自己焦慮的男人。

這樣不尋常的行為似乎延續自家族。詹姆士的祖母也會恐慌發作，在丈夫去世後，她和詹姆士的父親一起睡在床上直到他十幾歲。在我看來這是模糊了個人界線，濫用親子關係來處理個人的問題。詹姆士的祖母利用她的兒子來緩解自己的焦慮，然後詹姆士的父親也以同樣的方式利用兒子。

詹姆士沒有一致性的自我意識，這一點不讓人意外。我多年來聽其他個案說過不知道「自己到底是誰」，但他除了提到對橄欖球與跑馬拉松的熱情之外，也無法區分他自己與其他人的任何特徵。他想不到自己對感興趣科目、喜歡的一本書，甚至無法說出最喜歡的顏色。詹姆士討厭閒聊與派對上的談話，擔心自己沒有什麼有趣的話題可以說，因此他發展出一種熱心、愛開玩笑的形象以掩蓋內心的空虛。碰到無法避免的團體聚會時，他都會最早離開。

詹姆士每天晚上下班後，都會在家強迫性地吸大麻，儘管沒有特別喜歡但幫助詹姆士面對無所不在的恐懼與焦慮。他多年來曾與幾位他認為不相稱的漂亮女人有過戀愛關係。每段關係都持續了好幾年，並且他描述這些關係都有激烈且幾乎可說是「色情的性愛」，以及經常會使用到娛樂性藥物。詹姆士告訴我，他從未對這些女人感覺到情感上的親密。也不相信對方喜歡他的錢而非他這個人。這些女人沒有一個真正認識他。

然後他遇到了雪琳。

左右為難的選擇

雪琳的年紀只有二十八歲，比詹姆士年輕二十歲，高中輟學，兩度結婚與離婚，有兩個兒子，她在每一段婚姻都各生了一個兒子。兩位前夫擁有這些男孩的主要監護權，她只有每兩週的週末才能見到兒子一次。她在詹姆士運動的俱樂部擔任健身教練。

在他們居住的小社區中，雪琳是以濫交、藥物濫用與情緒不穩而廣為人知。當兩人在交往的消息傳開時，有幾位熟人聯絡詹姆士，警告他不要和雪琳交往：「她會帶來麻煩。」「離她遠一點。」在治療初期，詹姆士把雪琳的照片寄給我看，這張照片一定是用來宣傳她的私人教練服務。她有著烏黑的頭髮、完美無瑕的皮膚和與緊實的身材，非常性感且有魅力。

詹姆士一直覺得，他需要找美麗的女人來當伴侶，以證明他作為男人的價值。在高中時期，大多數女孩對他都沒有興趣，他很少出去約會，所以覺得自己很失敗。詹姆士在大學時有過幾次因為毒品與酒精刺激而發生的性經驗，但在外科住院醫師實習期間，他的生活開始有了變化。身為績優股的年輕醫生，詹姆士發現自己變得有吸引力了，過去不理睬他的漂亮女人，開始與他調情。他手臂挽著一位選美冠軍一起參加高中同學會，彷彿為過去的失敗扳回一成。

詹姆士意識到自己的魅力和他冠上「醫生」尊稱的時間點一致，這讓他嗤之以鼻。他堅稱，從來沒有人是因為他本身而愛過他，將來也是，女人唯一關心的就是錢。詹姆士渴望、崇拜，同時也憎恨女人，他始終都不相信女人的動機。他也認為雪琳把他當作飯票。雪琳在健身俱樂部接近詹姆士後就積極追求他。她跟他要了手機號碼後，隔天就發訊息給他：「想過來做愛嗎？」

兩人開始了熾烈的肉體關係與紛亂的情感糾葛，經常發生爭吵與分手，但主要都是詹姆士在感覺到自己被困住時會煽動這些爭執。「我跟她已經結束了，」他每次都這樣堅持著。幾天後，雪琳會發給她性暗示訊息，兩人重歸於好。正是在混亂時期，第一次向我尋求治療。他告訴我，他與雪琳的關係沒辦法維持超過幾週，因為他會有幽閉恐懼症的感覺，但他也無法與雪琳分開超過幾天。

「這真的很病態，」他告訴我。「我知道，但我無法結束關係。」

從詹姆士對雪琳的描述來看，即使考量到詹姆士過度強調雪琳攻擊性的瘋狂本質，她也聽起來越來越符合邊緣型人格障礙的臨床表現。雪琳喜怒無常且難以捉摸，她會在前一天，稱詹姆士是自己的「白馬王子」，將情書塞進他的外套裡，隔天又說他是一個「該死的廢物」來貶低詹姆士，指責他軟弱又愛發牢騷。除了一起吸食大麻與攝取酒精之外，雪琳也在面對藥物濫用的問題。她因為不忠而毀掉兩段婚姻。詹姆士說，雪琳稱自己的家庭背景是住在拖車的垃圾，並告訴詹姆士，自己曾被祖父與哥哥性騷擾。

他與雪琳決定同居時，朋友、牧師與治療師都勸阻他，但是未果。兩人訂婚時，家人也介入並告訴詹姆士他瘋了。詹姆士堅稱，雖然這段關係充滿了紛亂，雪琳也有可能把自己當成飯票，但他是真心關心雪琳並珍惜兩人共度的時光。詹姆士對自己說，雪琳確實也關心他，而有時他幾乎就要相信了。我也不知道詹姆士維持這段關係的真正理由，有種不祥的預感。

自憐的套路

詹姆士的療程有某種模式。他會在每週兩次的療程準時出現在螢幕上，通常是在他沒有手術的日子。他會看起來很疲憊而且有點蓬頭垢面：寬鬆的品牌標誌上衣、臉上沒刮鬍子、濃密的棕色頭髮會歪向一邊，有一部分頭髮被向後戴的棒球帽遮住。雖然詹姆士已經快五十歲了，但他有時會讓我聯想到某個十幾歲在玩衝浪或玩滑板運動的人。整體而言，詹姆士在情緒方面給人的感覺比他的實際年齡年輕許多。

在關心我的健康狀況後（他一貫的禮貌），詹姆士會開始長篇大論：「所以，我在想我在大學時沒開口約過的女人，事實上我都可以做些什麼。我不知道為什麼。有一個女孩是……」

在避免目光接觸的同時，詹姆士會繼續說著自上次療程以來一直占據他心頭的任何話題，可能是回顧某段過去，或者是他與雪琳的一場爭吵。詹姆士常會說過就忘，當我提醒他，他看起來似乎真的很驚訝，而且不記得對我說過。但無論如何，他還是會繼續講這個熟悉的故事，彷彿被迫要把一切都說出口。我常常覺得自己只是個旁觀者或容器，唯一的功用就是默默見證詹姆士的痛苦。

當然，談話治療（talk therapy）代表著分享你的痛苦，但是也包括你會獲得一些收穫，這包括治療師的見解、同情心，以及指引。像詹姆士這類的個案，以重複性且片面的方式排解自己的痛苦，卻忘了治療師告訴自己的事情。你可能也認識這樣的人，他們會將自己的痛苦傾倒給任何願意傾聽的人，但卻會忽視對方給的建議。

雖然這種強迫性揭露確實提供了某一種緩解，但這只是暫時性的，當心理痛苦與壓力再次惡化，一切又會周而復始。以這種方式進行治療的個案，往往都對治療很投入，會花好幾年的時間進行治療，卻不會有任何的改善。他們只會傾倒，卻很少接收。

詹姆士對待我的方式，就像我只是某一種功能，而不是一個與他有關係而關心他的人。詹姆士很少接受那些我必須告訴他的事情，雖然在當下他總是同意我所說的話，但他很快又會回到他自己的敘事中。他花了一段時間才明白我想告訴他的事情，才理解他如何利用治療來卸載痛苦，以及如何把我放在一個幫不上忙的距離之外。最終他開始意識到自己有多麼不想被真正看見與認識。有時候，他似乎很希望得到我的共鳴，他常會在一個故事的開頭說，「我並不想聽起來很可憐，但是……」然後希望我可憐他。

對象不只有我，他有一份情緒垃圾桶名單，每次和雪琳再次爆發爭執時，他都會打電話尋求這些人的同情。詹姆士沒有真正的朋友，但確實認識很多喜歡且尊重他的人。雖然他不會經常性抽煙，但時不時就會買一包煙，然後開車在城裡四處晃，連續抽著煙，打電話給一個人接著一個人，重複向名單上的每個人說完全相同的故事。

「你不會相信她這次又做了什麼，」詹姆士會這樣開頭。「那個女人瘋了！」這些故事總是誇大雪琳的惡劣行為，卻沒有提到自己以微妙的方式激怒雪琳，而將自己描述成無辜的受害者。

飽受核心羞恥感折磨的人會把自憐（self-pity）當成避難所。這些人缺乏真正的自尊，無法為自己或自己的成就感到自豪，他們會透過感到自憐來彌補，並常常試圖引起其他人的憐憫。當你引導個案注意到自憐情緒時，個案可能很容易會感到被批評或羞辱，因此關鍵是在把重點放在驅動這些感受的核心羞恥感的同時，也要能同理這類個案的痛苦。詹姆士一開始也很抗拒，但最後接受了我的話，結果是他漸漸不再想讓我為他感到難過，並開始能夠吸收更多的解析。

夢中的發現

在這段時間的治療中，詹姆士告訴我一個簡短的夢。他住在一個位於峽谷深處底部的建築群裡。高高的牆壁上沒有窗戶且位置偏僻，與峽谷上面的生活隔絕，讓他聯想到監獄。他不記得在建築群中見過其他人，但他隱約感覺到在上方的峽谷邊還有其他不知名的人在。詹姆士和我立刻一致同意，這個夢描述了他對自己存在的感受：與主流的生活隔絕，處於一種類似監獄的精神狀態。

經過更多的時間與治療，我們最終了解到，這個監獄的夢境也描述了詹姆士與雪琳的關係。儘管他多次告訴我，兩人之間已經結束了，並堅稱他要離開雪琳，但他似乎永遠無法掙脫。可能是因為非法藥物，雪琳曾經一度出現短暫的精神崩潰，在屋外對經過的鄰居語無倫次地尖叫辱罵。他也曾在出遠門參加醫學論壇時，發現雪琳與陌生人傳色情訊息討論要發生一夜情。但是似乎沒有任何事情可以帶來改變，面對雪琳淚流滿面懇求再給她一次機會時，他的決心會一次又一次地潰堤。

這是一段上癮的關係嗎？他留在雪琳身邊是因為強烈覺得自己不配擁有更好的伴侶嗎？這兩種觀點似乎都正確，但並不是很有幫助。詹姆士在最近的一次療程告訴我，他思考過一個沒有雪琳的未來，也就是與「更適合」的人交往的未來，但他覺得這是不可能的事情。他也無法想像與旗鼓相當的某人約會——另一位醫生或其他擁有金錢及聲望的專業人士。我終於意識到，雖然詹姆士也認為和雪琳一起生活是種恥辱，但這種感覺仍好過被新的對象拒絕。與雪琳一起的生活以一種奇怪的方式讓他感到安全……或至少這是可以預測的。

詹姆士知道雪琳的所有心理問題，以及經常會羞辱他的方式。事實上，最後我們也都很清楚，他時不時會故意刺激雪琳攻擊他。「我決定回家後要開始末日大戰，」他在某次療程中告訴我，這次療程的時間點是在兩人發生有史以來最嚴重的衝突後。他告訴我，他故意刺激雪琳直到她終於爆發，用扯破喉嚨的聲音喊叫著熟悉的羞辱：「完全失常的廢物！」「愛發牢騷的失敗者！」「真他媽的窩囊廢！」詹姆士氣到衝出門，買了一包香煙，然後又花了幾個小時開車在城裡閒晃，透過手機向一位又一位的聽眾講述他的悲慘故事。

我現在理解到，激起羞恥感的能力，也是控制羞恥感的一種方式。提前知道什麼事情會激起他人對你的人格進行攻擊，並巧妙策劃這樣的攻擊，帶來了某種安慰。這為某種更糟糕的事情提供了保護傘：詹姆士多年前在更衣室遇到的突然且意想不到的羞恥感，或者是如果離開雪琳，在新的對象身上遭遇到無回應的愛時可能會經歷到的羞恥感。比起無法預測的羞恥感，可以預測與控制的羞恥感，比較不那麼討人厭。

雖然我並未治療雪琳，但從治療其他類似個案的經驗來看，我確信雪琳大部分行為背後的原因也是強烈的羞恥感。雪琳的哥哥與祖父都曾猥褻她，她也自認是住在拖車長大的垃圾。但與詹姆士不同的是，她並未試圖預測與控制自己的羞恥感經驗。當詹姆士激怒她到逼近崩潰邊緣而讓她暫時失去思考能力時，她會反過來讓詹姆士感到羞恥。從詹姆士的敘述來看，聽起來雪琳在羞辱他時會有一種虐待狂式的愉悅。

施虐與受虐的兩方，無意識地合作撰寫與演出一幕幕場景，以互補的方式來緩解彼此的羞恥感。

持續的治癒童年

我抱持著一絲希望，希望我的介入最終能讓詹姆士離開這段有害的關係，與新的對象建立更良性的連結。在我寫下這些字句時，我們仍然每週會面兩次。詹姆士仍與雪琳住在一起，仍時不時會堅持說他想離開這段關係，說兩人已經澈底結束了，但是無論是我或他自己，都不相信他會堅持到底。這是一次發人深省的經驗，也是一次學習，讓我了解到性虐待會導致頑強的羞恥感。

而且除了羞恥感之外，這個個案還有其他需要處理的議題。當你只是個孩子而父親利用你來安慰他自己，你成年後就很容易發展出重複這種模式的關係——所有那些據說不關心詹姆士而只想要他的錢的女人。當你在童年時期被霸凌而發展出一套對抗羞恥感的防衛機制，這套防衛機制就無法輕易鬆手。當你年近五十仍覺得缺乏真正的自我認同時，你就會需要時間建立真實的自我意識。

我想詹姆士和我在未來一段時間內，仍會繼續每週碰兩次面。

第18章 當控制成慣性

精神分析學家皮爾斯（Gerhart Piers）與人類學家辛格（Milton B. Singer）針對罪惡感與羞恥感的差異的研究認為，受虐狂「藉由自己造成失敗，來防止由他人對自己施加的失敗（羞恥感）」。換句話說，正如我從與詹姆士（第17章）共事中了解到的，受虐狂是努力控制與預測羞恥感，以避免突然出乎意料地遭遇羞恥感。透過這種方式，「就可以避免真正災難性的羞恥感」。

諾拉（第15章）與萊恩（第16章）同樣都試圖控制羞恥感的經驗。每個人也都是如此，只是以不那麼極端方式下。為了不要以突然且意外的方式經歷羞恥感，試圖預測和控制羞恥感是很平常的事情。

我早就知道

我和一位名叫戴安娜的優秀女孩一起上高中，她最後畢業時是班上的畢業生致詞代表。雖然戴安娜在任何考試的成績從來都不曾低於A，但每次考試後，她總是看起來心煩意亂，她會向朋友堅稱自己沒有及格。有許多同學都覺得這種行為很惱人，我們覺得她只是想要被大家反駁與恭維，所以最後就不再安慰她了。我們反而會說，「總是這麼說，但是你也總是得A。」

「不對，這次不一樣，」戴安娜會堅持說，且臉上明顯帶著極大的痛苦。「我很確定知道自己考差了。」

「嗯嗯，當然。」我們會這樣說，然後從她身邊走開。

戴安娜可能想從朋友那裡得到安慰，但回想起來，我相信她無法忍受如果她在應該得高分的考試中考差了，可能會意外出現的（即使極不可能）羞辱。我猜想戴安娜的家庭裡有某種有害的完美主義，而父母大量利用羞恥感來鞏固他們的標準。不管出於什麼原因，戴安娜都發展出自己面對意外的羞恥感（期望落空或非本意的暴露）的方法，也就是預測。

在說明萊恩與詹姆士的狀況時，我特別提到了他們遭遇過突然且意想不到的霸凌事件。接著，他們就開始在其他人能夠羞辱他們之前，先羞辱自己作為預測與控制這種經驗的方法。更常見的是，提前預測自己會感到尷尬會提供某種無害的安慰，就像是悲觀主義者總是期待不利的結果一樣，然後當某些壞事終於發生時，他們會說，「我早就知道結果會是這樣！」悲觀主義者無法忍受出乎意料的失望，因此會預測並期待最壞的狀況。

有許多人也都會有比較溫和但確切相同的行為。請思考以下的敘述：

其他人較可能得到這份工作。

我就知道，沒有人會來參加我的派對。

我相信你已經預想到這一點，不過……。

晚餐可能不會太好吃。

這個構想永遠不會成功，但是……。

我每天都聽到人們說出這類的話。雖然預期會失望可能讓人感到痛苦，但顯然在沒有預期到的情況下遭遇失敗、拒絕或嘲笑是更痛苦的事情。

是我先說的

萊恩猛烈批評自己，讓自己無法行動，而不至於做出任何讓其他人可以羞辱他的事情。

大多數人也都曾在某個時候，為了防止其他人說出同樣的批評，而大聲先說出自我批評的言論。他們也可能希望被反駁，就像戴安娜一樣，但至少他們先發制人，提出了某種意想不到且傷人的論點。先發制人就如同預測，也能幫助我們控制羞恥感，「我知道這件衣服讓我看起來很胖。」

很少有人，尤其是朋友，會回答說：「你是對的，看起來真的很胖，去換另外一件衣服吧。」大多數人會堅持這件衣服實際上很討人喜歡，並稱讚你的品味。

以下這種自我貶低的言論也很常見：

我在說什麼蠢話啊！

天哪，我真是傻！

這是一個很蠢的問題，但是我想問⋯⋯。

我很抱歉結果蛋糕做得這麼難吃。

我不是專家，但是⋯⋯。

即使向他人說出貶低自己的言論看起來令人不快，但是我們顯然認為，比起聽到別人說出同樣的批評，前者比較不痛苦。在某種程度上我們會因而感到鬆了一口氣，因為我們也認同批評者的觀點，而不是那個被毫無頭緒斥責的人，這拉開了我們與羞恥感經驗的距離。就好像我們是在說：「不要以為我真的覺得自己很聰明、很有趣、很擅長運動、有魅力、很會下廚，還有以此類推。你不需要說出來，因為我自己知道。」

除了引起別人的反駁之外，自我貶低往往還能消除他人的戒心與激發友善的感覺。有些網站甚至提供如何策略性利用自我貶低來吸引與影響他人的指南。對你感到友善的人在未來比較不可能做或說一些可能讓你羞辱的事情。雖然有些自戀的人在短時間可能很有魅力，但大多數人都會對那些自視甚高的人感到反感，一個人的傲慢會讓人有股想要打擊他的渴望，而羞辱就是最有效的武器。

像萊恩一樣，許多人都透過自我貶低的想法來控制羞恥感，且從不會大聲說出這些想法。內在的批評者會貶低我們、削弱我們的勇氣，讓我們不願冒著非本意的暴露、期望落空、被排斥或單戀的風險。

你不夠聰明。

你不夠有魅力。

你太胖了沒辦法駕馭那件衣服。

你太笨手笨腳了。

她不是你配得上的對象。

這個笑話不夠好笑是因為由你說出。

這只是眾多令人沮喪的自我對話的一小部分。雖然貶低自己可能會讓人感到痛苦，但這樣做可以將某種可能是不受控制與羞辱的經驗，變成我們在自己個人的思緒內能夠調節的經驗。

有時，透過自我貶低來控制羞恥感的渴望，會激發出某些既批判性又刻意好笑的觀察。諾拉讓他人發笑的天賦，源自擔心有人會出乎意料地奚落或嘲笑她，而讓她出現無法預測或控制的羞恥感。諾拉的喜劇天賦讓她能夠把自己當成笑料讓他人發笑，從而使羞恥感經驗變得更容易控制。許多人儘管不如諾拉那樣頻繁，但也都以同樣的方式展現出自我貶低的幽默。他們會聚焦於個人感到羞愧的某個領域，可能是體重、愛情生活、服裝，並從中延伸出笑話。

羞恥感與喜劇

羞恥感在單口喜劇是極為重要的主題。有些喜劇演員可以做傑出的肢體表演，有些則擁有某種不可思議的能力，只要他們自己先笑，就能激發觀眾的歡笑，還有許多喜劇演員是藉由羞恥感的經驗來創造幽默。當一位單口喜劇演員開羞恥感的玩笑，並且觀眾也報以笑聲時，這位喜劇演員就提供給觀眾某種發洩的管道，同時也幫助自己控制羞恥感經驗。

有些喜劇演員例如里柯斯（Don Rickles）則是透過羞辱其他人來引起歡笑，你可以上 YouTube 看他在深夜電視節目或名人吐槽大會演出的片段。你會看到他侮辱卡森（Johnny Carson）、史柯西斯（Martin Scorsese）和狄尼洛（Robert DeNiro）等名人，這些人都是里柯斯的老朋友，且里柯斯也對他們懷有深厚的感情。里柯斯有一個訣竅，是他會以讓朋友感到被愛而不是被羞辱的方式，找出朋友有的某項明顯特質來開玩笑。

在一次為史柯西斯授予美國電影學會（American Film Institute）終身成就獎（Lifetime Achievement Award）的宴會上，才剛在史柯西斯的《賭國風雲》（Casino）中演出一個角色的里柯斯開始了他的致敬，他請人為這位身高只有一六二公分的導演拿一本電話簿，讓導演坐在電話簿上，這樣才能看得更清楚。「在演藝圈有四千萬個工作，我卻偏偏碰到一個矮子來指導我。」他接著告訴「馬蒂」說，他是里柯斯碰過「最煩人的導演」，鏡頭拍到史柯西斯笑到不能自已。里克斯在演說結束時，真誠地表達了他對史柯西斯的愛，前面的鋪陳也讓這段結尾更顯動容。

當然，帶有感情的模仿與攻擊性嘲笑之間的界線也並不是非黑即白，這種類型的幽默在缺乏情感的時候很容易變成殘酷的羞辱。

其他喜劇演員也常常透過揭露個人羞愧的事情，來讓自己成為嘲笑的對象。這既能讓觀眾感到有趣，又能引起觀眾的個人共鳴。雖然有許多反對針對肥胖進行羞辱的社會活動，但體重超重仍是許多人感到羞愧的原因之一。路易CK（Louis CK）在幾個固定的喜劇段子中，會取笑自己過重的體重，稱自己是「一坨狗屎」，並嘲笑自己有很糟的衝動控制能力。「在我吃飽的時候，這餐飯還不算結束，」他會宣稱。「只有當我恨自己的時候，這餐飯才會結束。那就是我停止吃的時候。」

雖然路易CK這些固定的喜劇段子很有趣，但你也會感覺到，自我憎恨與缺乏自我控制對他來說都是真實的問題。在觀眾之中的許多人，也都無庸置疑地認同這些問題，並因他的幽默而找到寬慰。我可以想像，挖掘他的食物／脂肪問題作為喜劇靈感，並讓觀眾因他自我貶低的笑話而發笑，有助於這位喜劇演員控制羞恥感。人們並沒有在背後惡意地談論他的體重，而是在路易CK希望他人因為他的體重發笑的時候，笑出聲來。

路易CK與許多其他的喜劇演員都會開變老的玩笑。性生活逐漸減少、身體的部位下垂與有損尊嚴的失禁，都是這類幽默表演的素材。邁入中年總是會對許多男女人造成某種自戀創傷，即使是那些不靠外表來支持自尊的人，也不能倖免。突然感覺自己被忽視，那些你覺得有吸引力的人不再注意你，也不再覺得你有性吸引力，這可能會激起羞恥感。剛從大學畢業的新人與專業領域的新進後輩，如浪潮般推向你，他們穿著不適合你的時髦衣物且經常去你感覺格格不入的俱樂部，這可能會激起被排斥的羞恥感。

在這個崇尚青春與美麗的文化，老化的身體本身就代表著一種非本意的暴露，因為每個人都可以看到你的皺紋和老人斑。毒舌名嘴瑞佛斯（Joan Rivers）在她的職業生涯後期就充分發揮老化議題的幽默感，她會在令人捧腹的獨白中講述下垂的乳房、陰道脫垂、腸胃脹氣、聽力喪失與灰白的陰毛。鑒於瑞佛斯一生中多次整型——抽脂、頸部拉提、眼科手術、定期注射肉毒桿菌和數次面部拉皮——她顯然苦於面對衰老的羞恥感。她在自己的單口喜劇表演中找到了一種取笑自己與身體，同時又能娛樂觀眾的方式。她在別人嘲笑之前先取笑自己，並讓其他人在她設計好的時間點發笑，藉此控制並淡化羞恥感的經驗。很遺憾地，最後她卻因整形手術死在手術檯上。

大多數人時不時都會嘲笑他們自己與所犯的錯誤，來化解他們的尷尬。我們透過自己先笑出來，或是和其他人一起笑，來控制羞恥感的經驗，減輕羞愧造成的痛苦。

狄珍妮某個精彩的表演段子就表現出這種日常的經驗。她會在一開始問觀眾這個問題：「你曾經撞上一面玻璃窗嗎？這時會發生兩件事：疼痛和尷尬。但疼痛的重要性不如尷尬，不是嗎？不管你有多疼痛，如果其他人在笑，你就會跟著一起大笑。」她用手摀住一隻眼睛，開始充滿感染力地大笑，並一遍又一遍堅持說：「這不是很好笑嗎！我流血了嗎？你看，這裡有血——這不是很好笑嗎！」

嘲笑自己的笨手笨腳或失言，可以讓你控制羞恥感經驗（非本意的暴露）並用幽默感來平息它。我們透過笑聲與羞恥感保持距離，讓自己身處觀眾之中，取笑那邊那個尷尬的自己，而不是單純成為不幸被嘲笑的對象而陷入羞恥感中。我認為自嘲的能力是情緒健康（emotional health）的指標，這代表著你肩上的羞恥感不至於過於沉重，而讓你必須隱瞞或完全否認自己有這種感受。

在我十二歲或十三歲的時候，我的哥哥丹尼斯（Dennis）才剛拿到駕駛執照，他有一次帶我去一速食店吃飯，那天晚上我們的父母一定是有其他的事情。丹尼斯和我面對面坐在一張塑膠餐桌上，吃著漢堡和薯條。我一直都很喜歡薯條，小時候我通常會把它們留到最後再慢慢吃。我哥很快就吃完他的餐點了，然後不耐煩地等我吃完。

他最終把手伸過桌子，一把抓起我剩下的薯條全部塞進嘴裡，然後跑出餐廳、跑向他的車。我很憤怒。

在丟垃圾並跟隨他到停車場的路上，我試圖想出最強烈且最尖苛的指責。我在心裡搖擺不定該說「你讓我作嘔！」還是「我鄙視你！」我從玻璃門走出來時，看到丹尼斯坐在汽車的方向盤後方得意地笑著。我隱約意識到，附近另一輛車的前座上有一個獨自在吃外帶的男人。我義憤填膺地在聲音裡放入了我所能聚集的輕視力量。

「我鄙視你！」

丹尼斯和附近車上的男人雙雙都笑了起來。我感到屈辱，臉上火辣地發燙。我很想收回那些話，讓那個場景重新再來一次。我很想跑回餐廳。

然後，我開始笑了。

從某個角度來看，例如從附近那位駕駛的角度來看，我說的話確實很有趣。那個早熟的男孩以他所有的詞彙量，急於展現出輕蔑與高人一等，卻無意中讓自己顯得很可笑。

透過與丹尼斯和那位駕駛一起大笑，我拉開了與羞恥感的距離，並讓羞恥感變得更容易忍受。這是大多數人用來控制羞恥感經驗的一種手段。

這一章以經典百老匯音樂劇《玫瑰舞后》（*Gypsy*）的女主角路易絲（Louise）作結。在最後一幕中，她的母親蘿絲（Rose）嘲笑並羞辱路易絲妄想擠身上流社會：「妳這個滑稽的女王，法語說得蹩腳，只是看書評就以為自己有看書！對他們來說，妳就是今年的新奇表演。」

路易絲兇狠地轉向母親，並告訴她「閉嘴，沒有人可以笑我——因為我自己會先笑！」

請見練習6，第346頁。

第三部

從羞恥感到自尊

FROM SHAME TO SELF-ESTEEM

接下來的四章將介紹從羞恥感恢復的基本要素。並非每個人都會經歷羞恥感反抗（shame defiance）的這個階段，但是如果想要成長，所有人都會需要培養面對羞恥感的韌性。正如我在本書闡述的，我們在日常生活中無法避免會出現羞恥感。當我們過度去逃避、否認或控制羞恥感時，我們就會變得脆弱和防衛性，無法成長且在面對生活的情緒挑戰時也無法維持韌性。成功度過羞恥感的遭遇，會讓我們對於自己在未來應對羞恥感的能力有信心。藉由成就建立自豪感，以及與重要的人分享我們感受到的喜悅，也有助於強化我們正在成長的自尊。

第三部並未提供從羞恥感一步步邁向自尊的步驟方法（但是在附錄B彙整的練習，會依序為讀者指引這段路程，而且我的線上互動影片也有更深入的指引：www.shamesurvey.com / learning-from-shame）。在第三部中，我將以自己的專業與個人經驗為基礎，援引在這個特定專業領域撰寫了大量著作的其他學者的智慧，來說明真實自尊的核心要素。布朗的暢銷著作中包含了發展克服自卑的練習。布蘭登（Nathaniel Branden）也寫了十幾本自尊心主題的著作，書中也有大量建立自豪感的練習。

第19章
羞恥感如何影響自我認同的形成

在網路色情與網路直播女孩出現的許多年以前，我曾與一位以鋼管舞者為生的年輕女子共事。雖然凱西渴望成為獸醫，但她當時幾乎沒有大學學分，也不具備專業的技能。她白天在一所社區大學上課，晚上在幾家「紳士俱樂部」工作。工作的收入很好，她在付了所有帳單、學費和治療費用後，每個月還可以存下幾百美元。有時她會在韓國的跳舞俱樂部擔任付費伴遊，但從未因錢從事性交易。

凱西在我們早期的療程中談到她的工作領域時，經常說她並不感到羞恥，反之，她堅稱對於自己在工作上的出色表現感到自豪。她在小時候學過體操和舞蹈，成年後也保持著良好的體態，她會精心安排自己的日常生活以確保自己能滿足顧客的期望。她擅長與男人社交，她會讓男人感到自在然後鼓勵他們購買私人的近距離跳舞表演，這是她的主要收入來源。凱西以獨立承包商的形式，為俱樂部工作，她總是準時上工，並在與主管相處時展現出專業態度。

在參加某個社交活動時，碰到有陌生人問起凱西的工作時，她會非常挑釁地宣稱自己以跳脫衣舞為生。雖然「脫衣舞者」（stripper）、「艷舞舞者」（exotic dancer）和「鋼管舞者」（pole dancer）這幾個詞常會混著使用，但意義並不完全相同。凱西可能身穿暴露的衣服，通常會裸露上身，但她並不會在男人色瞇瞇的注視下在舞臺上脫掉衣服。然而凱西不會準確說明自己的工作是什麼，而是使用一種的駭人的表達方式，希望讓他人感到震驚。

「我是一名脫衣舞者，而且我真的跳得很棒。」這像是一個挑戰：我看你敢不敢批評我。

雖然卡西對於有效善用自己在舞蹈與體操方面的訓練而感到自豪，但事實上，她並不以鋼管舞者的身分自豪。她在更深層的感受是，這是一份丟臉的工作。顧客大多把她當作一個幻想的對象，而不是一個真實的人。俱樂部裡煙霧繚繞且沒有窗戶的氛圍，讓她覺得自己很骯髒，就如同她無意識或有時有意識地覺得自己像個可憐的鄉巴佬一樣。卡西是在一輛雙棟寬的拖車裡長大的，她和單親母親以及母親的好幾任男友住在一起，但母親的幾任男友待的時間都不超過幾個月。她懷疑母親在艱難的時候曾下海賣淫。在凱西的成長過程中，舞蹈的美與體操的優雅讓她可以逃避家庭生活醜陋的那一面。

我會把凱西在聚會上的行為描述為一種反抗自己的羞恥感的行為，而非反映出真正的自豪感。在回答有關工作的問題時，凱西以耿耿於懷的態度回答，去挑戰對方。布魯塞克將這種行為描述為某種反向作用（reaction formation），其中「誇大的驕傲、自吹自擂、有教養但粗俗的態度，以及好出鋒頭的行為，取代了被否認的羞恥感。」

我則稱之為「羞恥感反抗」（shame defiance）。

我並不是說，凱西應該要感到羞恥，或者說紳士俱樂部的工作在本質上是可恥的。出於複雜的原因——有些是社會的因素，有些則與她慘澹的童年有關——凱西確實對於鋼管舞者的工作感到羞愧，而且是深感羞恥。她可以選擇讓自己因為這種羞恥感而默不做聲，將自己工作的產業當作祕密隱藏起來，或避免接觸到可能加深她這股羞恥感的人。但是反之，她卻反抗這股羞恥感並公開說出自己的工作。

羞恥感反抗與實際目標的實現無關，所以不代表真正的自豪感。我們可以將羞恥感反抗視為是在恢復的路上，必要但不足的那一步：在繼續培養真正的自豪感之前，就先擺脫羞恥感的束縛。對於那些因童年創傷背負著強烈無價值感或自卑感長大的人，或者那些被污名化、被社會排斥與終生承受蔑視的男女來說，羞恥感反抗往往就是恢復的第一步。

驕傲運動：接納自己的所在

出櫃對許多男同性戀與女同性戀來說是一件變革性的事，在某些方面有著與凱西的表現類似的羞恥感反抗。在經歷一輩子的羞恥感與自我憎恨禁錮後，這些個體終於擺脫了污名：「我不再屈服於社會強加在我身上的羞恥感，也不再將我的真實本性隱藏在黑暗中。我宣布放下羞恥感的重擔，並公開宣告為自己的性向感到驕傲。」

當然，沒有人該為自己的性取向感到驕傲。同性戀和異性戀是都是性吸引力的中立表述，本質上既不可恥，也不是真正自豪感的來源。相較之下，參與同性戀驕傲（Gay Pride）運動並接納其價值觀，則可能促進真正的自尊發展。同性戀者以自身對多樣性的寬容，以及大力支持其他受打壓者的公民權利，而感到自豪，如果你也重視這些價值觀，那認同這個族群就可能會強化你的自尊感。

屬於受人尊敬的群體，且不負社群共同的價值觀，是獲得自尊感的常見方式。無論男女都經常對自己的職業引以為豪，例如作為教師、科學家、醫師和心理治療師。人們常常會說，以身為自己服務的部門、政黨或教會的一分子而感到自豪。對於本書描述的大多數個案來說，加入新的社群並被接受，也以同樣的方式幫助他們從核心羞恥感中恢復。

許多其他在歷史上也承受社會污名的群體，也欣然加入了驕傲運動。這包括黑人驕傲（Black Pride）、肥胖驕傲（Fat Pride）或肥胖接納運動（fat acceptance movement）、聾人驕傲（Deaf Pride）等。這些運動的出現是為了反對社會上過於狹隘的正常觀點，反抗成為人類鐘形曲線（bell curve）的離散點所帶來的羞恥感。參與這類驕傲運動，通常代表著自我接納的開端與重要的一步，這是透過群體的共同價值觀和成就來建立自尊的一種方法。

相較之下，為了驚嚇他人或冒犯他人的價值觀，以正面衝突的表達方式展現偏離常模，就代表了在本質上是防衛性的羞恥感反抗。就像凱西在說明她鋼管舞者的工作時採取的「我看你敢不敢批評我」的說法，這類的羞恥感反抗並未反映出真正的自豪感，而是取決於對其他人採取一種優越的、侵略性或輕蔑性的態度，目的是讓其他人因據稱的不容異己態度而感到難受：「你是一個心胸狹隘的偏執狂，你應該要感到羞恥。」

有些人仍然深陷在這種狹隘的自我認同和羞恥感反抗之中，繼續以對抗社會壓迫力量的方式來定義自己，會讓他們發展自豪感與自尊的能力受到限制。而這通常是因為他們在面對世界整體的羞辱力量時，本身韌性有限，得來不易的自我接納無法承受來自陌生人的批評、排斥或刻意羞辱的挑戰。於是我們得學習克服自卑（shame resilience），這在第20章接續。

殘疾與羞恥感反抗

正如偉大的社會學家高夫曼所述，「社會建立了對人分類的標準，以及個體應具有哪些特質，才能被認為是這些分類中正常且自然的一員。」不符合這些類別標準的人就會遭受高夫曼所謂的「污名」，我會將其形容為羞恥感。從古至今，不只是不合乎類標準的性別認同或性吸引力會蒙受污名，偏離人體發育也是如此。

社會自古以來就讓聾人、盲人、身體殘疾或畸形、肢體缺失、身形異常高或矮，或在任何方面與常見的人不同的人背負著惡名。就這個意義而言，污名反映了對身體應有樣貌的期望落空。社會同時有著一套明確且微妙的標準，指出人們該有的行為以及外貌應是如何。嚴重偏離這些標準的人，就會感受到被排斥的羞恥感。而每當他們的差異引起別人注意時，就會感受到非本意的暴露的羞恥感。

高夫曼撰寫並彙整了一整套論文，內容聚焦於人們如何應對污名的羞恥感。他提到「自我認同受損」（spoiled identity）的控制可以採取多種形式。那些偏離標準但接受社會價值觀的有效性的人，可能會試圖符合這些標準，例如隱藏或掩飾污名並努力在表面上從眾。「躲在衣櫃裡」就是這種例子。躲在衣櫃裡的人已經接受了羞恥感並將其內化；將同性戀慾望隱藏起來的人會覺得自己不正常，並認為自己應該感到羞恥。以這種方式感受到自己的不完整，感受到自己不完全屬於人類族群的一分子，是一種強烈孤立且痛苦的經驗。

高夫曼表示，其他承受這種社會羞恥感的人「會傾向於聚集成小型的社會群體，其成員都來自〔同樣〕類別」的羞恥感。當意識到自己被一群和你相似的人接受時，被排斥的羞恥感就會消散。身處在物以類聚的群體，還可以避免在廣大的社會大眾面前可能出現的非本意的暴露的羞恥感。如高夫曼所說，最終以這種形式認同某個群體的人，可能會將這個群體視為「真正的群體，也是他自然所屬的群體」，並且會拒絕接受任何範圍更廣且更具包容意義的成員資格。

狹隘的自我認同

《背離親緣》一書中描述了自古以來被污名化的不同群體如何透過群體內的認同，或他所說的「水平身分」（horizontal identity），而從羞恥感之中解脫。在令人感動的一章章中，他講述了一些出生時患有軟骨發育不全（侏儒症）、唐氏症或其他身體異常症狀兒童的故事，還有出生時失聰或在早年失聰，或是在童年時期出現自閉症狀的兒童的故事，這些兒童後來在其他所謂的同樣殘疾的人身上找到喜悅、自豪以及某種歸屬感。我之所以用「所謂的」這個詞，是因為對於那些自古以來被污名化的人來說，擺脫羞恥感往往涉及到，學會將他們所謂的殘疾視為某一種多樣性的形式而非某種缺陷。

所羅門解釋說：「大多數聽力正常的人都認為耳聾就是缺乏聽力。但是許多聾人體驗到的耳聾並不是一種缺乏，而是一種存在。耳聾是一種文化與一種生活，是一種語言與一種美學，也是一種身體特徵，與一種異於其他所有人的親密感。」他援引聾人運動的活動人士帕登（Carol Padden）和亨弗里斯（Tom Humphries）的描述：「聾人文化讓他們不再認為自己是聽力不完整的人，而是作為具備文化性與語言性的生物存在於一個彼此共有的世界中。」聾人文化（Deaf culture）因此讓成員能夠透過和其他成員共享價值觀和成就，而產生自豪感。

同時這種文化也可能促進某種不容異己的態度，而使未能嚴格遵守其價值觀的成員則承受著被排斥的羞恥感，亦即反向羞辱（countershaming）。所羅門也描述了一些年輕人因耳聾程度不夠嚴重而被排擠甚至霸凌的例子。使用助聽器或出生時保有一定聽力的聾人，因為不算是真正的聾人而會被猜疑。一些聾人的活動人士會將選擇讓耳聾孩童透過手術植入人工耳蝸的父母，與納粹實施種族滅絕進行相比。羞恥感反抗可能會帶來自豪的感受，但是也可能反映出某種防衛心，這種防衛心態會強加被排斥的羞恥感在其他不屬於這群「自己人」的人身上。

高夫曼認為，有些人「以圈內人的立場角度，可能會主張採取激進且沙文主義的路線，甚至達到分離主義意識形態的程度。採取這種路線時，受到污名化的個體在與所謂的『正常人』混類接觸（mixed contacts）時，會讚揚他的同類所假定的特殊價值觀與貢獻。他還可能誇耀一些他本來可以輕鬆掩飾的刻板印象特徵。」雖然這些「特殊價值觀」可能包括能夠帶來真實自豪感的事物（例如同性戀群體特別有的寬容與包容態度），但「誇耀某些刻板印象特徵」的衝動往往反映出某種希望讓他人震驚、被冒犯和被羞辱的心態。

我並非在暗示，某人應該將這些刻板印象的特徵隱藏起來以免冒犯他人，而是當有人故意炫耀某些特徵或行為而非自然的行動時，這種炫耀行為反映出以防衛機制來反抗羞恥感，而不是表現出真正的自豪感，這就像是凱西用咄咄逼人的答案來回答有關工作的問題。這類的羞恥感反抗通常包括對其他人價值觀的蔑視，炫耀者隱隱想讓其他人對他們自己感覺不佳——因為他們照理（且往往是真的）是不容異己或心胸狹隘的。

在最具防衛性的狀態下，羞恥感反抗往往會依賴反向羞辱。在更廣泛的社會學層面上，我們這個時代同時有兩種代表性的趨勢，一方面有越來越多的人反抗任何形式的社會羞恥感，或捍衛在歷史上受污名的群體；另一方面，尤其是在社群媒體領域，有很大一群暢所欲言的人不斷堅持某些不寬容的個人或群體應該要感到強烈的羞恥。

評論某人無恥

我在撰寫本書時，將與我的主題相關的幾個搜尋詞彙設定了Google Alerts，特別是那些會出現在網路新聞文章中的字句，包括「羞恥感」、羞恥的（ashamed）與不知羞恥（shameless），以及用語「我並不因……感到羞愧」（I'm not ashamed of）與「應該要感到羞愧」（ought to be ashamed）。我很好奇這些詞彙如何以及何時會出現在大眾媒體中，但最後是這些搜尋詞彙的點擊次數與被使用方式令我感到驚訝。我最後以這項研究為基礎，寫下一篇標題為「只有其他人該感到羞愧」（Shame Is for Other People）的文章。

Google 工具提供我的許多文章，無論作者是男是女，內容都是在向全世界宣稱，他們並不因為自己的體重、性向、性別認同、離婚、墮過胎、對抗成癮、被強暴或性虐待，或患有精神疾病和各種身體殘疾而感到羞愧。我對於這一切並不感到驚訝。我們這個時代的特徵就是一股反羞恥感的時代精神：現今各個年齡層的許多人都將社會羞恥感視為必須抵抗的壓迫力量。

但是我沒有想到，會看到有大量文章堅稱是其他人應該要感到羞恥。這些作者憤怒地指責偏執狂、厭惡女性者、恐外者、羞辱病人肥胖的醫生、貪婪的實業家、無恥的逃稅者、沒有同情心的政客、毫無悔意的罪犯、疏忽的家長等等。我們往往會藉由羞辱他人來表達出我們所支持的寬容、同情、公平和某種社會責任感的價值觀。

近年來，羞恥感在政治領域也日益變成武器。身處分歧兩側的政治家，雙雙都譴責對手無恥，或堅稱對手因為持有這樣或那樣的立場而「應當要感到羞恥」。撰寫讀者投稿專欄的專家與作者會堅持，某個政黨的成員應該要為與撰文者不同的觀點而深感羞愧。這些指控隱含甚至明確指出撰文者所重視的價值觀，但是語氣往往很刺耳與自以為是。那些為受到社會羞恥感壓迫的受害者辯護的人，有時會以類似的自以為是態度，來表達自己的觀點。

在個人的心理層面上，當羞恥感反抗與試圖激發他人的羞恥感加在一起時，它往往會反映出某種虛假的自豪感：我對自己感覺良好，因為我與你不同。它類似於迦勒所使用的自戀型策略（第12章），或是我的長期個案妮可（第13章），他們都卸載自己的羞恥感並迫使其他人取而代之去感受這些羞恥感。在防衛心最強大的情況下，羞恥感反抗會以責備和蔑視取代真實的自尊。過度依賴羞恥感反抗與反向羞辱的人，在努力對抗無法承受的羞恥感時，可能變得越來越孤立、自以為是與動不動就評判他人。

莉莎的故事——誰才是不般配的那一方

就像在本書描述的許多個案一樣，莉莎也是在絕非理想的環境中長大。細節並不重要，我只需要說明，她在成年後背負著內在醜陋的強烈感受，也就是我在本書所說的核心羞恥感。在二十多歲的時候，莉莎與對她不好的幾個男人有過幾段為期不長的關係。雖然他們從未對莉莎有身體的虐待，但這些男人會在朋友面前羞辱莉莎，貶低她做的幾乎每一件事情，並期望她在床上以可說是丟臉的方式服務他們。某種意義上來說，這些都是施虐受虐的關係，而最好的理解方式，是將這些關係視為試圖在控制羞恥感。

在莉莎三十歲初頭時，她開始意識到有害的羞恥感這個概念。她讀了布雷蕭的書，意識到早期那幾段關係的不健康本質，以及羞恥感在其中所扮演的角色。她最終上奮起反抗羞恥感，並發誓再也不讓任何男人像那些男人一樣羞辱她。就像我在第1章介紹的激進女權主義者瑟琳娜，任何可能暗示不尊重的徵兆，都會讓瑟琳娜感到憤怒。莉莎也從那時候起，就堅稱她「太自重」了，絕不會再遭受這些虐待。

莉莎有很多才能。她是一位出色且富有創意的廚師、是一個半職業性質合唱團的成員，也是一位陶藝家。她以律師助理的身分養活自己，同時也追求自己在創作方面的興趣。她年近四十時，似乎已經營造了令人滿意的生活，有很多的好朋友，也包括幾對關心她的已婚夫婦。但她從未成功發展持久的浪漫關係。她和任何一個男人在分手前的約會次數都屈指可數。

莉莎每次拒絕某個可能的戀愛對象時都有充分的理由，但這些理由通常都可歸結為一些乍看的不尊重跡象。對方可能是沒有及時回電話，或者是對方因為她認為不夠充分的原因取消約會。在餐廳時對方可能有太多時間花在說自己的事情，問她的問題太少。她會以一種有點自以為是的方式，向朋友堅持出於自重她必須讓對方離開。她從不會給被她拒絕的男人第二次機會，也不會向對方解釋她斬斷關係的原因。

在奮起反抗羞恥感之前，莉莎經常給人一種自我貶低的感覺：她會輕視自己送給朋友的精美手工禮物，將自己與朋友之間可能發生的任何誤會都怪罪於自己。在有人指責她時，無論這些指責多輕，她都會道歉到令人感到不舒服的程度。她很有幽默感，但總是把自己當成笑料。

在隨後的羞恥感反抗階段，莉莎會因為任何微小的批評跡像而變得憤怒並指責對方。如果莉莎的某位女性朋友建議她或許可以給某位約會對象第二次機會，她就會說這位朋友不夠支持她，並有幾週都不跟對方交談。如果她和朋友有意見分歧，該受到指責的永遠都是另一方。如果其中一對已婚夫婦邀請她共進晚餐，但因為孩子的學校臨時有表演活動而不得不取消，她可能會當面說，她當然可以理解，但卻會在背後批評他們沒有禮貌。

莉莎變得越來越嚴厲與妄加批評。當莉莎視為親密朋友的其中一對夫妻決定離婚時，她發了一封嚴厲批評且鄙視的電子郵件給那位丈夫，基本上，莉莎在信中說對方是卑鄙的人並與他斷絕關係——但是離婚是這對夫妻共同的決定，且這位妻子對丈夫並沒有這樣的敵意。莉莎也會因為感覺受到冷落，或是因為她不贊成他人的生活選擇，而疏遠朋友，例如當莉莎認為朋友應該展現出自重並換工作時，朋友卻決定繼續留在某個艱難的工作中。隨著時間過去，她和大部分的老朋友都斷了聯繫，她的社交生活局限到身邊只剩下少少單身女性與男同性戀朋友。

雖然莉莎意識到羞恥感在她的生活中所扮演的角色，並反抗羞恥感最大的削弱力量，但莉莎對羞恥感的反抗卻導致她的生活變得越來越狹隘。為了避免自己暴露在被約會對象拒絕或羞辱的可能性中（單戀），莉莎先切斷了與對方的連結。莉莎逐漸減少並最終中斷了與所有已婚夫妻的聯繫，因為他們讓她想起了她在配偶與孩子方面未能實現的渴望（期望落空）。她先將其他人排除在自己的生活之外，而不願感覺到自己被排除在外。

隨著莉莎變得越來越嚴厲和妄加批評，她也會用到我在前面幾章說明的否認羞恥感策略。她對自己認為不尊重的跡象總是正義凜然與義憤填膺。如果其他人碰巧與她意見不合，或者行為不符合她的自重觀念，莉莎就會責怪他們，並且常常以一種優越的輕視態度來對待其他人。隨著時間過去，她過著越來越狹隘的生活，盡量減少與他人的接觸，以減少各種形式的潛在羞恥感。

像莉莎一樣，有些人會深陷在羞恥感反抗之中，永遠無法繼續前進。他們躲到狹隘的自我認同之中，限縮自己暴露在羞恥感家族情緒的可能性，採取某種防衛性的反羞恥感自我認同來取代真正的自尊。這類狹隘的自我認同，也會阻礙這些人發展真正的親密關係，因為真正的親密關係總是面臨著潛在的羞恥感（單戀、期望落空）。羞恥感反抗代表了在發展真實自尊的這條路上，踏出了必要但不充分的一步。

在一個不像莉莎的生活那麼局限的生活中，無法避免會出現羞恥感，所以如果我們要繼續成長，我們就必須學會經歷羞恥感的痛苦，而不是堅持自己沒有理由要感到羞愧（而其他人卻應當感到羞愧）。將羞恥感轉化為真正自尊的第二步，會需要跨越狹隘的羞恥感反抗，並發展布芮尼．布朗所說的「克服自卑」（shame resilience），這也將是下一章的主題。

請見練習7，第348頁。

第20章

克服自卑與拓展自我認同

因為我的觀點基礎是來自我作為心理治療師的經驗，所以本書的大部分內容都聚焦在羞恥感的臨床表現以及落在早期生命經驗的羞恥感根源。我在本書中間部分描述的大多數個案，都是由於在生命的最初幾年碰到嚴重的教養問題，讓這些個案承受著終生的羞恥感——照顧者的心理問題使他們無法提供孩子成長茁壯所需的同理心與共享的喜悅。當人類內在對愛與連結的需求得不到滿足時，當教養的方式大大偏離溫尼考特的正常藍圖時，結果就是導致某種強烈的期望落空：我們的基因傳承讓我們期待著情感上的同頻，當這點未能實現時，核心羞恥感就會占據主導地位。

即使我們這些沒有因核心羞恥感而困擾的人，也必須面對並學會處理情感的羞恥家族。當所愛的對象未能回應我們的注意力時，我們可能會感受到單戀的羞恥感。如果不屬於自己想加入的群體，我們可能會感到被排斥的羞恥感。在日常生活中，感受到非本意的暴露造成羞恥感的機會也俯拾即是，這包括從暴露出我們希望維持私密性的身體機能，到無意中的失言。每當未能實現目標或辜負自己的價值觀時，我們就可能面臨期望落空的羞恥感。

克服自卑代表學會承受這些不可避免的經驗，而不強烈地抵禦這些經驗——例如藉由縮減生活範圍來避免出現羞恥感，或者堅稱我們沒有理由該感到羞愧（而其他人則應當感到羞愧）。

除此之外，在全球各地的社會力量都可能刻意灌輸羞恥感。在第二章中，我討論到社會如何利用人類固有體驗羞恥感的能力，來強化社會的價值觀。有時，這種羞恥感有助於遏止那些無疑會損害社會結構的行為，例如兒童性虐待，或者是對弱勢群體或無助的被撫養者的殘酷剝削。但社會羞恥感也可能強加某種過於狹隘的期望，讓人在達不到這些期望時產生一種無價值感。

因此，克服自卑也代表著學會認識和面對社會羞恥感無法避免的影響力——這也是布朗著作的焦點。我對這個議題的看法，在很大程度上與布朗的觀點相符，她在幾本著作中成功說明了克服自卑這個主題，但因為我對羞恥感的理解涵蓋更廣泛的領域，所以我也進一步將克服自卑的概念擴展到她論述的範圍之外。

接受陰影，克服自卑

在揭露和挑戰社會羞恥感的壓迫方面，沒有人可以媲美布朗，特別是社會羞恥感針對女性應該有的外貌、感受和行為，既是完美主義且又往往互相衝突的要求。她將這些經常互相衝突的要求稱為「社會－社群期望」（social-community expectations），並提供以下敘述，說明這種期望強加在女性身上不可能達成的那些束縛：

- 保持苗條，但不要沉迷於體重。
- 追求完美，但不要對自己的外表大驚小怪，也不要為了達到自己的完美而犧牲花在家庭、伴侶或工作等的時間。妳就在後面默不做聲努力，妳會看起來狀態很好，而我們也不用聽到妳有多辛苦。
- 就做妳自己吧！自信是最性感的了（只要妳年輕、苗條、美麗……）。

布朗認為，必然無法滿足這些期望，讓女性困在一個「羞愧的網」（shame web）中，從而導致孤立以及與他人脫節。

發展克服自卑的力量時，首先要找到一群能夠構成你的支持網路的人，這些人在你訴說你的經驗時會以同理心作為回應，他們理解你所經歷的事情，因為他們也知道因為羞恥感而停滯不前的感受。我的一些個案藉由和有共同經歷的其他人建立連結，而從羞恥感之中解脫。諾亞（第9章）加入了由逃避羞恥感而性成癮者所組成的支持小組，這讓他的人生出現了轉機。當諾拉（第15章）在舞臺上給予即興表演劇團的其他成員表現空間時，她的自我感覺也變好了。當我們與認可、接受和共享我們經驗的其他人連結時，我們不僅不會讓羞恥感孤立我們，反而會變得更有韌性。

以將羞恥感視為整個情緒家族的觀點來說，克服自卑也代表著學會容忍這些情緒，而不是如我在第19章探討過的，完全反抗或拒絕感受這些情緒。我在這本書中說明了，即使其他人並沒有意圖要讓我們對自己感覺不佳，即使是先不談完美主義的社會－群體期望，羞恥感也是無法避免的。在生命中的某個時刻，我們可能會感受到單戀的羞恥感。每當感到被忽略或被遺忘時，我們就會感受到被排斥的羞恥感。非本意的暴露永遠都會激起我們的羞恥感。如果未能實現目標或違背自己的價值觀體系，我們就會感到期望落空的羞恥感。

發展克服自卑的力量，就代表著學會承認這些經驗，即使可能很令人痛苦，我們也不會強力去抵禦它們。當我們以讓自己孤立的方式來逃避、否認或控制羞恥感時，就無法形成布朗提出的那種關鍵性的連結。

在羞恥感上發揮脆弱的力量

布朗在她的著作中總是會強調勇氣對於促進個人成長的重要性，特別是在要求完美且持續不斷說著「我們永遠不夠好」的文化中，讓自己在他人面前展現出脆弱的勇氣。在《脆弱的力量》一書中，她用一份研究參與者的反應清單，描繪出脆弱性的樣貌。這項研究的所有參與者都被要求完成以下句子：「脆弱是＿＿＿＿＿＿。」我從她的清單中特別選出代表性的答案，並將它們重新整理在下方。

脆弱是：

- 我離婚後的第一次約會
- 先說出「我愛你」，卻不知道對方是否會愛我
- 提出某個不受歡迎的觀點
- 向世界介紹我的產品，但沒有獲得任何迴響
- 在公共場合運動，尤其是當我也不知道自己在做什麼，而且我的身材還走樣了
- 承認自己很害怕
- 獲得升職但不知道自己是否能勝任
- 被解僱

這份清單的前兩項表達了對單戀的焦慮：你對第一次約會對象的好感與感受到的吸引力，他也有在你身上感受到嗎？你所愛的人會說「我也愛你」，還是會對你棄之不理？分享不受歡迎的觀點，或發現世界不覺得你的產品有價值，可能會激起被排斥的痛苦。在公共場所運動或公開承認恐懼，可能會導致非本意的暴露。擔心自己在升職後可能無法勝任，或實際上被解僱，都和真實或潛在的期望落空有關。

雖然布朗沒有明確指出，但從她的研究中可以看到的是，讓自己變得脆弱往往代表著有風險會碰到羞恥感家族的某個情緒。脆弱性很令人恐懼，因為它讓我們面對在尷尬、羞恥感和內疚等情緒的核心之中，痛苦的那股自我意識。在面對情感的羞恥家族時，大膽無畏地面對，而不阻斷或防衛它們，就可以促進個人的成長，也有助於我們找到與他人的連結，並感受到自己有所歸屬。

對我的個案來說，發展克服自卑的力量，也包括鼓起勇氣讓自己變脆弱，也就是在可能的羞恥感之前仍能勇敢面對。莉茲（第7章）因社交焦慮而過著與世隔絕的生活，但她勇於面對自己的恐懼，從不苟言笑的韓國雜貨店老闆那裡買了一顆橘子。她最終也加入了一個作家小組，在那裡她和其他作家分享作品，並向其他人學習。迪恩找到了勇氣，讓自己踏出漠不關心的羞恥感禁錮，重新註冊大學，並與其他同齡的人一起學習（第8章）。諾亞（第9章）冒著巨大的情感風險，挑戰自己因羞恥感而沉迷於性和毒品的習性，在診所的支持小組中找到了自己的歸屬感。

這些個案都勇於挑戰讓他們陷於孤立的羞恥感，來建立克服自卑的力量。在這個過程之中，他們也因為自己的勇氣而發展出自豪感。後兩章我將說明，可以幫助我們建立自豪感，並讓我們能夠和最重要的人分享成就的喜悅。

幽默感的價值

極端自戀者有許多共同特徵，其中也包括無法笑看自己。為了逃避難以忍受的羞恥感，極端自戀者覺得必須要捍衛某種理想化的自我形象，這個形象證明了他們潛意識的缺陷或無價值感是虛假的。他們時時提防自己誇大的自我形象受到任何的挑戰，因此也無法忍受任何形式的批評。如果有人拿他們開玩笑，或用幽默打擊他們，他們就會將這視為一種攻擊，並以同樣的方式進行報復。而且，當然了，他們從不開自己玩笑。

根據我的經驗，那些對自己缺乏幽默感的人總是在逃避某種難以忍受的羞恥感。

在第18章中，我說明了自我貶低式幽默是控制羞恥感的一種手段。就這個意義而言，幽默是一種防衛性策略。但嘲笑自己的能力，也可以讓我們與他人建立連結，而讓我們從羞恥感的禁錮中解放。與其隱藏非本意的暴露或期望落空的羞恥感，我們找到某種方法，而能從自己的言行中看到幽默，並與他人分享。每當我們和信任的人一起嘲笑自己時，羞恥感就變得不那麼可怕，也不那麼讓人孤立了。當其他人在我們嘲笑諷刺的行為或是特徵中，看到他們自己的影子時，我們就可以透過幽默感來建立連結。

布朗認為自我貶低式幽默純粹是一種防衛性的舉動，是「我們有時會躲在其背後的某種痛苦笑聲」。反之，她提倡「會心一笑」（knowing laughter）在本質上不是防衛性的，而是「源自意識到我們共有的經驗的普遍性，無論這些經驗是正面還是負面的。」會心一笑可以連結我們與他人，而不會將我們與他人隔開。

但我認為，即使是自我貶低式的幽默也可以是某種會心一笑，而能幫助我們與他人建立連結。

我敬愛的岳父華特（Walter）是一位善於言辭且知識淵博的人，喜歡獨斷地發表意見（我們在家族中都這樣描述他）。他常常會在冗長的長篇大論結束時，停一下、微笑，然後說：「現在，我告訴你的已經比我知道的還要多了。」他有時會形容自己是「常有錯誤，但從不懷疑」。他很少會給我自命不凡或過於武斷的印象，當我覺得自己的角色被貶低為學生或沉默的觀眾時，他讓自己洩氣的方式總是讓我發笑。這讓我們在一個更平等的基礎上重新找回連結。

像路易ＣＫ這樣自我貶低的喜劇演員，不僅挖掘個人的羞恥感而提煉為幽默感，還讓觀眾在他的掙扎中認識到自己，並讓觀眾從他們的羞恥感中解脫。我想像他的聽眾中，有很多人暗自為暴飲暴食或其他強迫性的行為感到羞恥，或是為自己苦於無法自我控制而感到羞恥。每當路易ＣＫ自嘲時，他就在含蓄地告訴我們，「你看，你並不孤單。」我們不再因為自己的羞恥感而感到孤立，取而代之的是，我們會在解脫中一起笑了出來。

鑒於路易ＣＫ與羞恥感的緊密關聯性，在 #MeToo 運動期間言行被曝光的男人之中，只有他做了看似真誠且充滿羞恥感的道歉，也就不足為奇了。

雖然我的個案諾拉一開始會藉由幽默的自嘲來控制羞恥感經驗，且在我們進行治療的漫長中期階段，有時她會以開玩笑拉開我們之間的距離，但後來她會透過某種會心一笑的方式，讓我們更加和睦。諾拉對丈夫的心理問題也有豐富的洞見，她曾在某次療程中剖析兩人的某個意見分歧，並理智地將責任歸咎到丈夫身上，她採取的方式看起來並沒有明顯的防衛性或責備，但確實感覺有點過於理性，這是以事實與洞察力為基礎，針對丈夫的性格提出一個過度合乎邏輯的控訴。

然後諾拉停了下來，用她那滑稽的抑揚頓挫說道：「或者，另一種可能性是，我可能完全是在對自己說謊！」然後我們一起笑了，繼續討論她做了哪些事情造成爭執，以及她的合理化背後的可能原因。雖然我在療程期間並沒有說出口，但我也意識到自己同樣有時會用富有洞察力的合理化來欺騙自己，將婚姻中的爭吵都歸咎於當時的妻子。自我貶低式幽默並不一定會轉移焦點與拉開講笑話者和聽眾之間的距離，有時，一起笑出聲會讓尷尬或羞恥感變得可以忍受，反而可以將他們凝聚在一起。

內桑森認為，「喜劇，涉及到因曝光引發且能夠以趣味來面對的尷尬。我們希望隱匿的那些個人特質會成為羞恥感的資源與匯集。」內桑森在年輕時與之後的職業生涯中，都對單口喜劇演員哈克特（Buddy Hackett）深感欽佩。哈克特以黃色笑話、坦率表達內心的想法，以及喜歡讓觀眾席的觀眾感到難堪而聞名。「他願意揭露一些人們通常隱匿或保密的事情，這讓我們進入一種相互性、信任和開放的狀態，」內桑森寫道。「和這樣的人在一起時，我們不太需要擔心自己的祕密——當然，這就是他的藝術的重點。」內桑森認為，像哈克特這樣「有意識地尋求減輕他人痛苦的人都是醫治者，也都是治療師」。

在我與個案共事的後期階段，隨著個案變得更有克服自卑的能力，一起笑出聲也經常發揮重要的作用。我認為，能夠充滿感情地嘲笑自己，代表著情緒上的健康狀態。我又來了，做了那件以前做過很多次且令我尷尬或羞恥的事情。承認這一點並不如我所想的那麼難受。這甚至有點好笑。海倫．路易士認為，「笑聲也可以矯正或釋放羞愧的感受。當病人能夠嘲笑她的困難時，她就不會有羞恥感了。」能夠自嘲的治療師也會讓個案有安全感，就像哈克特歡迎他的聽眾進入「相互性、信任與開放」的狀態一樣。

在撰寫本章時，我碰巧發現自己在與一位好友交談時開了自己的玩笑。凱特來科羅拉多州進行一年一度的夏季旅遊。某天晚上我告訴凱特，在她到達的不久前我才與另一位朋友有場激烈的政治討論。我常常與蘭迪討論政治，蘭迪長期擔任政治說客，也深諳華盛頓的政治情勢。我們的觀點大多一致，但偶爾也會在尊重的狀態下出現分歧。我和蘭迪一樣，都喜歡和那些能夠用事實支持自己觀點，並開放傾聽反對意見的人，一起熱烈地辯論。

但我有時候都會這樣，當時我有點太好戰了，以至於蘭迪的妻子勞拉離開了桌邊去了另一個房間。那時蘭迪似乎從未有被冒犯的感覺，但幾天後，我們那天意見分歧的記憶不斷浮現在我的腦海中。後來向凱特轉述這件事時，我感覺那股堅定的情緒又回來了，「我才是正確的」的感覺再度浮現。

然後我讓自己停下來。

接著我改述我最喜歡的電影《收播新聞》（*Broadcast News*）中的一句台詞：「你知道的，要當房間裡最聰明的人，並且永遠比其他人都知道得多，是很困難的。」

我們因共同的理解而一起大笑了。凱特同樣也會固執己見，且有時以過度自信的各種方式表達自己。在三十多年的友誼中，我們都曾在晚宴或其他社交活動過後的第二天早上，打電話為一些乍看之下不當的行為道歉或尋求安慰。我覺得可以安心向凱特吐露，在蘭迪和蘿拉面前的言行讓我感到的尷尬。當我們一起笑的時候，我感受到了我對她的關愛，以及她對我的關愛。

「笑本身，」麥可．路易士指出，「很可能在生理上可以與羞恥感對抗。」換句話說，羞恥感會逐漸在笑聲中消散，尤其是當與我們關心的人一起笑出聲時。

從羞恥感中學習

我講述這個故事不僅是因為它展現出與可靠的人一起嘲笑自己，可以緩解尷尬並拉近與這位朋友的距離，還因為這個故事說明了我認為克服自卑最重要的面向：傾聽羞恥感與從中學習的能力。當我在接下來的幾天裡，不斷想起與蘭迪辯論的回憶時，這是一個明確的信號，代表我對我那晚的言行感到不舒服。無論這股感受是罪惡感、悔恨或尷尬，這些反覆出現的回憶都在告訴我，我出現了羞恥感家族的某些情緒。

我最終不得不承認，我比平常更激烈爭論，而讓我自己失望了。因為我試著尊重他人且不要傷害他們的感受，所以對蘭迪的好戰態度讓我感到尷尬（期望落空）。當我終於能夠承認自己的感受時，我為了迫使蘿拉離開房間而向她道歉。我後來也打電話給蘭迪確認他的感受，正如我所料，他並沒有生氣，而是很享受我們的對話，但我仍然違反了自己的標準與價值觀。

在第6章中，我說明了兩歲時非創傷性的羞恥感經驗，如何幫助孩子的大腦依據天生該有的期望發展，同時孩子也透過滿足父母對於孩子應該如何表現，以及應該如何對待其他人的期望，持續建立自尊。而在之後的人生中，羞恥感會繼續幫助我們建立自尊。當我們經歷羞恥感家族的某種情緒時，這股情緒通常會告訴我們一些關於我們自己是誰的資訊。這包括我們獨特的弱點與重視的價值觀，以及期望自己成為什麼樣的人。羞恥感也可能會指出我們需要更努力的地方，就我而言，是要控制自己過於自信的那一面。羞恥感（以罪惡感的特定形式）讓我們知道何時該道歉，何時該對可能被我們傷害的所愛之人做彌補。

如果我們抗拒並試圖防衛羞恥感，我們就失去了一次成長的機會。

解除你的防衛機制

像是否認、投射或合理化等心理防衛機制，都是用來逃避痛苦的策略，且所有人都會以不同的程度利用它們。暫時透過否認來應對難以承受的悲傷，是很正常且常見的事，這往往可以幫助我們度過情緒的危機，直到我們足夠堅強而能面對自己的痛苦。相較之下，過度且持續否認我們需要面對的真相，就代表著無法從我們的經驗中學習，尤其是羞恥感有時會呈現在我們面前的那些課題。

從羞恥感中學習，取決於認識並解除對羞恥感固有的痛苦自我意識的防衛機制。本書的案例研究，我想可以幫助你找出自己偏好的心理防衛機制（特別是如果你有進行附錄的練習）。發展克服自卑的能力代表著面對自己的真實面貌、認識到自己使用的防衛機制，並在這些自我保護手段阻礙個人成長時，能夠適時解除它們。

抵禦羞恥感通常會以否認、合理化，以及指責他人且同時堅稱自己無辜的形式出現。

在與朋友或某位所愛的人爭吵後的幾天裡，你是否發現自己一次又一次地回想起你們在劍拔弩張時說的話、重溫爭吵的每一個痛苦細節？如果你一再在與他人爭論的想像中為自己辯護，請停下來問問自己，你可能說過或做過什麼讓自己感到羞恥的事情。在大多數爭論中，雙方對所發生的事情都需負起某些責任。如果將全部責任歸咎另一方，你可能是在否認自己的羞恥感，因為你無法忍受你自己覺得羞愧。

面對羞恥感——也就是傾聽羞恥感並從中學習，也可以成為自豪感的來源。我的一生都在時而痛苦的自我反省中度過，有多年都否認自己的羞恥感，但我很自豪後來成為一個面對真相、承認錯誤並試著變更好的人。擺脫羞恥感反抗並發展強大的克服自卑，是邁向真實自尊的一個重要階段，讓我們在不負自己的標準與實現自己所選的目標時可以建立自豪感。我將在下一章繼續討論這些議題。

請見練習8，第351頁。

第21章 建立自豪感

在本書的前幾章中，我概述了父母在為孩子培養真正的自尊時，面臨的兩項連續性的任務。父母的首要任務是在孩子大約一歲的時候，讓孩子感覺自己就是父母情緒世界的中心、美麗且值得，是父母龐大的快樂來源。這是我們常說的那種無條件的愛。在孩子一歲時一切會進展順利，迷戀孩子的父母常常覺得，在歷史上沒有任何人經歷過他們所見證的奇蹟，也沒有任何父母像他們這麼愛孩子。

請回想一下面無表情實驗開始時，影片所拍下的互動：母親和嬰兒在共享的喜悅經驗中互相心領神會，鎖定彼此的眼神進行交流，就像是某種浪漫的迷戀——「你好棒、好完美，我喜歡你所有的一切」。嬰兒時期無法避免偶爾會出現錯失同頻和移情失敗，這些非創傷性的痛苦和挫折經驗有助於讓孩子的腦部依據預定的自然規律發展。總而言之，這時嬰兒會在一個讓她自我感覺良好的世界中成長，無論如何都只是因為嬰兒本身的存在。

在兩歲時，父母透過策略性使用不嚴重且可控制的羞恥感，開始讓孩子社會化，向孩子傳達父母對可接受行為的期望，並教育孩子如何生活在一個充斥著他人的世界，且他人的需求和感受也很重要。無條件的愛雖然仍具重要性，但有條件的認可開始成為重點：「我愛你本來的樣貌，但並非你所做的一切都是可接受的。為了獲得我的認可，你必須學會人類共存的規則，你必須尊重家庭成員的感受，以及你之後認識的其他兒童和成人的感受。」

在滿足合理的期望後，孩子會為成就感到自豪，並獲得喜悅的認可以及與父母重新情感連結，作為額外的獎勵。

在接下來的人生建立真正的自尊也會遵循同樣的模式。即使你背負著影響本書個案的那種核心羞恥感，你仍然可以達到自我接受的境界，並學會「接納自己本來的樣貌」。你可能永遠不會感受到，在生命早期那種因全心投入的父母不加批判的愛而產生的最大自信，但透過努力與誠實的自我評價，你可能會發展出自我疼惜（self-compassion）甚至是自愛（self-love）的感覺。透過設定切合實際的目標並達成自己的期望，你將可以建立自豪感，並與對你最重要的人分享你因成就而感受到的喜悅。

在過去的幾十年裡興起的自尊運動，總是混合與混淆自尊發展的這兩個階段。育兒專家與推崇自尊的心靈導師認為任何形式的批評都會傷害孩子的自尊，而建議要對孩子所做的每件事不吝給予讚揚。這項運動忽略了適當期望的作用，以及它如何幫助自尊健康發展：當孩子學習社交行為的規則並滿足期望時，孩子會為成就感到自豪，而父母的讚揚又可以進一步強化這種自豪感。在孩子學習關心他人的感受時，他們可能不得不放棄自己在宇宙中心的位置，但他們的收穫是有了歸屬感，成為家庭和關心他們的廣大社群的一員。

在大眾心理學領域有許多自助書籍都採用認知的技巧，聲稱可以幫助讀者透過無條件的自愛來建立自尊。這些書為了幫助讀者改變破壞性思維模式、增強自信並成功，這些書提出的解方是正向肯定與自我對話。特別是對於那些一輩子都在羞恥感中掙扎的人來說，這些技巧對於建立真正的自尊幾乎沒有什麼幫助，原因很簡單：自尊需要在人際關係的背景中發展。當我們與他人產生連結，並且被他人所愛時，對自我的感覺就會變更好。當與最重要的人分享我們的喜悅時，我們因為成就而出現的自豪感也會更加深刻。

布朗的著作以同理心和連結為重點，她提供了一條更實際的途徑來達成通常會在一歲時發展的自我接納（self-acceptance）。雖然她更側重於培養克服自卑的力量而不是強化自尊，但她在著作中提供了一系列的練習，讓讀者可以跟著做，以培養出讓讀者最終能夠感到自己「已經夠好」的那些條件。如果你是苦於發展自我接納的人，你會在布朗的書中看到一顆溫暖的心和接住你的一雙手。

實現自我接納，也就是感到自己「已經夠好」的那股感受，是發展真正自尊的必要但不充分步驟，這樣還不夠。除此之外，我們還必須透過設定和實現目標來建立自豪感。我們也必須不負自己的價值觀與標準。藉由這種方式建立自豪感時，我們就可以在正向回饋的循環中強化自我接納，這讓我們能夠自信面對其他挑戰，並繼續勇敢追求我們的目標。

自豪感的源頭

布魯塞克將最一開始的自豪感，描述為某種效能感或能力樂趣。只有四個月大的嬰兒也會依據意圖行動，例如伸手去拿東西或嘗試翻身，在達成目標時，嬰兒會表現出快樂，像是微笑或發出快樂的聲音，看起來對自己感覺良好。

能力樂趣會奠定人一生中良性自豪感的發展模式。根據內桑森，能力樂趣有三項要素：有意識且以目標為導向的活動；成功實現目標；以及為這項成就感到愉悅。「在人一生中，」他解釋道，「任何可以將個人效能與正向情感連結的經驗都會產生良性的自豪感。」雖然盡力而為也可能帶來自豪的感受，但成功達成目標時的愉悅感受，才是讓我們對自我感覺良好的原因。當你為了一件對你重要的事情長期辛苦努力，也許是你在經歷了挫折和屢屢失敗之後，最終才實現目標，這段自豪和愉悅的經驗，將會成為你一生難忘的回憶。

回想一下你最自豪的那些成就。我想你應該記住了異常多的細節，也許還可以喚起當下的情緒。那天我在紐約市的修道院博物館參觀，接到作家經紀人的來電話告訴我，聖馬丁出版社（St. Martin's Press）提議出版本書。講完電話後，我走出博物館，找了一張長椅坐下以消化好消息。公園裡的樹葉是初秋的顏色，更前方是模糊的哈德遜河和紐澤西的懸崖。這些過了很久都歷歷在目。

自尊運動在很大程度上忽視了對成就感到自豪的議題。自尊運動把重點放在慷慨給予讚揚和鼓勵，倡導一種無條件的愛，而不是滿足期望與達成標準後可以獲得的有條件的認可。在生命最初的那幾年中，父母、老師和其他影響人物會奠定這些期望與標準的基礎。在最理想的情況下，他們會鼓勵我們努力去做，並傳達相信我們會成功的信念。我們做到後他們就會讚揚並認可我們，這時我們就會感到自豪。

人類部落所持有的期望，特別是關於社群的標準和價值觀的期望，會持續影響人的一生。但作為成年人，我們也必須為自己決定想要實現的事情，並依據自己想要成為什麼樣的人，來形塑自己的價值觀體系。當實現這些目標，並不負我們的標準時，成就感的喜悅就會出現，我們也會感到自豪。

良性的自豪感是羞恥感的解藥，但是這並無法讓人完全痊癒，而是將羞恥感轉化為真正自尊的情緒煉金術的一項基本要素。當我們隨著時間過去而建立自豪感時，羞恥感就會變得不那麼重要、不那麼如影隨形、也不那麼決定性了。一生都因核心羞恥感所苦的人，永遠都會在某種程度上感受到核心羞恥感揮之不去的影響力，但他們仍然可以透過達成自己的目標，以及在生活上體現自己的標準與價值觀，來發展出真正的自尊。

經過多年的共事後，我在本書描述的大多數個案都不再抵抗羞恥感，而是鼓起勇氣去面對羞恥感，並去追求自己的目標。就像大學輟學的迪恩（第8章），有時候這段旅程意味著第一次抱持著雄心壯志設立目標，不會躲在漠不關心的態度背後，然後為這些目標努力付出。對其他人來說，心理治療則幫助他們實現了長久以來的夢想，就像諾拉找到了一種方法，藉由成就感來將自己古怪、控制欲強的幽默感轉變為自豪感的來源。在這一路上，我會在適合的時候給予個案鼓勵，並在他們成功時一起分享喜悅。

與真正關心我們的人分享喜悅與自豪感，會強化、鞏固我們不斷成長的自重。

自尊是種成就

布蘭登（Nathaniel Branden）在一九八〇年代左右是自尊議題最著名的權威，他在職業生涯中出版過超過十幾本書。不同於自助領域的多數作者，他側重於個人責任在建立自尊方面的影響力。布蘭登認為，「與人生有關的每一項價值觀，都需要透過行動來實現、維持或享受……自尊的高低取決於個人在他或她的知識與價值觀背景下的行動。」

簡而言之，正如我經常對個案說的，自重就像所有形式的尊重一樣，你必須付出才能贏得自重。這是一種成就，不是一種權利，需要我們一生都花心力去照顧。布蘭登解釋說，其中一個謬論「是相信只要我們接受自己是誰與是什麼樣的人，我們就一定可以認可有關自己的一切。」

為了贏得自重，我們必須訂定目標並對我們的行為負責，而不是躲到責備或受害者情結之中。我們必須有意識地選擇作為我們生活依據的價值觀，當然，每個人所選的目標和價值觀會有很大的不同。某些人會希望在他們的職業領域獲得成功並贏得同行的尊重；其他有著社群主義價值觀的人則會致力幫助那些比他們不幸的人。你的選擇顯然取決於你是誰，而建立自豪感也始於充分了解你自己。

諮商室外的治療

我的長期個案瑞秋在最近的一次療程中將自己描述為未完成品，語氣有些不屑一顧、輕蔑，彷彿接受了這麼多年的治療，這件事情早就該結束了。在那次療程中，我幫助瑞秋正視這種「進行中」（work-in-progress）的狀態也是自豪感的來源。多年來，瑞秋付出了莫大的代價、克服不便，投入自我反省。她以勇氣和毅力，吸取了在治療中經常出現的那些令人不快的見解，並好好善用這些見解。瑞秋仍然很樂意在接下來學到更多關於自己的事情。我告訴瑞秋，我非常敬重她投入的心力，而且她也應該如此：「你應該要為自己感到自豪！」

我也是，我同樣將自己視為未完成品。我的分析師曾經告訴我，當我可以單獨工作時，我們一起開的會議就會結束，他的含義是，這永遠不會真正結束。雖然在我的分析結束後的許多年之間，我一直都否認自己的羞恥感，並躲在優越的後分析自我中，但在那以後，我已經接納了這種羞恥感。我大部分時間都在設法面對它對我的影響，即使在我六十幾歲時，我仍持續更了解我自己。對我來說，內省就是一種生活方式。

我敬重瑞秋能夠將自己視為一項正在進行中的工作。即使這個過程很痛苦，我也仍持續透過面對我自己的真實面貌來贏得自己的自重。我為我們兩人都感到驕傲。

雖然有許多人都對自己需要心理治療感到羞愧，但過著自我審視的生活所付出的努力最終會成為自豪感的來源。治療需要努力付出，也需要經濟上的犧牲，在面對所有浮現出的痛苦真相時，也很需要勇氣，而這些個案都在這一路上贏得了自己的自重。

有許多無法負擔優質心理治療的人，仍希望能更了解自己。雖然大多數自助書籍都提供淺顯且過於簡化的建議，但布朗和布蘭登的著作可以為讀者打開這扇大門，並照亮讀者的心靈。有很多不同的方法可以提昇自我覺察，但是當我們努力去過一種自我審視的生活時，當我們以勇氣和無畏的誠實去面對自己的痛苦真相時，我們就培養出自豪感。

釋放羞恥感，讓你更懂得做選擇

自我覺察可以幫助我們做出更好的選擇。如果你不知道自己是誰，也不知道你想過什麼樣的生活，你就無法做出明智的選擇。為了追求傑出的父母會認同的一個理想自我，我的個案安娜選擇了一個讓她不快樂的職業。在她學著更了解自己後，她最終放棄了法律而成為一名瑜伽老師。她和丈夫一起創辦了一家成功的企業，這為他們帶來了自豪感與喜悅。

有時我們會因為缺乏所需的資訊，而做了糟糕的選擇，這也包括對我們對自己的認識與洞察不足。但是即使對自己了解更透徹，時不時我們仍會做出糟糕的選擇。我在第14章描述的法律助理娜塔莉想要準時上班，但她沒有去睡覺而是選擇看了兩集的《反恐危機》，結果是她睡過頭了。娜塔莉做了糟糕的選擇，這讓她對自己感覺不佳。但是即使我們對自己已經有更多的了解，大多數人也時而會做出糟糕的選擇。意識到自己做了很差的選擇，並從這次經驗中學到教訓、對這個選擇負責，進而在下一次做出更好的選擇，可以幫助我們建立自豪感。從經驗中學習的能力，就是個人成長的核心。

期望自己能夠彰顯出我們自己的價值觀和目標，並不代表著必須完美。布蘭登和布朗都提出要小心完美主義的危險，以及完美主義如何讓人封閉並讓人躲到羞恥感或否認之中。許多人都深陷我的分析師說過的「犯罪與懲罰的循環」，這些人所做的選擇讓自己充滿羞恥感，然後又因此而怪罪自己。他們會因為自己的不完美而自我折磨，這可能是在自己的思緒中，或有時是對朋友大聲說自己的不是。最終當這種自我懲罰自然結束後，記憶會消退，這個人會繼續前進，但卻往往再次做出同樣糟糕的選擇。

完美主義會阻礙我們從經驗中學習。當然，承認我們還有成長的空間，就代表著承認我們並不完美。永遠不能犯錯的期望，會讓個人成長變成不可能的事情。對所犯的錯誤負責與自我疼惜需要同時並進。所有人有時都會做出糟糕的選擇，當然我們也都很清楚：我們只是人而已。我們能做的最好的事情，就是不帶嚴厲地承認自己的錯誤、從這次經歷中學習，並試著在下一次做出更好的選擇。

成就感的需求

內桑森指出，「能夠做事情的自我，就是最好的自我，因為它是與興奮和喜悅最密切相關的『我』。」人類自出生後的最初幾個月起就以目的為導向。即使是嬰兒也會有意識地行動——也就是說，嬰兒會想要做某些事情，並且在成功做到這些事情時會感到愉悅。在人類生命的每個階段，任何缺乏意圖和目的的生活，都會顯得毫無意義，因為這種生活排除了建立自豪感的可能性。

努力實現目標並不代表著要逼自己去實現某個誇大的目標——例如變得極其富有，或者創辦一家規模媲美 Google 的公司（這是我以前的一位個案對自己的期望）。我們設定的目標必須符合現實，並與我們的能力相稱。在我這個年紀如果把贏得奧運獎牌當成目標，那這個目標肯定會失敗。使人樂觀的正向思維告訴我們要勇於摘星、要「夢想遠大」，要對自己的能力充滿信心。但如果你對自己的期望過高，你就剝奪了去實現更適合目標的機會。

現今崇拜名人的文化用現實中不可能出現的美好人物，不停對我們資訊轟炸，這些人都擁有龐大的財富和特權，過著光鮮亮麗的生活，這讓我們很難去重視日常的野心與成就。布朗描述了這個時代普遍有著對平凡的恐懼，以及因為平凡而感到羞愧，這是我們周遭那些完美的形象導致的結果。她認為，如果我們想要覺得我們已經夠好了，就必須找到方法去拒絕這些形象，並欣賞平凡如常的生活。

這並不代表，我們該安於某種缺乏意圖或目的的生活。為了建立自豪感，我們必須設定目標，即使是很小的目標也可以，然後努力去實現它們。如果娜塔莉能夠如自己預計的準時到達辦公室，她對自我的感覺就會更好。如果娜塔莉有履行了對室友的承諾，負起責任打掃公寓，那麼她就會贏得一些小小的自重。

實現的需求也不代表，我們該去設定無法實現的誇大目標。實現的需求反而是和謙虛的自我覺察，以及理解我們是誰有關，這包括我們的優勢和局限，以及訂定可以實現的目標和期望。當實現我們的目標，並實踐我們所選的價值觀時，我們就會對自己感覺更好。如果我們對自己期望太低且過著缺乏意圖或目的的生活，我們就失去了建立自豪感的機會。

自戀 vs. 真正的自豪感

極端自戀者將人類歸類為兩個互斥又互相關聯的類別，即贏家與輸家。而他們認為自尊是固定的一塊大餅（fixed-pie），數量有限，只有當我讓你對自己感覺不佳時，我才能對自己感覺良好。因此自尊對於極端自戀者來說是某種零和遊戲，他們不斷在防範那些他們怕會踩在他們身上贏得勝利的競爭對手。當無情的競爭變成主要的行動時，當勝利代表著對倒下的失敗對手幸災樂禍蔑視時，背後總是受到這股自戀衝動的影響。

真正的自豪感會讓其他人也可以有對他們自己感覺良好的空間。我可以達到想要的目標並建立自豪感，而不會降低你的自重。換句話說，具有真正自豪感的自尊，是一塊不斷擴大的大餅（expanding-pie），每個人都有空間可以設定和達成目標、活出自己的價值觀，從而讓這個世界有更多的自尊。事實上，正如布朗不斷強調的，因為我們「天生就渴望建立連結」，當與那些支持我們努力實現目標且我們也反過來鼓勵他們的人交流時，亦即當我們都一起取得成功時，我們對自己的感覺甚至會更好。

與所關心的人分享成就的喜悅可以強化你的自重，分享喜悅是建立真實自尊的最後一個步驟，也將是下一章的主題。

請見練習9，第353頁。

第22章 分享喜悅

二〇一六年秋天時，我有兩個月的時間在紐約市分租一間公寓。在一天的工作結束時，如果天氣狀況許可，我通常會步行到附近的中央公園，並經常穿過公園去大都會藝術博物館。在週末有比較長的時間時，我會在穿過公園後冒險向北走更遠，進入峽谷區（Ravine）和北方森林（North Woods），然後回程時會穿過第五大道附近的溫室花園（Conservatory Garden）往回走。

在十一月六日星期六，當我接近上東區時，聽到意想不到的歡呼聲逐漸變得大聲。沒多久我就明白了這些歡呼聲是什麼。那年秋天，即使是對長跑不感興趣的人也一定會注意到在貼在店家窗戶上與建築工地圍欄上的所有公告：正在舉辦紐約馬拉松（New York Marathon）。我在第五大道找到了一個可以觀看比賽的長凳。

街道兩旁都是一張張的笑臉。許多觀眾都舉著明顯自製的標語牌，成群結隊的人揮舞著橫旗幟，上面寫著：湯姆的朋友。艾莉森衝啊！莎拉，我們在為妳加油！比爾，跑到終點吧！跑者經過時——有些人在比賽的這個最後階段緩慢地跑，另一些人則是三三兩兩步行或跛著腳走，其中一名男子用健壯的手臂推著輪椅——旁觀的人會喝采並大聲打氣。志工們將瓶裝水分發給不認識的跑步並給予支持：「幹得好！你快到了！你可以的！」人群中散發出一股喜悅的情緒。坐在我的長凳上時，我也很開心而且我發現自己在微笑。

直到那天，我才明白馬拉松跑步的魅力。為什麼要讓自己承受如此筋疲力盡的折磨以及必然的疼痛和筋疲力竭？這有什麼意義？這經驗使我終於明白，和朋友一起訓練、參賽，並且家人和支持者會一路為你加油，這體現了我的理念建立自豪感和分享喜悅，在發展真正的自尊上的作用。

紐約馬拉松的跑者必須在一定期間內參加多次的馬拉松比賽，並合乎時間標準，才能報名參賽。在比賽日前他們通常訓練好幾個月。這類比賽通常需要長期的努力訓練，以培養必要的肌力和耐力。跑者會在幾個月前知道比賽日期，並以練習距離越跑越長的方式來準備。有時候跑者會透過長途騎自行車或在健身房進行肌力訓練來提高耐力。除非是打算用走的走完整場比賽，否則你不可能只是比賽當天出現在馬拉松，就期望自己能夠完賽。

跑者衝過終點線時雖然已精疲力竭，但他們的自豪感是顯而易見的。為實現目標而努力與實現目標時的自豪感，會讓你對自己感覺良好。當與關心你的朋友和家人分享這股自豪感時，當一起慶祝你的成就時，這股自豪感就會更加深刻。當我在傍晚回到上西區時，一群群的朋友和家人都坐在哥倫布大道沿路的餐廳前的人行道桌上一起慶祝，其中許多人都還穿著跑步衣。

建立自豪感、分享喜悅——這就是我們邁向對自己感覺良好的方法。

詹姆士（第17章）也是積極為跑馬拉松訓練以及參賽。在詹姆士完成一場比賽時，他很難承認自己因為成就感到自豪。雖然周圍有其他參賽者，但詹姆士還是孤獨地完成比賽，在每場比賽結束後就會收拾行李獨自回家，而不會停下來享受這一刻。有段時間雪琳會和詹姆士一起訓練以及跑馬拉松，但她介意詹姆士更快完賽。她也不滿詹姆士的體態比她好，因為詹姆士比她更努力訓練且訓練的時間也更長。他們並沒有一起分享任何喜悅。

當然，在紐約馬拉松的每個組別只會有一個人勝出，而且只有核心的那群世界級跑者精英渴望成為贏家。其他參賽者並不會因為沒有第一個衝過終點線，而覺得自己是失敗者。相反地，他們感覺自己很棒，設定了目標、努力去準備，然後實現了自己設定的目標。可以說，這就是能力樂趣。他們也與所愛的人分享了成就的喜悅，這些親友當天特別來支持和鼓勵他們。

在衝過終點線時，這些跑者會擁抱與拍打其他完賽跑者的背。他們會打開水瓶，把水倒在彼此的頭上。他們會一起大笑，有時甚至會一起哭。真正的自尊，會希望其他人也對自己感覺良好。

嫉妒、羞恥感與競爭

找到其他人來分享你的成就喜悅，並不總是那麼容易。競爭心強的人可能會因為你的成功而感到受威脅，彷彿你的勝利就代表著他們的失敗。那些在核心羞恥感中掙扎、尚未找到建立自豪感方法的人，在聽到你的快樂時可能會以一種狹隘與針對個人的方式去解讀：你已經實現了我想要但達不到的成果。這可能導致他們嫉妒你。

當我的個案莉茲收到消息，她的另一篇短篇小說被一家文學期刊接受出版時，莉茲在作家小組分享了這個好消息。成員大都為她的成就鼓掌，除了一位競爭心強的成員對她說：「嗯，這可能不是《紐約時報》，但至少是某家期刊。」在那次小組聚會之後的幾天裡，莉茲想到的並不是其他人的高興祝賀，她一直想起這個特別的評論。這位嫉妒的作家至少暫時破壞了莉茲的快樂。

即使你不希望別人因為你的成就喜悅而難過，但他們仍可能在你談到自豪的感受時嫉妒你。嫉妒和競爭，都是人性，也是社交生活的一部分。有時嫉妒可以讓人看到我們想要擁有什麼，並幫助我們為此努力。有時候，嫉妒會讓人想要攻擊他人，就像莉茲碰到的狀況。談論自豪感可能是很危險的事情，有時候即使你並未洋洋得意或以自戀的方式描述成就，也會造成其他人對他們自己感覺不佳。

謙遜和處事技巧可以幫助我們將談論自豪感的風險降到最低。這不表示我們必須輕描淡寫成就，或以自我貶低的方式去表達，但謙遜可以避免誇大我們的成就或是說個不停。處事技巧也會有所幫助，沃姆沙爾將處事技巧描述為意識到對方羞恥感程度的能力。圓滑地意識到聽眾可能會感到被貶低的原因，可以讓人在談論自豪感時避免無意羞辱到他人。有時這代表著不要說出自己的成就，因為成就而感到的自豪與喜悅，有時只能是一種孤獨的經驗。

加入一個成員與你沒有什麼太大差異的團體，可能可以緩解這種孤獨感，這些成員會支持你努力建立自豪感，也會分享你的成就喜悅。

你歸屬感的來處

雖然諾拉成功讓觀眾大笑，但她控制欲強的幽默感也讓她在舞臺上孤立。當她讓其他的劇團成員也有好的表現，她對自我的感受就更好了。這是一群有著共同目標的演員，身為其中的一分子，以及可以與成員一起為成果感到高興，都讓諾拉建立了更強大的自尊。

《背離親緣》一書中，闡述為了患有自閉症或唐氏症等殘疾的孩童而挑戰社會污名的父母。有時，這些家長會努力讓孩子融入主流的學校教室環境，以便孩子可以接觸到普通的標準，以及身處一個包括普通學生在內的更廣大的世界。這些父母也會幫孩子找到由相同殘疾的人所組成的社群。雖然回歸主流讓孩童可以離開被隔絕的教室，但卻自然使孩童背負污名與被孤立，因此找到由共同經歷的人組成的社群，對於建立自尊就更為重要。

一位母親建議：「把心力花在讓孩子融入，但也要在唐氏症社群找到位置，你的孩子最重要的友誼都會來自這裡。」特別是在青春期，當唐氏症孩童的不同更顯而易見時，接觸到普通的孩童可能會讓唐氏症孩童痛苦地意識到自己缺乏的能力，以及無法希冀實現的成就，因為周遭的普通孩子都在訂定他們的期望，這帶來了期望落空的羞恥感。在唐氏症社群內的社交互動，可以幫這些孩子重新定義期望，從而讓孩子有更多機會得以滿足期望與建立自豪感。有同樣殘疾的人更能夠同理彼此的目標，且更能在彼此實現目標時為他們感到喜悅。

正如布朗所說：「人類天生就渴望建立連結」。每個人都需要歸屬感。因為我們在很大程度上會透過人際關係去建立自我認同，並定義自己，所以我們需要去找到那些團體，也就是成員可以同理我們的經驗、理解我們在努力實現目標時面臨的挑戰，以及會為我們的成就感到高興的團體。參加唐氏症社群或參加作家團體，只是眾多選項的其中兩個。

建立自豪感與共享喜悅的機會無所不在，取決於你的特定目標和興趣，像是在職場隸屬於一個有凝聚力且高效的團隊、打排球聯賽或參與社區劇場的演出。當然，並非所有的社交關係都圍繞著建立自豪感與共享喜悅。在愛情伴侶和親密好友身上找到無條件的愛，也會讓我們對自己的感覺良好。建立自豪感和共享喜悅，可以讓我們的自尊更加穩固。

羞恥感、自豪感與喜悅

金斯利（Emily Perl Kingsley）是一位唐氏症兒童的母親，她所寫的短文〈歡迎來到荷蘭〉（*Welcome to Holland*）在網路上被分享和轉發了幾千次。這篇短文是令人痛苦的一個諷喻，內容是關於盼望擁有一個正常的孩子，卻生下與撫養一個殘疾孩子的經驗。

我在這裡完整重現這篇短文，因為它也可以視為核心羞恥感的長期痛苦的諷喻，以及核心羞恥感如何可以與自豪感和喜悅共存。

時常有人問我養育一個殘疾孩童是什麼感覺——這種時候為了幫助對方理解，我總是這麼說：當妳準備迎接新生兒，感覺就像是規畫美好的義大利假期。妳買了一堆旅遊書開始規畫旅程，羅馬競技場、大衛像、威尼斯的貢多拉船。妳也學了幾句簡單的義大利語。這一切都非常令人興奮。

經過幾個月的熱切期盼，出發的時刻終於到了。妳收拾好行李然後出發了。幾個小時後，飛機降落。空服員走進機艙說：「歡迎來到荷蘭。」

「荷蘭？！？」妳問。「妳說什麼？我訂的可是義大利的旅程！我現在應該要在義大利。我這一生都夢想著要去義大利。」他們解釋因為飛行計畫改變，飛機已在荷蘭降落了，所以妳必須留在那裡。何況他們沒有帶妳去一個可怕、噁心且骯髒的地方，充斥著瘟疫、飢荒和疾病。這只是妳預料外的地方。

所以妳去買了新的旅遊指南，也學習荷蘭語，並遇見一群原本不會遇見的全新的人。這就是一個**不同的**地方罷了。這裡的步調比義大利慢，也沒義大利那麼繁華。不過當妳在這裡待了一段時間，可以放鬆地環顧四周……妳注意到荷蘭有風車……荷蘭有鬱金香。荷蘭甚至還有林布蘭的畫作。

但妳身邊的每個人都忙著去義大利……並且不斷誇耀在那裡度過了多麼美好的時光。而在妳的餘生中都將懊惱：「我原先也計畫要去那裡的。」

而那股痛苦永遠、永遠、永遠都不會消失……因為失去這個夢想是一個非常、非常沉重的失落。

但是如果妳用一輩子怨歎沒能去義大利，妳可能就永遠無法享受荷蘭特有而可愛的事物。

倒數第二句說明了：有些痛苦——例如父母不愛你的痛苦——將會持續一輩子。當核心羞恥感在生命的最初幾個月和幾年內出現，或甚至是之後由於不可預見和意外的創傷而紮根時，它帶來的就會是終生的印記。

我認為養成克服自卑的能力、建立自豪感和共享喜悅將有助於我們療癒，但這永遠無法讓我們完全痊癒。在蕭爾對新生兒大腦成熟發展的磁振共振研究中（請參閱第5章），他說明了在生命最初幾個月和幾年的發育關鍵期中，當嬰兒無法獲得所需的情緒性同頻和共享喜悅時，嬰兒的腦部可以看出受到影響，而且這些孩子在之後的一生中都會承受著這股痛苦的失落。

我並不是說這種早期的缺損會嚴重阻礙我們的成長與發展。近年來，神經可塑性也受到大量關注；科學家幾乎每天都在發現讓大腦重新連結的方法。但是神經可塑性有其限制。如果大腦具有無限的可塑性，那麼腦部損傷就會是一件微不足道的事情，會是像其他傷口一樣，可以由身體自行癒合。與媒體大肆宣傳的許多新發現一樣，新聞報導也將神經可塑性誇大為某種神奇的療法。

我認為在人的一生中是可能會有心理性和情緒性的成長；但我也認為這有時是有限的，尤其是當核心羞恥感在童年時期扎根時。只要我們不否認也不忽視羞恥感，以及接納羞恥感經常提醒我們的那些重要課題，我們就可以靠勇氣和努力，過著充滿自豪感和與他人共享喜悅的有意義的生活。這些課題一部分是關於我們的價值觀與標準，關於我們期望自己成為怎樣的人，但是也會與我們的局限有關。

史翠普在她感人的文字中，描述了被不愛女兒的母親撫養長大的女性，這些母親通常是因為自己的嫉妒和自戀而貶低與羞辱女兒。她也建議讀者不要再問自己，如果有一個不同的母親的話，自己會成為怎樣不同的人，也不要再希冀能夠完全被治癒。「我認為，我們思考和討論療癒的方式很沒有成效；我們期望自己恢復正常而能變得『完整』，就像是某個被深愛和好好照顧的人一樣，但坦白說，這是不可能的。每當我們的傷口因某個事件或經歷而再次裂開時，或者當我們對自己感到失望並以那些舊的熟悉模式行事時，這種期望就會導致我們對自己更不耐煩。它會鼓勵我們維持自我批判。」

史翠普認為，即使是那些由「刻薄母親」養育大的女性，只要沒有把完全治癒當成理想化的期望，就有可能達成有意義的成長，而我也認同她的觀點。

讀者有時會反對我提出的，核心羞恥感就像是某種身體缺陷的論點。如果你是一位胸懷大志的半身不遂者，你可能會坐著輪椅去參加紐約馬拉松，但你不會期望自己能夠用跑步的方式參賽。身體的障礙與殘疾，會以某些方式限制我們能夠實現的目標，但不會妨礙我們在這些限制內去設定與實現目標。我們也仍可以與他人分享成就的喜悅。同樣的這種限制和可能性，也適用於核心羞恥感。我們可能終生背負著童年創傷留下的傷痕，但這並不代表我們無法發展長遠的自豪感和快樂。

意思並不是說，我認為這些人應該感到羞愧，而是我認為他們勢必會面臨。

所羅門敘述了一個唐氏症男孩的故事，以及男孩的父母為了保護他免於污名所做的勇敢努力。他們為男孩提供了一個不斷給予刺激的環境，教他一般同齡孩子會學的東西，並透過成就和共享喜悅來幫助他建立自尊。他後來與他人合著了一本關於自己經歷的書，在演講和全國播出的電視台上討論自己的經歷，並在《芝麻街》中固定扮演某個角色。

母親某天晚上為他蓋被子時，他說：「我討厭這張臉。你能找一家店為我買一張新的臉、一張正常的臉嗎？」還有一次他告訴母親：「我對唐氏症這整件事感到很煩、很厭倦。這件事什麼時候才會消失呢？」周遭都是人數遠遠多於自己的普通人，讓他因為他們時時展現出的期望而深受折磨。雖然受到幾百萬人的愛戴、欽佩和尊重，但他卻與那些有著一張普通臉孔的人不同，這讓他感到羞愧。然而，這種期望落空的羞恥感並沒有毀掉他的生活；不論唐氏症，他都過著讓自己和父母感到自豪與快樂的生活。

妮可在剛開始治療時，是一位深受折磨的年輕女性，經過多年的辛苦努力妮可有很大的成長，她順利結婚、有一番事業，並生了孩子。她為了維繫婚姻，學會不再否認自己的羞恥感，並接納「邊緣型妮可」。她需要承認，即便自己在很多方面都有能力去應對，但是她在過度投入時狀況往往會惡化，她會崩潰而重新陷入責備和指責之中，她會出現蜘蛛的幻覺或者感覺腦海中有歌曲不停在循環播放而折磨她。

當妮可密切留意自己的羞恥感，當她努力但不裝成女超人時，她就能找到事業與婚姻的平衡，同時也可以當對孩子們來說夠好的母親（good-enough mother）。只要妮可認同自己的局限並且不抗拒羞恥感，她就能繼續建立自豪的感受，並與家人、朋友和其他音樂家一起分享自豪感。正如金斯利告訴我們的，只要你對義大利的渴望不至於成為阻礙，你就可能可以欣賞和享受在荷蘭生活的許多迷人之處。

簡而言之，羞恥感和自尊並不是兩件對立的事情。對某些人來說，自豪感的實際成長會取決於認同核心羞恥感所施加的限制。對每個人來說這都代表著，當羞恥感告訴我們有愧於自己的良性期望、我們未能成為我們想成為的人時，好好傾聽羞恥感，並從羞恥感中學習。

正如我在本書一開頭即提出的，通往真實自尊的道路無法避免會經過羞愧之地，而且我們永遠無法真正離開。

請看練習10，第357頁。

附錄A：測驗分數的意義與指引

在回答中，每一個「從不」的分數是〇分。每一個「很少」的分數是一分，然後「偶爾」是兩分，依此類推，直到你有了十六道題目各別的分數，然後將它們加總，即為你的分數。

在我首次設計出這項測驗後，所進行的調查樣本中，受訪者的平均得分約為二十七分，有大約六八%的受訪者得分在十一分到四十二分之間。如果分數在這個範圍內，那麼你出現羞恥感家族情緒的頻率，與其他大多數人在日常生活中的經驗很相近。請記住，我們談的「羞恥感」並不是有害的。這項測驗的重點不是病徵，而是社會生活中常見會讓人感到尷尬、不自在、罪惡感、羞恥感，以及感受到其他羞恥感家族情緒的狀況。

在我的受訪者裡，他們的答案集中在「很少」（三六%）或「偶爾」（三四%），你可能會解讀羞恥感並不常見。但當考量到，有平均三四%的受訪者都偶爾會遇到這十六項陳述中的每一種經驗時，羞恥感就感覺更普遍了。如果我偶爾發現自己成為惡意八卦的主角，並且偶爾在群體中因為自己的觀點而感到孤立，以及依此類推到其他的十四項陳述，那麼我一定常常會感受到羞恥感家族的某些情緒。

有三六％的受訪者表示，經常無法履行在新年所立定的新志向，這應該是在預料之中。有二七％的人表示，在團體之中常會覺得自己的觀點獨自與他人不同。較少的人（一一％）表示，經常在公共場合做出笨拙的事情，而幾乎有同樣多的人（一三％）承認在社交活動中經常喝太多酒，雖然我預期後者的比例會更高。而根據我自己的經驗，這些都是相當普遍的經驗。

如果分數超出了我的樣本的平均範圍怎麼辦？這項測驗的設計並不是為了探究原因，我只能提供某些可能性。如果分數低於平均水平，你可能過著幸運（或過度保護）的生活，使你免於這些常見的經驗。你可能過著孤零零的生活而與他人沒有太多接觸。另一方面，你可能強烈抵禦羞恥感的遭遇，因為覺得它們難以承認與忍受。在第二部中，我探討了人們用來避免、否認或控制羞恥感的典型防衛策略。你可能會在這些頁面中，看到自己的行為。

如果得分高於平均分數，那麼羞恥感在你的生活中所扮演的角色，比大多數參與調查的人都還要重大。你可能因為各種原因而對羞恥感非常敏感——例如父母過度利用羞恥感來糾正你的言行。或是童年時曾經遭受創傷或碰到極端教養失職的狀況。這類兒童時期的早期事件的影響，以及它們如何向孩子的內心灌輸缺陷感和無價值感，使孩子對日常遭遇的羞恥感比其他人更敏感等討論，貫穿了這整本書的內容。

這項測驗的十六項陳述的內容，和我在第一部所探討的四種羞恥感典範有關。要詳細了解統計數據，以及每種模式在調查樣本中所扮演的角色，請上第18頁的網址。你會看到另一項測驗，這項測驗的目的是找出你在應對羞恥感時特定的防衛策略，做完便會得到提高意識、解除防衛性機制的建議，以及養成更好應對方法的指南。

附錄B：重拾自尊的練習

在開始做這些練習之前，我建議你花一些時間集中注意力。實現目標可以讓人建立自豪感，而未能實現目標時則會讓人感到羞愧，所以精準了解自我期望是很重要的。你也可以先閱讀所有的練習，這有助於在投入做練習之前，先知道接下來會出現的事情，特別是我會在後面的幾項練習建議你採取可能引起焦慮，並需要鼓起勇氣來完成的行動。

目標的規模並不重要，重要的是仔細定義目標，然後實現它們。

你可能只會花時間閱讀和思考這些練習。

你也可能更進一步，藉由寫在一本日記本或筆記上面的方式，來進行練習，這也是我比較推薦的做法。（有大量的研究結果都指出，用手寫的方式寫在本子上而不是透過在螢幕前打字，透過自助練習所獲得的效益會更深入與持久。）

你也可以一次只進行一項練習，先決定只做完某一項練習，然後再決定是否繼續做下一項練習。你可能會將目標縮減為只需完成日記的紀錄，而不去執行我所建議的參與性步驟。

請找出對自己的期望，並明確訂定目標。

首先，提供一些指引，這樣你會更容易完成你的目標並進而建立自豪感。下面每個標題是自尊發展主題的關鍵，因此在接下來的練習中將再次使用這些標題。

避免完美主義

如果你曾跳過某本自助書籍的練習，那麼請不要對自己承諾會完成本書的練習。訂定過高的期望，等於給自己安排了一次羞恥感的經驗。請考量其他現階段的承諾：你實際上可以投入多少時間來做這些練習？如果你已經因為生活壓力而喘不過氣，就不要為自己設定太有野心的目標。

在開始特定的一項練習時，如果你覺得很難完成練習也不要責備自己。相反地，請將這當作一次自我探索的機會。是哪些情緒問題阻礙你完成練習？你是否因為害怕羞恥感而在避免可能出現羞恥感的狀況？下一次怎樣能夠做得更好？

建立自尊並不是要達到完美，這牽涉到一個成長與自我探索的過程，而且我們希望這個過程的影響力能夠持續一輩子。

對自己負責

如果下定決心要做這些練習，請讓自己負起責任，不論你承諾做到什麼程度。如果沒有要求自己負責，除非你有從這些經驗中學到一些有用的東西，不然你只會對自己感覺更糟。

要求自己負責並不代表著必須完美地完成每一項練習，但如果你確實難以完成自己立定的目標，請試著去了解在你面前的阻礙是什麼。不要將一切合理化或為自己找藉口。不要移開你的目光、掩飾它，然後轉向下一個練習。如果某項練習出現障礙，這項練習可能是聚焦在你對羞恥感特別敏感的某個領域。你能從這次經驗中學到什麼？你可以先將練習放到一邊，等自己更有信心成功做完練習時再重做一次。

連結其他人

發展自尊是一種人際關係的經驗，如果你能在過程中找到方法與他人連結，練習會相得益彰。有一項前期的練習，是包括發揮想像力去理解羞恥感如何影響你的朋友與家人，並試著去同理他們的經驗。後期的練習則會要求你聯繫特別挑選的人，向他們分享你的經驗。

在你藉由成就建立自豪感時，對最重要的人分享喜悅是非常重要的。真正的自尊也代表著彰顯他人的成就，所以這不完全只和你有關。

作者自述：你可能在面對羞恥感、建立自豪感有困難或感到孤獨，所以知道其他人也在努力面對同樣的問題，會對你有幫助。在這些練習中，我將不時分享一些自己的問題，我希望這可以讓你覺得並不孤單。我並不是某位遙遠的專家和一個完成品，而是像你一樣，也必須面對生活中必然會出現的羞恥感。

我認為我現在做得更好。但是在我一生的大部分時間裡，當我讀到有關如何進行這些練習的建議時，也是會立即忽略它們。我會衝出門買一本愛用的橫線日記本，然後立即做前兩項練習。我會感到興奮和熱情，帶著模糊不清的期望投入到練習計畫中，但是卻充滿著信心，認為自己可以從這次練習中獲益與成長。

我也許做完成三項練習，到第四項練習就中途放棄了。在忽略日記本幾天之後，我會把它收到書櫃的架子上。然後幾個月後，當我看到那本被遺棄的日記時，我會用丟掉它的方式來處理期望落空的羞恥感。

不要學我的壞榜樣！

練習1：情感的羞恥家族

請回想一下當你感受到以下每一種情緒的某個時刻。盡量不要挑那些其他人刻意傷害你或讓你難堪的情況。讓自己盡可能找出當時的更多細節。

請盡你所能試著描述每一種情況：(a)身體的感覺或其他感覺（例如潮紅、臉上有刺痛感、渴望消失；(b)讓你出現這些感覺的理由（你是否犯了某個錯誤／覺得自己痛苦地被他人審視？）；以及(c)這種感覺持續了多長時間，或你接下來採取了什麼行動來緩解。

請描述一個讓你出現以下感受的場景

- 在公共場合感到尷尬
- 對自己的外表感到不自在
- 對所說或所做的某件事情有罪惡感
- 被忽略或被排除在外
- 對自己的表現感到失望

連結其他人

請回想以下狀況，當你認識的某人在公共場合似乎感到尷尬、不自在、內疚、被被忽略或因未能達成成就而感到失望。利用你在這項練習第一部分所注意到的細節，來想像對方的感受。以對方的角度去思考事情，並試著同理必然會出現的痛苦感受。

練習2：羞恥感典範

在你已經知道該避免什麼，與該怎麼做練習後，本練習列出了羞恥感典範，接著是羞恥感詞彙，這些詞彙總結了第3章與第4章針對每個模式的討論。請記住這些詞彙並不是重點。請使用這項練習來可以擴展羞恥感的概念，打破我們通常定義羞恥感的狹隘方式。在這幾章中，對典型羞恥感情景的描述無疑會激起回憶，且其中許多都是痛苦的回憶。請更深入地回溯這些記憶，探索這些感受在自己的過去所造成的影響。

當你發現在某個羞恥感典範之中的某些詞彙，同時也適用在另一個模式上時，不用擔心。第3章和第4章的重點並不是要清楚定義不同的模式，而是要透過這些模式來點明每個人何時以及為何會經歷羞恥感家族的各種情緒。

避免完美主義

回答下面的問題可能會激起某些不快的感受，而專注於過去的羞恥感經驗可能會讓你的自我批評加劇。請記住，這些都是每個人在日常生活中會遇到的普遍經驗。感到羞愧並不代表你有缺陷與不值得，這只代表你也是人。

連結其他人

完成這個練習後，請重新檢視羞恥感詞彙，並試著回想認識的其他人似乎感到被拒絕、被忽視、愚蠢、能力不足等的狀況。回想起的人與情境越多，你就越不會感到孤單。每個人都會經常出現羞愧的感受。

典範1：無回應的愛

試著回想你有以下一種或多種感覺的時刻：

- 受傷、被拒絕或被拋棄
- 不被愛或不值得被愛
- 醜陋（不夠有吸引力或身材不夠好）
- 不夠男性化（或不夠女性化）
- 被羞辱
- 不被需要（不受重視或不被關心）

- 不理睬或輕視
- 不重要、被忽略或被遺忘

典範2：被排斥

在某一個團體時你是否曾經感到自己

- 像一個局外人或不合群的人？
- 孤獨和被誤解？
- 彷彿你不屬於這裡？
- 不被喜歡、很土或不受歡迎？
- 被排除在外、被迴避或被排斥？
- 怪異或奇怪？
- 矮人一截、較不重要？
- 大家都在迴避你？
- 被忽視、被遺忘或隱形的？

典範3：非本意的暴露

在公共場合或參加社交活動時，你是否做過一些事情讓自己：

- 尷尬、害羞或局促不安？
- 脆弱和暴露在外？
- 愚蠢、可笑？
- 像個笨蛋、傻瓜或混蛋？
- 非常困窘？
- 好像你是個笑柄？
- 愚蠢或無知？
- 難相處、無能或笨手笨腳？

典範4：期望落空

回想一下，你想要做某件事情或達成某件事情，但卻未能實現目標的時候；你是否感到失望、悲傷或不如預期？

- 被打敗或氣餒？
- 對自己感到沮喪？

- 像是我不夠資格？
- 像是一個懦夫或廢物？
- 無能、軟弱或無效的？
- 能力不足或不稱職？
- 像是一個失敗或輸家？
- 軟弱、散漫，或是缺乏決心？
- 垂頭喪氣、消沉的？

練習3：童年時的面孔

第5章和第6章可能會勾起關於童年時你與父母的關係的回憶。接下來的問題將幫助你探索這些記憶，並了解喜悅與羞恥感在你的成長過程中的影響。請專注於回想臉部表情，而不是父母可能說過的話或做過的事情。

1. 你童年最早的記憶是什麼？你那時幾歲？你還記得當時的感覺嗎？你能否在記憶中回想起其他人的表情？
2. 你是否覺得自己是父母兩人的喜悅來源？你在回顧時要想像父母對你微笑是容易還

是困難的？你還記得在看到你時（例如當你放學回家或是當父母下班回家時）他們的表情是否會亮起來？如果你確實有這些記憶，在今天回想起父母喜悅的臉讓你有什麼感覺？

3. 你是否能夠回想起在父母臉上看到憤怒、厭惡或輕蔑的表情，尤其是在回應你可能說出口的話或所做的事情時？這些表情是溫和的還是強烈的？你還記得他們的臉部表情是否讓你當時對自己感覺很糟？如果你確實有這些記憶，在今天回想起父母的表情讓你有什麼感覺？

4. 如果你有保留童年的照片，請花一些時間瀏覽這些照片。老照片通常都是在擺姿勢和矯揉造作（「每個人都微笑！」），所以不一定能捕捉到情緒的真相，但你可能會發現某些坦然或自然的照片。請注意臉部的表情。誰在微笑？有人看起來很悲傷或被忽略嗎？誰看起來不高興或生氣？擺姿勢的照片即使有點做作，但是照片中的臉部表情感覺真實嗎？

5. 你在童年時，是否曾是重要的人的喜悅來源？也許是一位你最喜歡的老師，在你來上課時對你微笑，或者是祖父母很寵愛你。找出因為你的存在而感到最大喜悅的人，並試著回想他或她帶給你的感受。

連結其他人

在你感覺安全且適合的情況下，向你信任或是可能願意願意討論這個主題的某個人，詢問同樣的這些問題。對方可能是你的兄弟姊妹或親近的朋友。請詢問父母的喜悅與羞恥感對此人的童年造成什麼影響，並請對方注意父母的臉部表情。你在完成這項練習中學到了哪些可以安全地與對方分享的事情？有一張捕捉到某些情緒真相的照片，是你可以拿給朋友或親屬看的嗎？

作者自述：我自己的第一段記憶可能是一個想像的回憶，但它仍捕捉到一段真相。那時我還不到一歲，無法自己行動，只能躺在廚房流理檯的嬰兒座椅上。我抬頭凝視著淺綠色的櫥櫃和天花板，獨自一人。

我的母親可能在我出生後就有產後憂鬱症。我是家裡的第三個孩子，是意外懷孕的結果，而母親的重擔已經讓她不堪負荷。當我試著想像她的笑容時，我只能想起她假笑、目光迴避的畫面，通常伴隨著她以一種直率的諷刺語氣說出某些應該要很有趣的嘲弄。

練習4：你在逃避什麼？

大多數人都會不時迴避那些讓自己感到很不自在的狀況。我們可能會拒絕某個派對的邀約，因為參加者都是不認識的人。我們會去外帶速食而不會獨自去餐廳用餐。我們在一群陌生之人可能會保持安靜。

找出某個你經常迴避的這類狀況。選擇一個明顯與某個羞恥感典範相關的事情。現在，想像一下你自己身處在那種情況中。請盡可能詳細描述你的感受。你是否擔心自己有某些有損形象的事情會被揭露？請盡量具體一點。如果有旁觀者在那種情況下觀察你，他們會怎麼想？

光是想像這個場面，是否就引起你的不適或焦慮？這個練習是否讓你想停止寫練習，或是拿起手機滑 Facebook？請盡量不要離開練習。

避免完美主義

請注意你的自我評估是否帶有任何嚴厲，蔑視可能會影響你的想像——無論是在你自己的思緒中，還是在你想像其他人對你有的看法時。對抗這種嚴苛與完美主義的想法時，有一種方法是詢問其他人的經驗。

連結其他人

選一個值得信賴的朋友或其他讓你感到安全的人，並詢問她或他是否會迴避同樣的情況。舉例來說，即使不是大多數人，但仍有許多人不喜歡獨自在餐廳吃飯。大多數人也都不喜歡參加一場一個人都不認識的派對。試著透過與其他可能有相同感受的人建立連結，來讓這些經驗變得正常。

作者自述：幾年前，我曾嘗試在一家餐廳獨自吃晚餐，這是我一直恐懼的事情。我會避免看向其他用餐者，因為展現出與他人搭話的欲求會讓我面臨潛在的羞恥感。我接著試著不帶感情的看向正前方、不把注意力集中在任何人身上，也不從一個物體掃視到另一個物體。在幾分鐘的不適感之後，我伸手拿起手機，然後就感覺好多了。

我覺得，自己沒有必要在這種情況下變得更有克服自卑的力量。我的感覺似乎是完全合理，甚至是很正常的。我不喜歡獨自在餐廳吃飯，而且只要我不想，我就沒有必要這樣做！

對自己負責

也許你逃避某個可能的羞恥感經歷的傾向，是你在實現重要目標時的阻礙。例如，你可能在職場上都不發聲，因此同事不會意識到你是一位有創意的思考者。如果你對於在逃避某些狀況時用了可能造成自己挫敗的方法感到不滿，最好不要像我在外面用餐那樣，逼自己離開舒適圈。如果是這樣，請在日記中將這點寫下來。你會在後面的練習中練習設定目標，以及如何跟著步驟養成克服自卑的力量，以實現目標。

練習5：道歉的藝術

每個人時不時都會做出或說出一些需要道歉的事情，而無法道歉就反映出某種對羞恥感的否認。我們常常合理化自己的行為、為自己找藉口，或是因為自己的不夠敏感而責怪對方。我們可能會堅持這沒什麼大不了的，自己才不需要道歉。越是用這種方式抵禦羞恥感，就越會讓自己孤立於其他人。每當拒絕承認的錯誤時，我們就錯過了從經驗中學習的機會。

對自己負責

找出某個可能被你傷害了感情的人。可能是因為一些小事，像是忘了某人的生日，也可能是一件大事，像是在戀愛關係中出軌。可能是在很久以前做出之後困擾了你多年的事情，但不要假裝事情已經發生了很久，對方一定已經忘記了，來讓自己擺脫責任。**請盡量具體：**

- 你確切到底說了或做了些什麼，以及你推測這對他人造成什麼影響？

- 你知道當時是什麼在驅使你的行為嗎？請給誠實的理由，並盡可能精準地寫下你的答案。
- 那時的作為或不作為，是否違反了你對自己的期望？你認為自己原本該如何表現？

你的作為或疏忽很可能讓對方暴露在羞恥感家族的某些情緒之中。請試著想像如果雙方角色互換，你會有什麼感受。請試著回想讓你有同樣情緒的另一個情境，以及發生了什麼事情導致這種感覺。

現在，請你寫一封道歉信。不要使用「如果」或「但是」這類的詞彙，諸如「如果我傷害了你的感情，我很抱歉」或「我知道我午餐失約了，但是……」。請對自己的行為或疏忽負起全部的責任，不要找藉口或將責任歸咎於他人。允許自己出現罪惡感。

避免完美主義

儘管本意都是好的，但所有人時不時仍會犯錯誤，或言行未能顧及對方。請不要因為自己在對待某人時敏感度不足而責備自己。反之，請思考一下你可以從這次經驗中學到什麼，你將來會如何避免類似的錯誤？

連結其他人

當面道歉。事先把道歉的話寫下，會很有幫助，這樣你就會知道自己該說什麼。請聚焦在受傷的對方可能有的感受，如果對方在你道歉後表示受傷或憤怒，也請盡量不要表現出防衛的態度。說你很抱歉，但不要請求對方立即原諒。給對方一些空間讓，對方以自己的時間和方式原諒你，這會表達出你真正的悔恨。

請留意你是否出現防衛心。如果對方承認自己感到憤怒，你是否感到一股忿忿不平的衝動而堅持對方在不重要的事情上小題大作？

「喂，我已經說過對不起了，好嗎？」

你是否因為他們可能做過的某件事情而想責怪對方？

「我說過對不起，但你總是……」

你是否感到輕蔑從喉嚨中湧出？

「現在，我只希望從來沒有提起過這件事。你對每件事都這麼敏感！」

如果你也像包括我在內的大多數人一樣，你可能發現承認錯誤並感受到期望落空的羞恥感會激發你的防衛心。另一方面，當成功完成了這項練習、充分道歉，並控制住自己的防衛心，你將會為自己的勇敢與承擔責任而自豪。

練習6：當我們不希望別人說出口時

這項練習需要進行一段時間的自我觀察。首先，你需要傾聽自己對朋友和同事說的任何自我貶低的言論——不是公然很嚴厲或評判性的言論，而是隱約的那些言論，它們因為很常見而經常被忽視。

例如，許多人為了幫可能讓自己感到羞愧的反應先打預防針，在表達觀點前會說這樣的話：「這可能是一個不好的主意，但是……」。在這裡，說話的人並不希望被說自己的想法不好（期望落空、非本意的暴露）。這種打預防針的話，背後通常存在著不安全感或自我懷疑：

我夠聰明嗎？

我是一個有創意而能提出有趣想法的人嗎？

其他人重視我的意見嗎？

如果你注意到自己說了這類自我貶低的言論，請以此為契機，去探索自己可能對於羞恥感特別敏感的領域。值得探索的代表性領域包括一個人的外表、智力、教育程度或常識以及性吸引力。

避免完美主義

在留意到這些自我貶低的言論時，你可能還會開始注意到自己有一些極其嚴苛的想法讓你對自己的感覺更糟。你可能會想要停下一切，或是消失。請你反過來試著與那些你注意到，也對自己做出類似評論的其他人聊聊。

連結其他人

在進行此練習時，你可能會意識到，其他人也以同樣的方式去鋪陳他們的意見和建議。這是很常見的。請思考對方的評論，揭露了哪一種具體的焦慮。他是在害怕被拒絕嗎？她是否擔心自己的建議不夠成熟或無法完整發展？他們是否擔心自己不夠有魅力？如果發現自己跟對方有共同在意的領域，而且你也有足夠的安全感的畫，請試著與對方聊聊。知道自己不是唯一一個有這種擔憂的人時，可能會讓你感到如釋重負。如果你選擇了對的對象，對方可能會很高興聽你分享，所有人試圖控制羞恥感經驗的這些方式。

作者自述：完成這本書時，我和伴侶一起看了部電影。麥可（Michael Eha）年輕時是一名演員，到今日，某齣舞臺劇或電影的大多數演員的名字他都如數家珍。

「那個演員是誰？」他問，他指的是此時出現在電視螢幕上的人。

我想是比利・克魯德普（Billy Crudup），但我不確定。我甚至沒有注意到自己說了什麼，就說出：「這不是比利・克魯德普。」

「對，這就是他，」麥可回答。

我花了幾分鐘才意識到自己做了什麼，為了防止麥可說我錯了，我提前剝奪了自己的答案的資格。

這是一件小事，你可能會覺得我小題大作，我也同意，我先打預防針的言論並沒有反映出某個極端羞恥感敏感的領域。但知道正確的答案對我來說一直都非常重要。我在小時候會透過學業的優異成績來彌補強烈的羞恥感，也就是，我總是在課堂上舉手回答老師的問題，或在考試中拿到好成績，因為我很努力學習所以知道大部分甚至是全部的答案。

掌握知識一直是我的羞恥感的其中一部分解方。

練習7：聚焦在日常生活

前面六項練習，應該有幫助你在日常生活中更能辨認情感的羞恥家族，並提醒你注意到自己可能用來避免、否認或控制羞恥感經驗的方法。這項練習以及接下來的練習將幫助你培養建立自尊所需的心態。與前面的練習不同，最後的四項練習並不是一次性做完後，就可以拋在後面不管的練習。每一項練習都需要持續的努力，而這些練習將一起幫助你養成有利於持續成長的心理習慣。

建立和維持自尊是持續性的過程；我們永遠不會有做完的一天——它就像一個必須每天照料的花園。你不需要不間斷地注意花園，但在每天的某個時間點，花園必須成為你注意的對象。在這個手機上癮的分心時代，你很容易忽略自己的期望而沉浸在日常生活中，然後在好幾天後才想起原本預計做但卻被遺忘的事情。這項練習會請你每天找出一個空間，並養成幫助自己聚焦的定期練習習慣。

請空出特定的時間（最少五分鐘），盡量讓這段時間不要受到干擾。把手機放到另一個房間，找一個可以獨處的地方，關掉電視，不要放音樂。在接下來的三項練習中，你將從聚焦在日常生活拓展至具體目標和期望，但首先，請先問自己這幾個簡單的問題：

- 我今天有想要完成什麼具體的事情嗎？考量到其他需要做的事情，我實際上可以期望自己完成多少進度？
- 昨天有什麼是我想做但沒有完成的事情嗎？今天我還能繼續做嗎？
- 我是否需要聯繫任何朋友或家人以維繫重要的人際關係，並讓對方知道他們對我的重要性？

這些每天的問題，可以讓你把聚焦在自己的意圖和期望。這些問題也會提醒你，要記得那些重要且會影響你對自己觀感的人。建立自尊是一種人際互動的經驗。與對你最重要的人維持連結，是非常重要的，因為少了這些人際連結，成就就毫無意義。

這些只是建議的問題（這些是我問自己的問題），但我也認為它們是關鍵性的問題。只要你覺得適合，都可以加入或替換其他的問題，只要養成持續每天練習的習慣即可。

對自己負責

試著每天都問自己這些問題。不管多忙，即使難免會忘記，但你總能空出五分鐘來檢查自己的狀況。如果你打算做剩下的練習，你就必須投入去做這件事。

避免完美主義

不要對自己期望太高，也不要因為沒有做到預計的事情而責備自己。這項練習的目的是幫助你認識到自己是一個持續有意圖和期望的人，而不是要設定一套你無法滿足的嚴格標準。如果有一天你忘了檢查自己的狀況，也不要覺得那天失敗了。只要下定決心，在隔天重新記住你的意圖即可。也許可以在冰箱上貼一張便條紙，或在浴室的鏡子上貼一張便利貼，作為提醒。

作者自述：我是早起的人，通常都比家裡的其他人還早起。我通常會一邊喝那天的第一杯咖啡，一邊查看電子郵件，並用手機看新聞。我在喝第二杯咖啡時，會把手機放在一邊然後預先設想好這一天要做的事情。

練習8：從羞恥感中學習

當羞恥感不是一種有害的經驗，或基於內在或外在的完美要求時，羞恥感通常可以教我們一些關於自己的標準和價值觀的重要事情，也就是我們期望自己成為什麼樣的人。這個練習將有助於發展養成真正自尊時，所需的重要心性，亦即在遇到情感的羞恥家族時傾聽以及有時從中學習的能力。

我在第20章描述了某次這樣的經驗。在與我的朋友蘭迪激烈爭論後的幾天裡，關於自己如何表達意見的記憶，不斷浮現在我腦中。當我終於停止在心裡為自己辯護，並檢視自己的感受時，我意識到自己違背了自己的行為標準（期望落空）。這種體認促使我去道歉，並在努力在下一次不要那麼好鬥。

也許你也有像我一樣的不舒服回憶，可能是時而會想起自己說過或做過一些讓你無法釋懷的事情。每當想起這些事情時，你可能覺得有必要在心裡為自己的言行解釋。

請專注去想某段這類的記憶。請根據自己所學到的，那些所有人試圖避免、否認或控制羞恥感的方法，去找出防衛性的徵兆。你是否反覆為自己的行為辯護，也許是在自己內心爭論？你會因為自己的行為而責怪他人，或是對此輕輕放下？你會辱罵自己，就好像自己犯了罪所以必須受到折磨與懲罰？所有這些對羞恥感的防衛性反應都會阻止你從這次經驗中學習。

這股羞愧的感受讓你對自己有什麼了解？並非所有出現羞恥感的經驗都帶有課題，有許多經驗確實是代表了對自己失望時適切且可以理解的感受。你能找出這段記憶與自己其他類似行為的例子之間的連結嗎？請試著找出某種模式。保持謙虛：每個人都會有不足、小缺點或需要改進的地方。下一次，你會如何運用你所學到的來贏得自重？

避免完美主義

這項練習的目的不是要讓你對自己感覺不佳。每個人都會犯錯；我們有時會做出自己不齒或違反自己核心價值觀的行為。如果嚴厲地責備自己，或因為犯錯而懲罰自己，你將無法從這次經驗中學習。不要發下不切實際的豪語，說自己不會再犯同樣的錯誤。認識自己性格上的趨勢或傾向（它們不會消失）並承諾下次會稍微進步一點。

對自己負責

前面的幾項練習會讓你對情感的羞恥家族變得更敏銳。在做後面的練習時，請特別注意帶有某個課題的羞恥感經驗。它們發生的頻率比你想像的更頻繁。對自己失望或達不到合理的期望時，我們就會經歷到羞恥感。如果能夠傾聽這種羞恥感而不是去防衛它，我們就可能學到，某些關於自己的標準和價值觀的事情。羞恥感有時會人聚焦在意圖，並可能幫助我們在實現自己的目標時有更好的表現。

從羞恥感中學習的能力，是建立自尊所需的基本技能。

練習9：建立自豪感

設定和實現目標可以讓我們建立自豪感，這是真正自尊的核心要素。這項練習將幫助你訂定並達成符合現實的目標，幫助你累積自重感。

避免完美主義

如果你過去曾經設定了目標但未能實現，那麼你可能設定的標準太高而且抱持著完美的期望。回顧過去這些失望經驗，問問自己，你的目標是否不切實際或過於嚴格。在設定目標之前，請先評估自己的優勢和局限，但是不要過於批判性。

從小事開始

因為這些練習的目的，是幫助你養成有助於培養自尊的心性，所以請從自己可以輕鬆實現的目標開始，然後以此為基礎。如果是長遠的目標，請將目標分解為可以一步一步實現的較小步驟。完成每一小步，都可以是自豪感的來源，讓你有信心下次可以跨出更大一步。想要參加馬拉松比賽的人，不會在訓練計畫的第一天就試著跑二十六里。跑者通常會制定為期數個月的計畫，並從短距離與可以跑完的目標開始。

預期挫敗

發現自己無法完成某個目標時，你難免會出現期望落空的羞恥感，然而與其覺得自己很失敗然後責備自己，不如把這次失敗當作一次自我探索的機會。這個目標是否不切實際？哪些情緒上或心理上的問題可能是阻礙？也許你需要退一步，將目標拆分為更小的步驟。

雖然許多自尊領域的激勵內容，都會鼓勵人要有遠大的夢想和目標，但我會建議，找到為小規模的成就也能夠感到自豪的方法。我並不是說，你應該總是滿足於更小的成就或想一些小事情，但一開始就為未來制定不切實際的計畫，只會導致必然無法實現。

對自己負責

我們經常無法實現自己的目標，因為我們一開始就抱持著模糊的期望，或者沒有明確定義想要實現的是什麼。目標應該要清楚定義；將目標寫在筆記本上並定期翻閱參考，可能會有幫助。如果你已經確定了一個長期目標，並將目標拆分為多個階段，請為每個階段訂定符合現實的時間表，清楚敘述你的意圖和想要達成的事情。

成果的有一個部分，會是養成自律和反思的習慣。變得更自律和專注是每個人都應該嘗試要達成的首要目標，這也是從小處著手的開始。現今所有可能分散注意力的事情，都會削弱專注於其他重要議題的能力，因此你可能需要限制自己接觸這類的事情，但也不要都不用Facebook和Twitter。

這是一個你可以考慮的可實現目標：在完成每天重點的事情之前，我不會打開Facebook或查看電子郵件（練習7）。請預期習慣的反彈會出現，也就是你過去每天早上第一件事就拿起智慧型手機的慣性。傾聽自己找的那些無法避免的藉口，那些讓你不再堅持到底，或延到明天再實行的藉口。你也可能取而代之決定，早上在開始每天的專注任務之前只允許自己上網十分鐘。

連結其他人

有時，與渴望實現同樣目標的人分享目標，可以讓我們有更好的表現。你們可以在努力實現目標時互相支持，分享一路上的挫折和失望，同時鼓勵彼此。就像紐約馬拉松的那些跑者一樣，你可能在旁邊有人為你加油時，可以跑出更遠的距離。你可能也有朋友抱怨過，使用社群媒體的習慣占據了他們多少時間，如果和朋友一起努力，你也許更能改正這個習慣。

當然，你需要仔細選擇一起努力的對象。不要找那些不太可能為共同目標努力的人，抑或是那些會因為你難免出現的挫敗而覺得自己比你優越的人。

作者自述：因為我發現自己無法在日記中寫個人敘述，所以我改用一本筆記本，依數字順序列出自己想要完成的事情。有時，某個項目就像「打電話給凱特」一樣簡單——提醒自己渴望維持的親密友誼，讓我不至於因為太專注於工作而失去與朋友的聯繫。你持續把注意力放在上面的目標和意圖，都不需要是很重大的事情。

我大約每週都會看筆記本裡的這份清單，而我也經常驚訝於自己忘了清單上的多少事情。

練習10：分享喜悅

與在生活中支持自己的人，分享成就的自豪感時，會更能鞏固與強化我們自重的感受。自尊的成長是基於人際互動的脈絡，所以這項練習會請你說出自豪，並與精心挑選的朋友、家人或愛情伴侶分享你的喜悅。請專注於你在練習9所執行並完成的小成就，你無需透露歷程的每一步，但當你以實現目標為榮時，請找出與他人分享自豪感的方法。

連結其他人

請謹慎選擇分享喜悅的對象。你在之前的練習中可能已經找出一些人選，是對於你從本書學到的東西持開放態度，且也有興趣討論的人，對於你日益意識到情感的羞恥家族在日常生活中扮演的角色，他們尤其有興趣。這些人很可能是具備心理意識的人，也許也投入於發展個人目標，但又不追求讓自己的生活從外人眼中看起來很完美。

在考慮分享的人選時，請問自己這個問題：這個人在一看到我的時候，表情會瞬間亮起來嗎？我指的不是誇張或理想化的反應，而是對方是否明顯很高興見到你。重要的是，要找一個對你們的關係感到喜悅，並且對你的生活也持續關心的人。根據我的經驗，這樣的朋友是寥寥可數，而且其他人都只算是認識的人罷了。我也從經驗中了解到，對自己的生活還算滿意而且也或多或少有過實現目標的成功感受的人，更能夠敬重其他人的成就。

作為此練習的一部分，也請注意其他你重視的人的狀況，以及他們正在努力實現的目標。某位朋友可能為了職涯發展而在念夜校、試著養成健身習慣並讓體態變好，或者是從事某種創意性的嗜好來宣洩壓力。你可以如何彰顯他們的成就？有些人很難說出自豪之處，但當朋友注意並認可他們的成就時，他們通常會有很大的愉悅感。

避免完美主義

不要對其他人……有太多的期望。每當向我信任的朋友說自豪的事情時，他們通常會微笑並說一些支持的話，像是：「太棒了！我為你感到高興。」希望你的朋友也會這樣回應。這個話題有可能就這樣結束了，或是朋友也可能問一些問題，對你正在做的事情很感興趣，這是和朋友分享成就喜悅時最令人欣慰的表現了。當朋友談到自豪之處時，你也可以引導對方分享更多資訊，模擬你希望自己獲得的回應。

我們是成年人，無法期望其他人對我們有著父母對嬰兒那種最大的迷戀，但最能夠幫助我們成長的知己，會是那些因為與我們做朋友而感到驕傲的人。得到你尊敬的某人支持，而且你也敬重對方的成就時，你會感到更大的滿足。但是不要指望他們認可你的成果，讓他人的看法決定我們的自我價值，會破壞得來不易的自豪感受。

對自己負責

說出自豪的事情並不容易，這有一部分原因出自社會上對自豪有著禁止的態度，例如「驕兵必敗」的說法。請你謹慎但勇於表達，也要記得謙虛，不要吹噓。請記住，無論你的意圖是什麼，在你說出自豪的事情時，其他人都可能會感到羞愧。向某位在類似領域努力但還未成功的人，描述你自豪的成果，就是不明智的事情。如沃爾姆瑟所說，處事技巧就代表要理解另一個人的羞恥感程度。

只要有機會，就盡可能彰顯他人的成就，把這件事情養成習慣。每當我看到所讚揚的人臉上洋溢著喜悅時，我也對自己產生好的感受。慷慨的精神有助於我們的自重感受，因為建立真正的自尊是發生在人際互動的脈絡中，所以分享喜悅也必須是相互性的。與自戀的努力不同，真正的自尊會希望其他人也對他們自己的感覺良好。

致謝

一本心理治療師生涯淬鍊的觀點

時辰令晝夜消逝，作家使作品完滿。
（The hour completes the day, the writer completes his work.）
——克里斯多福．馬羅（Christopher Marlowe），《浮士德博士的悲劇》

我第一次讀到這段馬羅的題詞是在我十八歲時，當時我在上著名的莎士比亞學者A．R．「阿爾」布勞恩穆勒（A. R. “Al” Braunmuller）的文藝復興戲劇課，當時仍是阿爾職業生涯的早期。這句話出現在《浮士德博士》的結尾，作為該劇的尾聲。某一天，阿爾在一開始上課時大聲朗誦這段話。

「為什麼這段話放在這裡？」他問。「作者想對我們說什麼？」

阿爾那種既缺乏耐性又充滿才華的個性，可能很令人緊張，我的大多數同學都低頭看著眼前攤開的筆記本。我鼓起勇氣後，終於舉起手說：「這感覺就像是他對自己寫出的劇本感到驚訝，彷彿成果比他預期的還要傑出。」

阿爾給了我一個諷刺的微笑。「雖然我不鼓勵對作家的心理狀況進行這類的解析，但我認為你的答案很接近了，喬。」

這段話相隔幾十年，在我快寫完本書時又重新浮現。羞恥感這個主題讓我感到驚訝。在進行研究並整理我的想法時，這個主題包含的範圍也不斷在擴大，直到我意識到，成果似乎比最初設想的更豐富且更有意義。寫完這本書的心情，就像是經歷了漫長的一天結束，而我覺得成果比我最初想像的還要好。以我用來說明羞恥感和培養自豪感的用語而言，本書傳達的內容達成並超越了我的期望。

在我最初設想，要將個案的故事作為本書的核心內容時，我希望這些故事可以超越往往枯燥的案例研究——我希望它們有更長與更生動的敘述，讀起來就像引人入勝的小說一樣，而這些案例研究最終的呈現也同樣令我驚喜。在撰寫這些案例研究時，我也允許自己自由去描述我的經歷——我與個案同處一室時的想法和感受，以及我在過去三十五年辛苦累積而成的觀點。在這個過程中，這本書已變成像是我的心理治療師生涯的回憶錄。我為自己的工作感到驕傲，並且非常感謝諸多信任我的幫助的個案。

即使加入了某個作家小組，但寫作仍可能是一種孤獨的經驗，因為我們通常都是在孤獨的狀態下寫作。像大多數作家一樣，我也享受著這樣的孤獨，但我也曾經向我的朋友古斯坦（Rochelle Gurstein）抱怨過這件事，她當時還是歷史系的研究生。她在回覆我時，描述了與那些她景仰著作的知識分子的交流氛圍，其中有大多數都是她未曾見過的人，其中一些人則已經逝世如鄂蘭（Hannah Arendt）。她告訴我，書寫歷史可能是某種孤獨的經歷，但如果你努力寫作，並完成了某種自己也敬重的成果，你就可以視自己為歷史傳統的一部分。你會感覺到，自己也是跨越幾個世紀的眾多思想家的一分子。

我為這本書所做的背景研究、與所讀的書籍，讓我接觸到許多優秀的思想家。我從未見過湯普金斯（已故）、內桑森與蕭爾，但是我與他們每個人及他們的著作，都建立了重要的內在關係。在我闡述必然會發生的羞恥感，以及羞恥感如何與自豪感共存的論點時，所羅門一直都在我的思緒中。我花了多年時間思考其他研究人員幾十年來熱情探索的相同主題，我為自己也是他們的傳承的一分子而感到驕傲。

我非常榮幸能作為戈德曼（Laurel Goldman）在教堂山（Chapel Hill）的週四寫作班的一員，這十八年裡——期間（二〇一五年）搬離北卡羅來納州時我仍視訊進行，我從不錯過一次的寫作會議。在我撰寫這本書時，我把原稿的每一個字都讀給勞瑞爾與我的同學聽，在我所認識的人之中，她們是最敏銳也最有洞察力的評論家。阿斯庫尼斯（Christina Askounis）、戴維斯－加德納（Angela Davis-Gardner）、菲林（Peter Filene）和派恩（Peggy Payne）都幫助我，精簡我的訊息與潤飾我的字句。我非常感謝這些建議與鼓勵。

在這個過程中，我的朋友和家人也讀了原稿，並為我加油。布拉德伯里（Sam Bradbury）、布爾戈（William Burgo）、費雪（Carolyn Fisher）、吉雷（Anastasia Piatakhina Giré）、史翠普和泰勒（Cathryn Taylor）都提供了他們的支持，並給予我改善本書的建議。每當我寫完一章時，我的伴侶麥可・埃哈就會讀那一章的內容。和一位作家結婚並閱讀他的作品，會需要熱情與衷心的支持，而非批判性的洞察力，來面對這樣的挑戰。而麥可在這個部分，做得很好。

特別感謝我的同事泰許（Susan Tesch），她向我介紹了蕭爾的著作，並敦促我將這本書以硬科學為基礎。我還要感謝聖馬丁出版社的執行編輯沃爾尼（Karen Wolny）對我與這本書的信任，以及她針對手稿給予的改善建議。我也要感謝喬爾・福蒂諾斯（Joel Fotinos），他在凱倫離開聖馬丁出版社後接替凱倫的工作。我的長期經紀人吉莉安・麥肯齊（Gillian MacKenzie）是一位罕見集結高雅品味、紮實寫作技巧、商業頭腦與了解哪些議題在出版界賣得動於一身的人。吉莉安憑藉著敏銳的洞察力和行銷頭腦，幫助我完善了這本書的提案。

在撰寫本書草稿的過程中，當我開始有信心可以達成自己對本書的期望時，有一天晚上，我的老朋友賈雷爾（Sue Jarrell）和金勞（Sherry Kinlaw）來吃晚餐。因為整天都在思考分享喜悅的重要性，我決定將信念付諸實行。有點尷尬的是，以這種方式表達自豪感，對我來說也是一件陌生的事情。我宣告：「我真的很高興，因為知道自己正在寫一本好書。」看到她們的臉上瞬間綻放出喜悅，聽到她們進一步問我問題，表現出真正的興趣，都更加深了我的自豪感。

當我即將寫完草稿時，我的朋友凱特來拜訪我。這是在告訴凱特我與蘭迪爭論的尷尬故事後不久，我這次也分享了對這本書的自豪感，以及我因為專業領域和財務上的成果而感到心滿意足的自豪感。在我說這些話時，可以看到她臉上出現複雜的情緒。因為凱特花了很多年的時間，在我很久以前介紹給她的一位治療師那裡治療，所以我們彼此交談時的深度和坦誠程度，是我和其他人之間難以企及的。

「當我告訴你，我感到嫉妒時，」她告訴我，「我知道你會明白這是一種好的嫉妒。我真心為你感到高興，喬。我自己也想要一樣的成就。」當時凱特的人生面臨著一些「現在不做就永遠不會做了」的決定。她想做出好的選擇並期望在未來幾年自己可以和我有相似的成果。很少有朋友能夠如此了解自己，而能夠以如此細微的方式表露自己的情緒。我認識凱特超過三十年了，我們友誼的歷程包括了各自的婚禮、孩子的出生、離婚、以及此後的生活。如此深入和持久的友誼，就是自豪感與喜悅的來源。

在我中年時，我與一個我愛且敬仰的男人結婚，他也愛我與尊重我，讓我能夠以最深層的方式和他人分享我的成就喜悅。麥可從不與我競爭，或因為我的成就而感到威脅，有部分原因是他自己也過著極其豐富與成功的生活。他年輕時是在百老匯和倫敦西區演出的演員；

他是一名出色的馬術運動員，為美國馬術隊（U.S. Equestrian Team）訓練馬匹，並帶著自己的馬匹參加奧運選拔賽；他是廣告活動與電視廣告的製作人，並曾獲得坎城金棕櫚獎；他是電影導演的獨立代表，在這個領域享有盛譽。

當我們第一次住在一起時，麥可全心全意接受了自己作為三個孩子的第三位家長的角色。在我們各自第一次婚姻破裂後，在教堂山找到彼此，這是幾無可能的事情——來自紐約的百老匯演員兼廣告主管與來自洛杉磯的心理分析師——這是我一生中最大的幸運。我們的婚姻讓我充滿自豪、喜悅與感激。

國家圖書館出版品預行編目(CIP)資料

良性羞恥：接住你家庭、職場、愛情與人際關係中的無地自容／約瑟夫．布爾戈（Joseph Burgo）著；曾琳之譯. -- 初版. -- 新北市：一起來出版：遠足文化事業股份有限公司發行，2024.04
368 面；14.8×21×2.2公分. --（一起來思；47）
譯自：Shame: Free Yourself, Find joy, and Build True Self-esteem
ISBN 978-626-7212-64-6（平裝）

1. CST：自我肯定　2.CST：情緒管理

177.2　　113003270

一起來　0ZTK0047

良性羞恥

接住你家庭、職場、愛情與人際關係中的無地自容

Shame

作　　者　約瑟夫・布爾戈（Joseph Burgo）
譯　　者　曾琳之
責任編輯　林杰蓉

總 編 輯　陳旭華 steve@bookrep.com.tw
出版單位　一起來出版／遠足文化事業股份有限公司
發　　行　遠足文化事業股份有限公司（讀書共和國出版集團）
　　　　　231 新北市新店區民權路 108-2號 9 樓
電　　話　(02) 2218-1417
法律顧問　華洋法律事務所　蘇文生律師

選書企劃　林子揚
封面設計　Bert.design
內頁排版　顏麟驊
印　　製　通南彩色印刷有限公司
初版一刷　2024 年 4 月
定　　價　460 元
I S B N　9786267212646（平裝）
　　　　　9786267212615（EPUB）
　　　　　9786267212608（PDF）